CHENGSHI TIYU HEXIE FAZHAN YANJIU

城市体育和谐发展研究

齐书春 著

西北工业大学出版社

【内容简介】 本书首先阐述了城市社会体育、城市竞技体育、城市学校体育自身和谐以及三者之间和谐发展的有关问题，并提出了相应的自身和谐模式。其次，分析了城市体育如何与城市卫生、城市教育、城市文化等相关社会系统维持和谐的问题，并提出了相应的共享模式。最后，研究了城市体育如何融入城市管理、城市规划、城市生态从而促进城市和谐发展的问题，并提出了相应的参与模式。

本书可供对体育与城市"联姻"给予厚望的体育人、体育文化的爱好者阅读参考。

图书在版编目（CIP）数据

城市体育和谐发展研究/齐书春著 . —西安：西北工业大学出版社，2015.9
ISBN 978 - 7 - 5612 - 4626 - 9

Ⅰ.①城…　Ⅱ.①齐…　Ⅲ.①全民健身—健身运动—研究　Ⅳ.①G811.4

中国版本图书馆 CIP 数据核字（2015）第 233951 号

出版发行：西北工业大学出版社
通信地址：西安市友谊西路 127 号　　邮编：710072
电　　话：(029) 88493844　88491757
网　　址：www.nwpup.com
印　刷　者：虎彩印艺股份有限公司
开　　本：787 mm×1 092 mm　　1/16
印　　张：8.75
字　　数：209 千字
版　　次：2015 年 9 月第 1 版　　2015 年 9 月第 1 次印刷
定　　价：22.00 元

前　言

儿时安全感缺乏的记忆时时在脑海中闪现，一直延续到博士毕业之后。因此，对人际和睦关系以及事物之间和谐关系建立的渴望非常强烈，或者说是自己的梦想。"和而不同"和"天下一统"的念头贯穿着自己生活的点点滴滴：社会上出现的某些乱象，会让我持续关注；单位里"闹腾腾"，会让我心神不宁；家里出了点磕磕碰碰的事情，会让我担忧不已。如果不能找到致和谐之路径，我今生很难平静。

幸运的是，我已在高校任教，做学问是我的工作。因此，有足够的时间和条件，静下心来和自己对话，揭开笼罩在自己灵魂深处的关切，并找到慰藉之方。

"运动改变城市，体育促进发展"的宣传口号，彰显了城市与体育的紧密关系。当前，我国城市化进程迅猛，体育不但成为城市化运动的重要推手，而且还扮演了城市化后城市效益固化者的角色。因此，城市体育成为两者"联姻"的自然产儿。

城市体育是我集中研究的领域。事随心转，就是我的真性情。如果我将对和谐关系关注的心理定向转到城市体育上来，会有什么样的成果出现呢？追问，再追问，再再追问，终究让自己下定决心研究城市和谐发展命题。这正是本书成型的关键燃点。看看当前很多城市体育研究学者，他们在此学科研究成果颇丰，可深入涉及城市体育和谐发展领域鲜有。这也是促使我创作本书的另一动力。

城市体育和谐发展，实际上是城市体育构成各部分及其与外部环境之间的一种理想的互动关系。这让我想到了德国当代著名的社会学家卢曼。卢曼认为："社会一旦分化，次系统形成，就必然会产生次系统与整体社会、与其他次系统以及对其自身的关系问题。次系统与整体社会的关系为功能，次系统与其他次系统的关系为服务，次系统对自己的关系为反省。"因此，城市体育和谐发展，要有城市体育外围环境，即城市的坚实支撑，还要有与其有关的城市社会子系统之间的默契互动，更要有自身的和谐定力。三者的合力，才能托起城市体育和谐发展的天空。而与城市体育有关的城市社会子系统包含城市教育系统、城市卫生系统以及城市文化系统等，城市自身系统包含城市社会体育、城市竞技体育以及城市学校体育。

一旦有了上述理论的支撑，本书的展开就如同花蕾的生长一样，自然而从容。学校图书馆、体育行政部门、体育社团、健身点、各类学校、训练基地、各类体育人都是我造访的对象。碰撞中产生的火花时时点亮我有时找不到光明的心空，直至本书面世。

谢谢给予我造访机会的体育人和非体育人！

和谐状态，是本书的研究命题，宏观，但本书对它的论述没有采取哲学的叙事风格；和谐状态，很难找到满意的量化指标衡量，微观的鲜活内容是本书的主体。

在本书的研究撰写过程中，曾参阅了相关文献资料，在此，谨向其作者深致谢忱。

本书从城市体育致和谐一孔中展开，只是浅尝辄止。我深知自身学识浅陋，挑战此宏大论题，已显露太多不足。还望各位不吝赐教，斧正修幅，不胜感激！

著 者

2015 年 4 月 22 于南昌大学前湖

目　录

1　绪　　论

党的第十六届四中全会第一次提出了"构建社会主义和谐社会"这一科学命题，党的第十六届六中全会上通过的《中共中央关于构建社会主义和谐社会若干重大问题的决定》，则标志着党已经将构建和谐社会的认识上升到比较成熟的理论高度。

"切实把构建社会主义和谐社会作为贯穿中国特色社会主义事业全过程的长期历史任务和全面建设小康社会的重大现实课题抓紧抓好"以及"社会和谐是我们党不懈奋斗的目标"[①] 等论述表明：构建社会主义和谐社会是我党和全国人民共同奋斗的价值目标。

而中国传统文化中的和谐思想，内容十分丰富。从《易经》提出"太和"的观念到孔子师徒的"和为贵"、荀子的"和为一，一则多力"以及范仲淹"政通人和"的理想等，都包含有浓厚的和谐思想。这些思想为我们今天构建和谐社会提供了丰富的思想文化资源和深厚的文化基础。

随着我国城市化进程的加快，城市社会将会是我国最主要的社会形态，城市社会和谐构建将会是社会和谐构建的主要任务。而城市体育越来越成为构建力量中的活跃和重要成分。

城市体育为广大市民提供了广泛的社会人际沟通平台，使市民走出彼此隔离的狭小生活空间，摆脱空间隔离造成的孤独感，建立友好平等和谐的人际关系，实现城市发展"以人为本"的理念；城市体育通过振奋民族精神，展示城市发展成果，增强广大城市居民爱国、爱市的热忱；城市体育通过发展体育产业，培养城市竞争力；城市体育通过拓展城市空间，扩展城市功能，推进城市建设。

1.1　问题的提出

1.1.1　城市体育和谐发展促进城市和谐构建

"城市在经济上更发达，管理上更严密，文化上更多元，在科技上更容易出成果，因此，在影响人类生活的方向、原则、趋势方面，城市的发言权更大。"[②] 因此，与乡村相比，城市和谐在构建社会主义和谐社会中处在愈加突出的位置。

城市体育是城市社会有机构成，城市体育和谐发展将有力促进城市社会和谐构建。而城市体育和谐发展首先要立足于自身和谐，即城市社会体育、城市竞技体育以及城市学校体育各自和谐，并且三者之间要协调发展，其次要与城市教育等相关系统保持和谐，最后表现为城市体育参与城市和谐构建。

---

① 中共中央关于构建社会主义和谐社会若干重大问题的决定 [EB/OL]. [2010 - 11 - 15] http://news. xinhuanet. com/politics/2006 - 10/18/content _ 5218639. htm.

② 上海世博局主题演绎部. 城市，让生活更美好 [M]. 上海：东方出版中心，2009：91.

1.1.2 内部不和谐因素制约了城市体育均衡高效发展

我国经济体制改革以前，城市体育主要表现形式是单位体制下的"单位体育"。"由于在城市，几乎每一个人均生活在单位之中，单位构成了中国人生活的原点，单位是城市社会的基本组织单元，国家通过'单位'管理社会，并事实上覆盖着全社会"[①]，因此，城市体育运行机制高度单位化，而单位是所有城市在职人员体育利益实现的唯一载体，使得城市体育内部出现的不和谐因素相对较少。

随着我国城市社会经济的日趋繁荣，城市体育也取得了快速发展。但在发展的背后，不和谐因素始终制约其高效均衡运行：市民以及城市学生对体育的需求日益旺盛，而城市社会所能提供的体育资源又相对不足；城市商业体育渐趋繁荣，而管理滞后又成其羁绊，导致出现越来越多的社会问题；城市社会阶层分化明显，城市体育主体日趋复杂，导致主体间城市体育利益矛盾出现；社会排斥在城市体育领域中显现，集中表现在城市弱势群体难于融入城市体育生活。

1. 人均体育资源相对不足成为城市体育发展硬伤

体育设施是城市体育事业的发展基础，无论是城市竞技体育、社会体育还是体育产业，均对体育设施表现出强烈的依赖性。而截至 2000 年底，广州市每万人场地数为 7.82 个，上海市为 3.5 个，而 1998 年台北市每万人体育场地设施占有量高达 42.95 个。1990 年韩国每万人体育场地数为 11.1 个，意大利为 21.2 个，芬兰为 45.7 个，德国为 24.8 个，瑞士为 22.0 个，广州市和上海市人均场地占有量在 2000 年时远未达到这些国家在 1990 年总的人均占有量水平，就更达不到这些国家与上海和广州同类城市同一时段的人均占有量水平。2000 年底广州市人均体育场地面积为 2.25 m²，上海市人均场地面积为 1.75 m²，这与亚洲和世界各个国家同类大城市相比，存在更大的差距。如新加坡人均体育场地面积 1990 年时就达到 2.5 m²，美国为 14 m²，德国为 4 m²。[②] 按照国际上大多数发达国家实行的标准，社会人口中每千人应有一名社会体育指导员。但根据 2004 年《中国统计年鉴》提供的数字，目前我国城市每 20 398 人中才拥有 1 名社会体育指导员。显然，与发达国家相比，我国城市人均社会体育指导员数量，还有相当大的差距。

2. 城市弱势群体难于融入城市体育生活

据有关统计数据显示，自 1978 年改革开放以来到 2000 年，我国有 1.3 亿农村劳动力向非农产业转移，年平均约有 591 万人，其中绝大多数涌入城市转化为城市农民工。农民工群体为我国城市化进程以及城市社会、经济发展做出了不可磨灭的巨大贡献，但他们一直难于融入城市社会生活，包括城市体育生活。如果说，因为农民工自身文化水平总体情况较低，使其难以融入城市社会生活的某些领域，尚属于自身因素的话，那么，城市社会所形成的对农民工的制度排斥、经济排斥、城市社会组织排斥以及地域空间排斥，则属于社会因素。强大的社会排斥力量，使得农民工很难享受城市体育生活，即使他们有强烈的需求意向。

---

① 王凯珍，任海. 中国社会转型与城市社会体育管理体制变革 [J]. 北京体育大学学报，2004，27（4）：434 - 439.

② 徐本力，顾爱斌. 上海市体育场地系统的现状研究 [J]. 体育科研，2003，24（5）：8 - 15.

3. 城市体育资源配置结果有失公平

"杭州市城西居住区的发展是由东向西逐步展开的，早期建设的小区集中于该区的东部，这些小区体育设施最为缺乏。"[①] 帕吉斯的有关城市空间分异理论告诉我们：由于城市的向外扩展，最富裕的家庭迁到市区边缘的最新住宅中，原来的住房由收入较低的家庭居住。

因此，体育设施在城市空间分布很不均匀。相比于收入较低家庭城市居住小区，收入较高家庭居住小区拥有较完善的体育设施。因此，城市体育资源配置结果凸现社会不公。

4. 城市体育资源共享机制缺失

当前我国城市学校体育场地占有率很高。1996 年，上海市学校体育场地的占有率高达78.3%，北京市为 67.8%，广州市为 73.6%。[②] 而很少有城市制定有关学校体育场地向社会开放的法规，即使有些城市制定了这方面的法规，也没有形成有效的机制，使得法规、条例形同虚设。

体育系统与教育系统的资源没有形成合力。体教结合的理论研究工作在我国很早就进行了，也形成了一些理论成果，但合理而有效的体教结合机制还没有建立，造成城市体育资源的极大浪费，也影响了城市体育的更好发展。

5. 体育比赛相关者的不正当表现阻碍城市体育获得更多社会支持

在我国许多大城市举行的 CBA 篮球联赛以及中超和乒乓球超级联赛等竞技体育赛事，一直以来都是城市体育的重要内容。但比赛相关者的拙劣表现，重创了城市体育的影响力，玷污了城市形象，也减弱了城市体育获得社会支持的力度，制约了城市体育的进一步发展。曾经在 20 世纪 90 年代中期风光无限的中国足球甲级联赛，现在落得在城市很少有人问津的尴尬局面；即使是在我国城市中运作比较成功的 CBA 联赛，也经常出现醒龊行为：比赛场地时常上演球员辱骂或殴打裁判，球迷辱骂裁判或球员，球迷向场内投掷矿泉水瓶、打火机、喇叭及其他杂物，在看台上点燃报纸、衣物等易燃物品行为；比赛场馆中球迷之间的打斗以及球迷损坏公共财物的行为。由于上述原因，城市政府、赞助商、市民、媒体有时也在质疑比赛存在的合理性。

1.1.3 和谐城市构建中的城市体育需要和谐发展模式的指导

"和谐社会的构建、和谐社会的实现，不是一蹴而就的，而是需要经历漫长的历程。"[③] 因此，和谐城市的构建是一项需要集中全体市民智慧的长期的历史奋斗过程，而城市体育将在其中扮演越来越重要的角色。城市体育如何在参与和谐城市建设的进程中，还保持自身优质运行，急需要理论的指导。本书构建的城市体育和谐发展模式将为之努力。

1.1.4 对城市体育和谐进行研究，就是研究我国最主要聚集群体的体育和谐

改革开放以来，我国城市化步入快速发展时期，城市化水平将从 1990 年的 18.96% 提高到到 2010 年的 45%。"根据对中国经济增长的潜力和中国人口增长的综合分析，有一个

---

① 饶传坤. 城市社区体育设施现状及发展对策研究 [J]. 中国体育科技，2007，43（1）：16-20，48.

② 徐本力，顾爱斌. 上海市体育场地系统的现状研究 [J]. 体育科研，2003，24（5）：8-15.

③ 白琳. 社会和谐的制度基础 [M]. 北京：中央编译出版社，2008：3.

预测结果日前已被专家们所明确——未来 20 年中国城市化水平将提高到 60％左右，这就意谓着将会有 8 亿人口进入城镇生活。"① 显而易见，城市将会是我国人口最主要聚集的地域和空间。从人群聚集的角度看，城市体育和谐就是我国最主要聚集群体的体育和谐。

综上，生活于和谐城市是城市市民的共同理想，而构建和谐城市是城市市民为之不懈奋斗的历史任务，城市体育作为城市社会的最具活力的构成，责无旁贷。城市体育内部要保持和谐，才能高效的发挥城市体育功能；而不和谐因素的大量存在，制约了其高效均衡发展，也削弱了其在构建和谐城市中的作用。和谐城市构建中城市体育发展模式将会具有长期的指导作用，对其研究，就是研究我国最大人口聚集群体的体育和谐。

1.2 研究目的与意义

1.2.1 研究目的

1. 研究和谐社会构建对城市体育和谐发展的内在规定

构建和谐社会是我国长期的历史任务，因此，和谐社会构建将对我国城市体育的发展具有长期和深远的影响，具有内在的规定性。本书将从和谐社会的理论研究成果出发，运用理性思辨的方法，梳理其对城市体育宏观层面、中观层面以及微观层面的影响。

2. 研究城市体育在发展过程中自身系统存在的不和谐因素

当前我国许多城市把体育作为提升城市形象，提高城市综合竞争力的重要手段，这更加突出了城市体育在城市社会系统中的重要意义和有利地位。但城市体育在发展过程中不和谐因素频频出现，影响了其功能发挥，削弱了其在和谐城市社会建设中的作用。保持自身系统和谐均衡，是城市体育在构建和谐城市进程中发挥效用的前提，更是其和谐发展的基础。

3. 研究城市体育与城市其他相关系统共享资源模式

在城市社会中，城市体育与城市文化、城市教育以及城市卫生 3 个系统联系紧密，这不仅体现在它们之间存在互为支持和服务的关系，还体现在在占有城市资源上它们存在竞争关系。城市资源珍贵而有限，因此，城市体育与它们共享资源，是它们保持和谐关系的基石。

4. 研究体育促进城市和谐发展的参与模式

城市体育发展的最终价值是促进城市和谐发展，而相对于城市政治、经济系统，城市体育参与城市发展的路径较窄，力度较小，但有其独特性和不可替代性。本书将从城市管理、城市规划以及城市生态 3 个领域入手，研究体育参与城市和谐发展模式。

5. 研究城市体育优质运行模式

城市体育自身和谐发展模式，与其他相关系统共享城市资源模式，以及促进城市和谐发展的参与模式，共同构成了城市体育优质运行模式。该模式的最终价值取向为城市体育促进人自身的和谐、人与社会的和谐、人与自然的和谐。

---

① 王海坤. 未来 20 年中国城市化水平提高到 60％进入城市时代. [EB/OL]. [2010-12-13] http://www.bjpu.edu.cn/department/jisheng/3-wl20tg60.htm.

1.2.2 研究意义

1. 城市体育和谐发展能够极大地提高市民的城市认同感、改善城市生活

城市体育既是城市建设的一个重要领域，也是城市建设的一个重要手段。城市体育与市民的日常生活息息相关，上海世博会口号——"体育，让城市生活更美好"，就是最好的阐释。城市体育对内能够缓解社会各阶层的压力，培养城市认同感，因为体育就是市民沟通的纽带和桥梁，并培养不同阶层都喜欢和认同的体育文化；对外能够提升城市形象，增加城市的吸引力。[①] "2005 年美国的城市化水平达到了 88%，因此，了解美国，就是了解美国城市。"[②] 而 "要了解美国，先了解美国体育，城市体育是了解美国最好切入点，体育是美国城市的亮丽名片"[②]。

2. 从体育角度对和谐城市构建进行研究，将廓清城市体育的社会价值，丰富和谐社会构建理论

当前国内多数学术文章局限于从体育的一般功能出发，研究其对和谐社会构建的贡献，包括构建和谐城市。从体育参与城市管理、城市规划以及城市生态维护等具体微观层面上进行研究，有助于人们看清体育对城市和谐构建的作用机制，有助于人们廓清城市体育的社会价值，特别是在我国城市化加速时期。因此，本书将丰富和谐社会构建理论研究。

3. 拓宽当前城市体育研究视野，夯实城市体育的宏观和整体研究

从本书已搜集到的文献和资料来看，当前对我国城市体育主要从某个层面或某一个领域进行横切面式的研究，如从城市不同阶层、不同群体的角度，从社区体育的角度，从体育场馆的角度等，鲜见从整体层面对城市体育进行研究。本书将从城市体育内部，城市体育与城市其他相关系统，以及体育参与城市发展三方面展开，点、面相结合的整体研究将拓宽城市体育研究视野。

1.3 研究对象与方法

1.3.1 研究对象

城市体育和谐发展。

1.3.2 研究方法

1. 文献资料法

查阅、收集和整理了有关城市体育的期刊论文 900 余篇、博硕士论文 40 余篇；阅读了有关社会学、城市社会学、和谐社会、生活质量、城市生态、城市规划等方面的书籍 120 余本；阅读了有关城市的体育年鉴、国家体育方针和政策及体育会议资料 40 余份；查阅了有关城市体育的网络资料 130 多份。

---

① 上海世博局主题演绎部．城市，让生活更美好 [M]．上海：东方出版中心，2009：40.
② 武洁，黄荣清．世界城市化水平迅速提高 [N]．中国信息报：网络版，2007 - 12 - 17.

2. 问卷调查法

根据研究需要，设计出《城市社会体育和谐发展影响因素调查问卷》《城市竞技体育和谐发展影响因素调查问卷》和《城市学校体育和谐发展影响因素调查问卷》。调查问卷主要采用封闭式拟题征答，个别问题采用开放式询答。

3. 访谈法

对部分城市体育行政管理部门领导、城市体育社团负责人、城市学校领导、城市相关系统负责人进行了访谈。

4. 数理统计法

对问卷调查得来的数据，进行有关的数理统计处理，通过数据对本书所涉及的问题进行佐证与探讨。

5. 观察法

对城市体育实践活动进行近距离的观察，对有价值的活动进行拍照，对有价值的人物进行拍照和录音。

1.4 研究思路与内容

1.4.1 研究思路

德国当代著名的社会学家卢曼认为："社会一旦分化，次系统形成，就必然会产生次系统与整体社会、与其他次系统、以及对其自身的关系问题。次系统与整体社会的关系为功能，次系统与其它次系统的关系为服务，次系统对自己的关系为反省。"[1] 城市体育是城市社会分化的产物，按照卢曼的系统功能主义理论，城市体育产生了三组并列关系：一是城市体育与城市社会；二是城市体育与城市社会其他次系统；三是城市体育与其自身。城市体育通过功能发挥与城市社会产生联系，但我前期的研究结果表明：当前我国学者在研究此类关系时，多直接从体育对城市发展的功能入手，如对城市经济的刺激、城市形象塑造和城市文化交流促进等，对体育功能发挥的机制研究较少，即结合城市具体工作来研究体育参与城市建设的研究很少。因此，从城市管理、城市规划以及城市生态维护这些具体的城市工作中研究体育参与，能深刻的洞悉体育对城市功能发挥的机理，希冀本书能对城市社会和谐发展具有一些实际应用价值。

城市体育与城市社会其他次系统关系密切，相比较而言，其与城市教育、城市卫生以及城市文化联系更加密切一点。城市体育分别与城市教育、城市卫生以及城市文化发展存在着服务关系，这是普遍现象，学术研究对此关注也较多。"两个主体之间存在斗争与妥协互动。为了生存和'自我实现'，它们寻求资源，发生联系；为了获得更多资源，双方发生斗争。因此，需要对方，双方达成妥协。所谓妥协，也就是主体之间形成的关于利益交换和分享的相对平衡。"[2] 而城市体育、城市教育、城市卫生以及城市文化的社会功能的发挥，都表现为组织活动，而社会组织也是社会主体，因此，它们之间分别还存在着斗争关系，即竞争关

---

① 宋林飞. 西方社会学理论 [M]. 南京：南京大学出版社，2006：142-163.

② 胡守钧. 社会共生论 [M]. 上海：复旦大学出版社，2007：51.

系，而学术研究对此关注较少。因此，从共享机制入手来研究它们之间关系，能较好地反映它们之间服务与竞争并存的共生状态，和它们之间良好的共生关系，即和谐。

城市体育对自己的关系为反省，而反省的结果是为保持自身和谐。"社会是复杂系统，由诸子系统构成。社会能不能和谐，不仅取决于每个子系统的和谐，而且还取决于诸子系统之间的共生状况如何。"① 而城市体育由城市社会体育、城市学校体育以及城市竞技体育构成，因此，城市体育自身的和谐研究包括各自和谐以及它们之间的协调发展关系。

《中共中央关于构建社会主义和谐社会若干重大问题的决定》中指出，社会和谐是我们党不懈奋斗的目标，构建社会主义和谐社会是一个不断化解社会矛盾的持续过程。前述研究已经分析出城市体育在城市社会中产生三组关系，因此，本书的逻辑起点为城市体育各组关系自身存在的不和谐因素，通过解决这些不和谐因素，达到构建和谐。其实这也是当前社会学研究和谐社会的研究范式。因为社会学是以各种"社会不和谐"现象为直接研究对象，或者说，它是以"和谐社会"为参照物或者最高目标，以不断缩小现实与最高目标之间的差距来研究社会和谐。

本书在论述城市体育保持自身和谐时，采用了文献资料法、问卷调查法和数理统计法，在论述城市体育与城市其他次系统关系以及城市体育参与城市发展时主要采用文献资料法。本书的研究思路如图 1-1 所示。

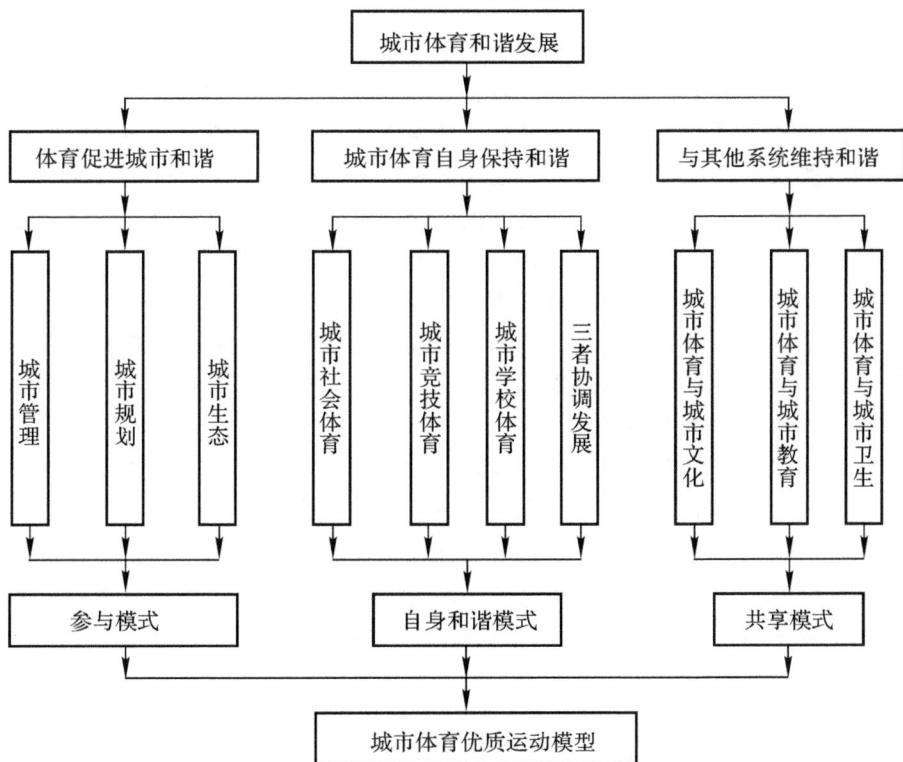

图 1-1 研究思路图

---

① 胡守钧. 社会共生论 [M]. 上海：复旦大学出版社，2007：69.

1.4.2 研究内容

1. 城市体育自身和谐模式

城市体育由城市社会体育、城市竞技体育、城市学校体育三大部分构成。其自身和谐表现为各部分自身和谐以及它们三者之间协调发展。目前城市社会体育、城市竞技体育、城市学校体育均出现了各种不同的不和谐现象，对于这些现象需要由表及里进行深层次的研究，并找出影响城市社会体育、城市竞技体育、城市学校体育的因素，针对这些因素结合当前城市社会体育、城市竞技体育、城市学校体育发展现状及未来趋势，提出了城市体育自身和谐模式。

2. 城市体育共享模式

城市体育与城市教育之间推进实施"体教结合"共享模式，即在构建和谐社会的新时期，遵循"以人为本"的科学发展观，推动城市体育系统与城市教育系统和谐互动、资源共享，培养高素质竞技体育人才，推进学校体育发展，最终实现以学校体育作为社会体育和竞技体育发展的基础和结合部，全面促进我国体育事业发展而构建的体系及其运行过程。

城市体育与城市教育之间推进实施城市学校社区体育一体化共享模式，即城市学校与城市社区体育通过一定的制度环境以及组织、保障措施，打破彼此隔离的状态，实现互相渗透、有机结合，进而共享资源，促进城市学校以及城市社区体育可持续发展的过程。

城市体育与城市卫生之间推进实施"健康管理＋社区体育"共享模式，即通过对城市社区体育和城市社区卫生组织、资源进行有效整合和共享，依托社区体育在线健康管理系统、社区体育俱乐部、社区卫生服务中心等平台，注重发挥社区体育指导员的主导作用，在政策法律的保障和经费及各种资源的支持下，运用健康管理理论、方法，以普及体育健康知识与技能、提高居民的健康素质为宗旨，提高居民健康素质和生活质量为目标，通过各种方式达到宣传体育健康知识、进行体育健康行为干预（参与）的运作机制、体制及全过程。

城市体育与城市文化之间推进实施城市体育与城市文化的"多元结合"共享模式，即推动城市体育与城市文化体系各个组成部分和谐互动、资源共享，从而促进城市体育与城市文化共同发展而构建的体系及其运行过程。

3. 基于城市营销的城市体育参与模式

城市和谐发展体现于城市管理、城市规划、城市生态等诸多方面。体育全方位地融入城市管理、城市规划、城市生态，并发挥自身多方面、多层次，直接或间接的作用，是促进城市和谐发展的有效途径。当前城市和谐发展所涉及的城市管理、城市规划、城市生态等诸多方面内容都可以统摄于城市营销这一战略思维之下，因此基于城市营销的观点，城市体育参与模式是指将体育作为营销城市的手段和途径之一，以此来提升城市管理水平，促进城市规划，优化城市生态，从而吸引和获得更多的推动城市和谐发展的资源，满足城市市民物质文化生活需求的体系及其运行过程。

1.4.3 研究创新点

本书从构建城市社会体育和谐发展模式、城市竞技体育和谐发展模式和城市学校体育和谐发展模式入手，以及从论述城市社会体育、城市竞技体育和城市学校体育两两和谐协调发展入手，三位一体，论证了城市体育自身和谐发展模式。

本书从体育参与城市管理、城市规划以及城市生态 3 个领域来论述城市体育促进城市社会和谐发展：体育以促进城市社会功能性整合，城市社会制度性整合以及城市社会认同性整合的形式参与城市管理；体育通过参与城市生活圈规划，城市扩展规划以及城市更新规划来促进城市和谐发展；体育赛事为城市生态环境优化提供了难得的契机，通过在城市荒芜地、江滩、海滩、湖岸内建设多种多样的公共体育设施，修复与改造城市生态环境，来促进城市生态环境的和谐。体育参与城市和谐发展的路径建设研究是本书的第二个创新点。

1.5　研究的理论基础

1.5.1　系统功能主义理论

德国当代著名的社会学家卢曼认为：在功能分化的现代社会里，不存在，也不需要一个可以统一各功能次系统的超级系统或者共同价值，现代社会的"统一"就在于其功能分化的原则，而功能分化的首要特点就是系统与环境的区分，作为沟通系统，社会只能通过沟通的循环操作来制造并维持它的"统一"。正因如此，他主张用"自我制造/结构性联系"的区分来取代"分化/整合"的区分，以此来研究系统整合，即功能次系统之间的相互关系的问题。

在他看来，这种关系具有如下两个方面的特点：一方面，由于每个功能次系统在操作上都是自我参照的，系统之间的关系是一种彼此不透明、不关心的关系；但另一方面，如果离开了环境的贡献，系统甚至不可能完成"分化完毕"的过程。任何系统都不可能离开环境而独立存在，而是无时无刻都受到来自环境的干扰。这种干扰虽然也以系统的自主为基础，但它之所以得以发生，是以系统之间或者系统与环境之间存在"结构性联系"为前提的。"自我制造"和"结构性联系"是社会系统的不可分割的两个属性。

1.5.2　和谐社会理论

和谐社会理论认为构建和谐社会，具有多重的目标，从人的角度而言是促进人与人的和谐；从人与自然环境的角度而言则是要求实现人与自然的和谐；从社会阶层的角度来看，是要实现我国社会各个阶层与利益群体之间的和谐；从内外环境的角度来看，既要实现整个外部世界的和谐发展，同时也要实现各个社会微观组织细胞的和谐发展；从社会体系的角度而言，既要实现整个社会的和谐发展，同时也要促进社会的政治、经济、文化等子系统之间及子系统自身的和谐发展。由此，可以认为：城市体育和谐发展也必然追求通过体育促进人与人的和谐；城市体育发展必须要做到人与自然的和谐；城市体育和谐发展必然兼顾和保障社会各个阶层、社会利益群体之间的体育权益，确保社会各个阶层、社会利益群体的和谐；城市体育发展必须要促进整个社会的和谐，同时也要促进社会组织细胞如个人、家庭、企业、学校、社区的和谐发展；城市体育要促进政治、经济、文化等各个社会子系统之间的和谐发展，同时城市体育也要促进城市社会体育、城市学校体育以及城市竞技体育等子系统内部的和谐发展。

和谐社会理论认为要构建社会主义和谐社会，政府应该对所有的社会政策进行重新审视和调整。同时构建社会主义和谐社会也要特别重视发挥各类社会组织特别是民间组织的作用。由此可以认为城市体育和谐发展既需要政府对有关城市体育发展的各项政策进行重新审视和调整，同时也需要发挥各类社会组织特别是民间组织的作用。此外，和谐社会理论认为和谐社会是各类社会资源互相促进且结构合理的社会，因此城市体育发展必须与其他社会系统的资源进行共享，或是积极参与其他社会系统发展从而能够通融借用其他社会系统的资源，促进城市体育自身发展，同时也促进了社会的和谐发展。

1.5.3　城市社会学理论

城市社会学是研究城市各种社会问题、城市生活方式和社会组织的学科。[①] 自城市社会学诞生以来，城市社会学的主要研究对象一直是城市问题。当前，建设社会主义和谐社会成为我党和全国人民共同奋斗的价值目标，也成为中国社会发展的战略目标。在城市化水平不断提高的今天，建设和谐城市成为实现构建和谐社会的重要组成部分，因此需要运用城市社会学的有关理论，科学分析影响城市社会和谐各种问题及矛盾的成因，从而找出化解这些问题及矛盾的有效方法，不断促进城市和谐。

从城市社会学角度来看，当前我国城市不和谐主要体现在人与人、人与社会、人与自然的不和谐。就体育而言，人与人、人与社会、人与自然的不和谐现象在体育领域也存在着，例如城市社会阶层中的弱势阶层（群体）所遭遇到的城市公共体育服务不均等化的现象，因此需要以城市社会学理论为指引，加以妥善解决。当然也必须看到体育对于促进人与人、人与社会、人与自然的和谐也具有一定作用，即体育能促进人的社会沟通交往，凝聚团体并强化人与人之间的团结协作，促进人的社会化，促成城市生态环境优化……本书试图探讨城市体育中所存在的人与人、人与社会、人与自然的不和谐现象及成因，并探讨如何解决这些不和谐现象。同时也探讨使城市体育促进人与人、人与社会、人与自然的和谐的各种策略及方法。

城市生活方式多种多样，但是在建设和谐城市的新时期，追求健康的生活方式却是所有城市的一致选择，体育生活方式就是健康的生活方式之一，因此在建设和谐城市过程中，如何实现体育生活方式成为本书所关照的一个内容。从城市社会组织的角度来看，城市社区及社区体育组织成为推进城市体育和谐发展的有力条件和依托，如何有效发展社区体育组织、扩展城市社区体育组织功能成为城市社区体育建设的重要运作模式和发展思路。

高特第纳和亨切森在 1995 年出版的《新城市社会学》一书中提出了城市研究的"社会空间视角"（Social Spatial），并将其具体表述为：① 空间与社会因素（阶级、教育、权力、性别、种族等）的关系；② 空间与行为因素的关系，强调空间与行为的互动；③ 空间与文化、心理因素的关系，特定的社会文化是空间意义的基础与渊源所在。[②] 城市社会空间与城市体育之间也存在许多关联，城市体育对于扩展城市空间、赋予城市空间功能从而促进城市和谐具有不可估量的作用。

1.5.4　城市营销理论

在 19 世纪 50 年代美国开始了闻名世界的"西部大开发"，与之相伴而来的是美国城市

①　张品．试论城市社会学的跨学科研究 [J]．社会工作（学术版），2011（4）：78-81.
②　焦若水，胡浩．城市社会空间的扩展：北京奥运会的城市社会学分析 [J]．北京体育大学学报，2008，31（12）：1598-1600，1622.

化的飞跃发展，并随之产生了城市营销的最初实践，可以说现代城市营销的理论研究肇始于美国。随着经济全球化和区域经济一体化的趋势日渐明显，全球各个城市之间的竞争也日趋激烈，许多城市面临生态环境恶化、城市公共财政赤字、失业率上升、城市特色丧失以及由此产生的城市竞争力下降、城市人口外迁、经济衰退、可持续发展后劲不足等问题。以美国著名营销学家科特勒为代表的一批学术大师们敏锐地感知到了现代城市竞争和发展过程中这些现象，并通过理论探究使得城市营销（city marketing）孕育而生，并使它逐渐成为促进城市和谐发展的战略思维与手段。

　　由于城市营销涉及地理学、城市学、经济学、营销学因此国内外许多学者从不同的角度对城市营销的概念进行过阐述。本书认同以下看法：城市营销主体——城市政府，城市营销的立足点——充分发挥城市的整体功能，城市营销的实质——用市场营销理念和方法管理城市，城市营销的核心内容——规划城市文化、传统、资源、区位、品牌等的长远发展，城市营销的目标客群——城市消费者，城市营销环境——城市公共基础设施等硬环境以及城市的政治、经济、法律、文化、社会风气等软环境，城市营销的最终目的——满足城市顾客的需求。[①]（城市营销内涵图如图1-2所示）以 Ashworth 和 Voogd（1990，2004）等学者为代表的欧洲学派视城市营销为一个整体协同的过程，在考虑地区经济发展的同时，也努力协调社会的进步与发展，旨在打造以人为本的和谐城市（harmonious city）。[②]

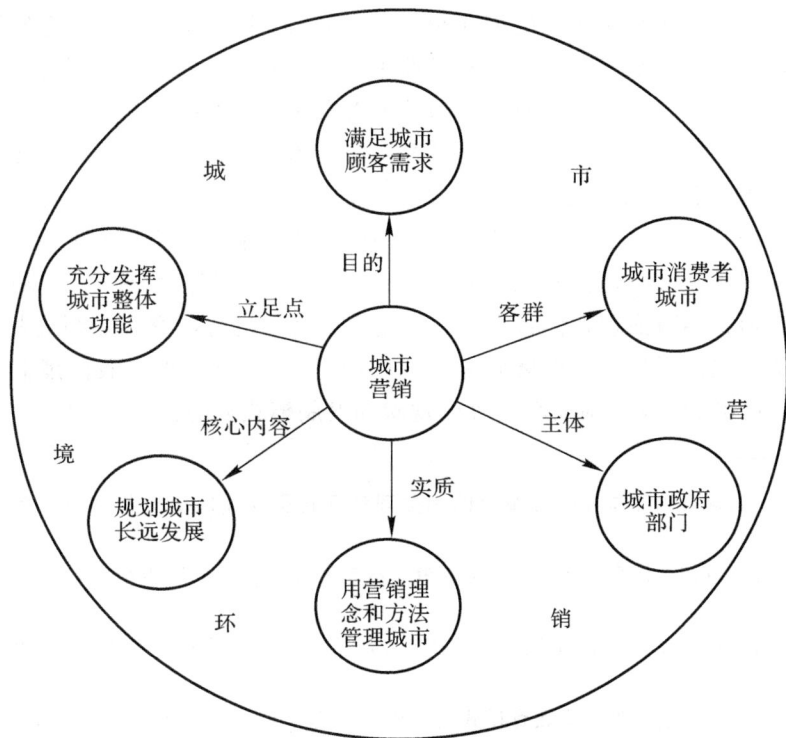

图 1-2　城市营销内涵

---

　　① 陈章旺. 我国城市营销的现状、问题及对策［J］. 福州大学学报（哲学社会科学版），2006（1）：24-28.

　　② 白长虹，卞晓青，陈晔. 从城市营销到城市文化发展［J］. 天津社会科学，2008（2）：80-84.

体育全方位地融入城市的经济、社会、文化和人的发展，并在打造城市核心竞争力和营销城市发展新形象方面发挥独特而又关键性的作用，正在成为一种新趋势、新潮流。[①] 城市营销的一个核心战略就是打造城市自身特色的差异化营销，体育业已被许多城市证明为差异化营销战略中最具代表性和实效的策略之一。刘东锋认为："选择赛事时要充分考虑城市的规模，功能定位，城市传统和已有的风格等因素，合理选择申办和主办的赛事的级别、运动项目和赛事的风格，使得城市与赛事的联合能够相得益彰，互相促进，并要坚持同时对赛事本身和城市本身推广的宣传。"[②]

1.5.5 模式理论

模式（Pattern）是前人对于如何解决某类不断重复出现的问题的经验的抽象和升华。应用模式的根本目的在于提高解决不断重复出现的问题的效率。由于模式理论是涉及解决某一类问题的方法论，因而学界对于模式研究总是充满学术热情。仅以体育学界而言，通过检索中国知网，就发现有大量的模式研究成果。例如以沈建华为组长的课题组（1999）[③] 的《社区体育发展新模式——学区体育》对于学区体育进行了比较深入的研究。又如高学民（2007）[④]《智障学生全脑型体育教育模式的理论与实践研究》对于全脑型体育教育模式进行了深入的理论和实证研究。体育学界对于模式理论的应用，主要以发展模式研究为主，关注于体育的发展问题。例如钟建伟，仇军（2006）[⑤] 的《新中国城市大众体育发展模式的消解与重构》认为：影响我国城市大众体育发展模式主要有三个因素即群众对体育的需求、市场资本的介入以及国家行政权力的行使。我国城市大众体育发展模式的重构在这三方力量的作用下，呈现出了多元模式，包括单位体育模式、社区体育模式和体育俱乐部模式等。李建国（2001）[⑥] 对上海社区体育的发展模式进行了深入研究，将社区体育发展模式研究归结为一个由目标模式、现状模式、发展模式所构成的理论框架体系，认为"发展模式是发展战略的具体化。它是由现状模式向目标模式过渡（转型）的一种动态过程模式"。随着社会经济的发展，新兴体育形式不断涌现，体育学界也通过模式理论进行研究，预判这些新兴体育形式的未来发展态势并提出了相应的发展对策。例如杨明（2010）[⑦] 的《我国度假体育发展模式研究》，刘海清（2011）[⑧]《我国滨海体育的现状和发展模式》等。

---

① 鲍明晓. 北京建设国际体育中心城市的相关理论问题研究 [J]. 上海体育学院学报，2010，34 (2)：4-10.

② 刘东锋. 城市营销中体育赛事与城市品牌联合战略研究 [J]. 武汉体育学院学报，2008，42 (5)：38-41.

③ 沈建华，等. 社区体育发展新模式——学区体育 [J]. 上海体育学院学报，1999，23 (4)：49-56.

④ 高学民. 智障学生全脑型体育教育模式的理论与实践研究 [J]. 体育科学，2007，27 (12)：81-93.

⑤ 钟建伟，仇军. 新中国城市大众体育发展模式的消解与重构 [J]. 成都体育学院学报，2006，32 (6)：19-22.

⑥ 李建国. 上海社区体育的发展模式 [J]. 上海体育学院学报，2001，25 (4)：74-79.

⑦ 杨明. 我国度假体育发展模式研究 [D]. 上海：上海体育学院，2010.

⑧ 刘海清. 我国滨海体育的现状和发展模式 [J]. 体育学刊，2011，18 (3)：53-58.

由此可见，为了促进城市体育和谐发展，从发展这一角度而言，运用模式理论贴切、合理。同时由于我国许多城市已经在进行促进体育和谐发展的实践活动，并产生了相关的经验和方法，因此本书力图通过模式理论对于这些经验和方法进行归纳、总结、升华，形成有效的模式，用以推动我国城市体育和谐发展。

1.6　城市体育概念界定

笔者前期的文献资料研究中没有发现有对城市体育进行概念界定的表述，可是城市体育研究已经成为了学术界研究的一个重要领域，这是不争的事实，本书自始至终都在围绕城市体育展开论述。因此，我觉得很有必要对城市体育进行概念界定，以便本书顺利进行，也希冀能对他人在进行此类研究时起抛砖引玉之功效。

城市是人口聚集的地点，而地点是一个位置，一个场所，是人类活动最重要、最基本的发生地。没有地点，人类也就不存在了。

人们之所以来到城市，是因为它是经济繁荣，企业成长的交汇点；城市代表着独特的生活方式和意义。地点是一定空间中人们有规律的工作和生活的具体位置；城市作为人们生活的一个地点，不仅仅是人类存在的客观现实，更为重要的是，它象征着确认人们身份的社会形式。

作为地点的城市同人们的日常生活是密不可分的，这也是人类的本质特征；城市作为实实在在存在的地点，必须寻求人与人之间亲密和谐，这才是城市最本质的特征。

因此，本书认为城市体育是指发生在城市这一特定地点和空间范围内的各种体育现象，它与农村体育、乡村体育有着本质不同。城市体育由城市社会体育、城市竞技体育、城市学校体育三大部分构成。城市社会体育是指以广大城市居民为对象，以满足居民健身、休闲、娱乐需求为目的各种体育活动及其现象。城市竞技体育是指在城市空间范围内，以创造优异的体育运动比赛成绩，推动城市发展、塑造城市文化特色、满足城市居民体育观赏需要的各类体育活动及其现象。城市学校体育是指以城市青少年学生为目标群体，所进行的各种促进人全面发展的体育教育活动及其现象。

2 研 究 现 状

2.1 国内研究现状

对中国知网 2003—2008 年我国 13 种体育类期刊中的论文进行检索。检索项为"主题"和检索词为"城市体育"的文章有 518 篇。其中 2003 年 65 篇，2004 年 96 篇，2005 年 85 篇，2006 年 79 篇，2007 年 83 篇，2008 年 110 篇（见图 2-1）。

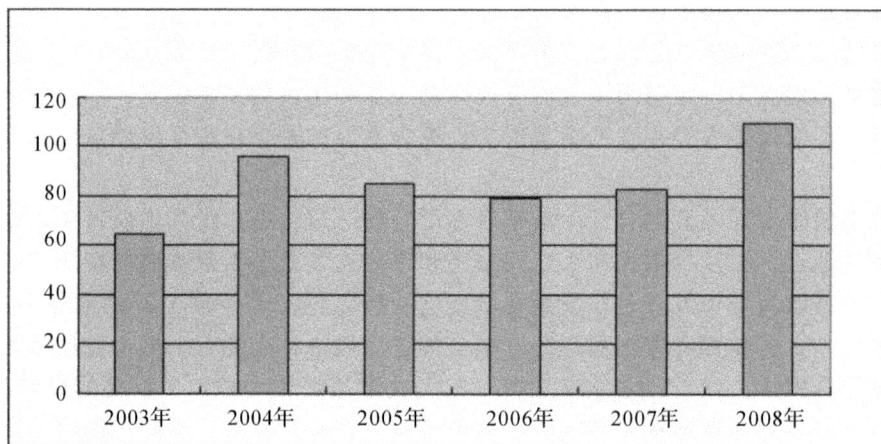

图 2-1 2003—2008 各年度体育类核心期刊发表有关"城市体育"论文分布图

2.1.1 城市体育研究内容

通过仔细阅读搜索到的 518 篇文章，可以将其研究内容分为 10 个领域，其所对应的学术文章数量分别为：研究城市不同阶层、不同群体体育文章数量为 79 篇；研究城市社区体育 93 篇；研究城市生态体育 15 篇；研究城市体育场馆 33 篇；研究城市体育圈 3 篇；研究城市体育文化 35 篇；研究体育赛事与城市发展 45 篇；研究城市体育与城市发展 40 篇；研究城市体育发展 91 篇；研究其他为 84 篇。其分布如图 2-2 所示。

2.1.2 城市体育研究方法

研究内容为"城市不同阶层、不同群体体育"以及"城市社区体育"的文章，多采用问卷调查的实证研究方法，如杨闯建[①]的《城市妇女参加体育锻炼的社会支持的心理动因》，

---

① 杨闯建．城市妇女参加体育锻炼的社会支持的心理动因［J］．武汉体育学院学报，2007，41（2）：49-57．

14

陈正①的《城市居民不同年龄群体体育休闲活动特征透析》，吴振华等②的《市民体育社会分层研究》，张学研等③的《我国东南沿海城镇农民工体育活动的现状研究》，张宝荣等④的《河北城市居民休闲体育活动的调查研究》，杨建设⑤的《我国西部城市社区体育现状与发展对策的研究》。

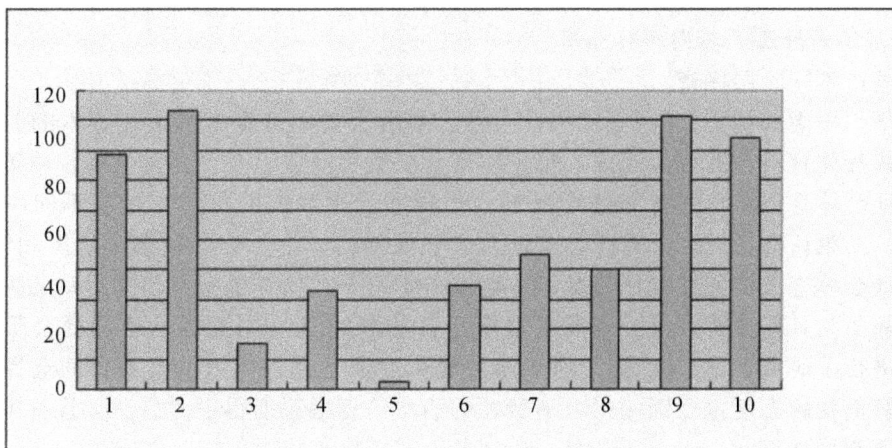

图 2-2　各研究内容对应文章数量分布图

1—城市不同阶层、不同群体体育；2—城市社区体育；3—城市生态体育；4—城市体育场馆；5—城市体育圈；6—城市体育文化；7—体育赛事与城市发展；8—城市体育与城市发展；9—城市体育发展；10—其他

研究内容为"城市体育场馆""城市体育文化""城市体育与城市发展""城市体育发展"和"赛事与城市发展"的文章，多采用理性思辨方法，但借用其他学科理论的较少，如宋成刚等⑥的《论新时期城市化与体育产业的互动发展》，易剑东⑦的《大型赛事对中国经济和社会发展的影响论纲》，赵方珂等⑧的《关于城市体育文化建设的思考》，韩会君等⑨的《实现体育现代化的理性思考》。

① 陈正.城市居民不同年龄群体体育休闲活动特征透析［J］.山东体育学院学报，2008，24（3）：33-35.

② 吴振华，田玉普.市民体育社会分层研究［J］.体育文化导刊，2008（5）：80-84.

③ 张学研，等.我国东南沿海城镇农民工体育活动的现状研究［J］.中国体育科技，2007，43（2）：20-26.

④ 张宝荣，等.河北城市居民休闲体育活动的调查研究［J］.体育文化导刊，2007（11）：13-15.

⑤ 杨建设.我国西部城市社区体育现状与发展对策的研究［J］.北京体育大学学报，2007，30（4）：455-457.

⑥ 宋成刚，曹锋华.论新时期城市化与体育产业的互动发展［J］.成都体育学院学报，2008，34（5）：9-13.

⑦ 易剑东.大型赛事对中国经济和社会发展的影响论纲［J］.山东体育学院学报，2005，21（12）：1-7.

⑧ 赵方珂，李文辉.关于城市体育文化建设的思考［J］.体育文化导刊，2005（7）：42-44.

⑨ 韩会君，肖焕禹.实现体育现代化的理性思考［J］.上海体育学院学报，2003，27（8）：31-33.

研究内容为"城市生态体育"和"城市体育圈"的文章，多借用其他有关研究城市的学科理论来进行研究。如马志和等[①]的《"中心地理论"与城市体育设施的空间布局研究》，邓跃宁等[②]的《生态体育的发展对策》。

2.1.3 城市体育研究结果

1. 城市不同阶层、不同群体体育

（1）城市不同阶层体育

吴振华、田雨普认为："我国城市社会各阶层由于其经济资本和文化资本的差异，参与体育的形式和体育参与的程度不同，市民体育分层结构形成了 5 个体育类型：精英体育、中产体育、社会体育、基本体育和体育匮乏。"[③] 黄迎乒则对河南省城市社会不同阶层体育进行了研究，结果认为："各阶层社会体育人口分布不均，主要集中在第十阶层和第二阶层；各阶层的社会体育人口的性别比与其职业特点密不可分；体育消费、参加运动的项目、时间空间特点除了与其职业有关外，还受其经济条件的制约。"[④] 申亮等从不同社会阶层体育消费的角度进行了研究，结果认为："社会阶层地位逐渐升高，体育消费项目的选择比例不断增强，体育消费的态度也逐渐增强，消费者的消费信息来源变得更为广泛，且自主体育消费的意识也逐渐增强。"[⑤]

上述研究从体育参与、体育人口以及体育消费的角度对城市不同阶层体育进行。我国城市社会不同阶层由于在文化观念和经济等条件上的不同，在体育行为上也表现出不同的特点，这是上述研究的共识。但借用"中国社会人口阶层结构的基本形态可以分化为 10 个阶层"的理论，而得出市民体育分层的结论，还显得过于粗略。因为相比于职业之间和经济之间具有显著的刚性差别，大多数不同形态的体育具有很强的社会适应性和社会亲和力等共性特点，因此，市民体育分层还应有其自身特点。

（2）城市女性群体体育

杨闽建认为："应从社会支持的结构纬度和社会支持的功能纬度来调查城市妇女的体育锻炼支持情况，毕竟城市妇女在参加体育活动的过程中处于弱势地位。而社会支持的结构纬度包括政策支持、社区支持、家庭支持、朋友同事支持和邻居支持；社会支持的功能纬度包括条件支持、情感支持、信息支持和归属感支持。"[⑥] 屈东华等调查了河南省城市女性体育健身状况。结论认为："河南省参加体育健身活动的城市女性年龄分布较为平均，'工作太忙'和'家务太重'是制约女性参与体育活动的两大主要因素，对场地、技术和人数要求不

---

① 马志和，等."中心地理论"与城市体育设施的空间布局研究 [J].北京体育大学学报，2004，27（4）：445-447.

② 邓跃宁，等.生态体育的发展能对策 [J].体育文化导刊，2003（7）：35-36.

③ 吴振华，田玉普.市民体育社会分层研究 [J].体育文化导刊，2008（5）：80-84.

④ 黄迎乒.河南省城市社会体育人口阶层特征分析 [J].北京体育大学学报，2007，30（6）：760-762.

⑤ 申亮.城市不同社会阶层居民体育消费决策探析 [J].山东体育学院学报，2008，24（2）：43-47.

⑥ 杨闽建.城市妇女参加体育锻炼的社会支持的心理动因 [J].武汉体育学院学报，2007，41（2）：49-57.

高的运动项目是她们的首选。"① 张越对浙江省城市女性休闲体育消费现状进行了调查，结论认为："城市女性的休闲体育消费观念与其收入的高低没有直接关系；26～45 岁女性承受的工作和家庭压力较大，参与休闲体育的时间较少，休闲体育的态度也不够积极；46 岁以上的中老年女性参与的主要动机是增强体质和人际交往。"② 杜熙茹等调查了广州市女性休闲体育活动的参与特征。结论认为："广州市女性休闲时间较为充裕，女性体育人口比例较大，对休闲体育活动的内容、时间和活动场所满意度较高。"③

以上研究表明，与城市男性相比，城市女性参加健身运动或休闲体育活动的机会较少，参加的体育项目对技术和场地的要求也不高，这其中有社会方面的因素，也有家庭方面的因素。研究结果显示广州市城市妇女与其他省市妇女参与体育情况差距很大，究其原因，可能是调查的对象范围不同所致：前者调查对象是广州市城市妇女，后者调查对象为全省的城市妇女。广州市城市化水平很高，人们生活水平非常富裕，其他各省内的城市之间，生活水平不均，城市化水平相差很大。但从全国范围来看，妇女是参加体育活动的弱势群体。所以，应从社会支持的结构纬度和功能纬度出发，找到解决女性参与体育的窘境的途径和办法。

（3）城市不同年龄群体体育

陈正认为："城市青年和中青年年龄阶段的人喜欢有明确规则的竞赛性体育休闲活动，偏好中等强度以上的运动负荷；城市中年群体的体育兴趣爱好呈现出由宽变窄，逐步个性化的特征；老年群体的体育兴趣转移到运动负荷较小且可以自由掌握的活动上，消费观念趋于保守。"④ 郭聪聪等认为："我国城市青少年消费结构中实物性消费和劳务性消费占主要成分，同时也出现了一定比例的博弈性消费，体育消费居日常消费金额排序第 4 位。"⑤ 常生等对影响城市大学生体育锻炼行为的家庭因素进行了调查与分析，结果认为："父母参加锻炼状况与大学生体育锻炼行为的关系呈正相关，父母学历与大学生体育锻炼行为的关系呈现低度负相关；父母对子女参加体育锻炼的态度对大学生参加体育锻炼相关不密切；兄弟姐妹参加体育锻炼状况对大学生参加体育锻炼有正性影响。"⑥ 徐立和等认为："中青年人群是社会物质消费导向的最强大的社会群体，而在体育锻炼和体质健康方面则又体现出了的最大弱势群体倾向，他提出中青年人应根据自己的经济承受能力、条件、爱好、体能、体质状况来选择适合于自己的健身方式。"⑦ 毕伟华对山东省城市老年体育消费市场现状进行了调查，结果认为："山东省老年人参加体育锻炼的人数在增加，但老年体育消费能力不强；老年体

① 屈东华，等．河南省城市女性体育健身状况调查 ［J］．中国体育科技，2008，44（3）：71-76．

② 张越．浙江城市女性休闲体育消费现状调查 ［J］．体育文化导刊，2008（5）：22-24．

③ 杜熙茹，等．广州市女性休闲体育活动的参与特征 ［J］．体育学刊，2007，14（1）：54-55．

④ 陈正．城市居民不同年龄群体体育休闲活动特征透析 ［J］．山东体育学院学报，2008，24（3）：33-35．

⑤ 郭聪聪，等．我国城市青少年体育消费需要类型的比较研究 ［J］．北京体育大学学报，2008，31（4）：448-455．

⑥ 常生，吴健．影响大学生体育锻炼行为的家庭因素调查与分析 ［J］．体育学刊，2008，15（3）：67-70．

⑦ 徐立和，刘宏秦．城市体育弱势群体的行为状况分析 ［J］．西安体育学院学报，2003，20（5）：20-21．

育消费产品滞后，应细分老年体育市场。"①

综上，城市各个不同年龄段群体无论在体育锻炼的行为上，还是在体育消费方面都体现出明显的差距。中年群体锻炼的机会较少，而他们在工作和生活中承担着最大的压力，并且他们的体育锻炼行为将直接影响到即将上大学和已经上大学的子女的体育锻炼行为；老年人的体育消费市场较难拓展，应从体育消费产品针对性地供给上入手。

（4）城市农民工体育

裴立新等对农民工体育现状进行了分析。结果认为："农民工有健身活动需求，但体育参与意识不高，余暇时间匮乏，难以享受城市的体育公共服务。"② 另外，他们还对其中的原因进行了探讨，城乡二元结构、企业较为漠视体育权益保障、农民工自身特有文化价值观及文化素质都影响和制约了其体育参与行为。

张学研等对我国东南沿海城镇农民工体育活动的现状进行了研究，结果认为："男性参与活动人数多于女性，具有初中文化程度的中、青年是体育活动的主体，影响因素主要为工作时间长，工作累，收入低，对体育锻炼的认识缺失。"③

张世威等从社会学的角度分析了农民工体育话语权的缺失。他们认为："制度排斥、经济排斥、文化排斥、社会组织排斥、地域空间排斥等社会排斥是造成此局面的原因。"④ 另外，他们还提出了解决办法，变户籍管理为身份管理，实行"一族两策"。

胡科等从法律学的角度对农民工体育的责任主体进行了分析。他们认为："流动人口体育既是农村体育的新课题，也是城市社区体育的新课题。也应从政府提供的公共产品、非营利机构提供的准公共性产品和各类体育市场提供的私人产品给农民工提供体育产品。经过现代改良的'单位制体育'可以暂时解决农民工体育的责任主体缺失问题。"⑤

以上研究表明，农民工体育已经得到了学术界的广泛重视。研究范围涵盖农民工体育的现状，造成农民工体育艰难处境的原因，以及解决的途径和办法等；研究的视角也更有穿透力和说服力，如从社会学的角度和法律的角度进行剖析；有些研究成果具有一定的新意，如"一族两策"，以及经过现代改良的"单位制体育"。

（5）小结

以上研究分别从城市不同阶层和不同群体对城市居民体育行为进行了研究。

将"中国社会人口阶层结构的基本形态可以分化为十个阶层"作为研究分析框架，来研究城市体育，具有一定的深度，但城市市民体育分层还有其自身的特点，上述研究在这方面没有涉及；上述研究采用年龄段对城市体育人口进行划分，而得出不同的群体，是一种常用的办法，但随着我国城市化程度的不断加强，城市群体的异质化程度越来越大，比如城市流动人口群体，就迥然不同于城市已有群体，所以，对采用其他标准进行区分而出现的城市体

① 毕伟华．山东省城市老年体育旅游市场现状调查与研究［J］．山东体育学院学报，2008，24（10）：45－47．

② 裴立新，肖剑．从社会学视角看我国农民工体育问题［J］．体育文化导刊，2007（2）：6－9．

③ 张学研，等．我国东南沿海城镇农民工体育活动的现状研究［J］．中国体育科技，2007，43（2）：20－26．

④ 张世威，宋成刚．社会排斥与农民工体育话语权的缺失［J］．天津体育学院学报，2008，23（2）：175－178．

⑤ 胡科，等．关于农民工体育责任主体的探讨［J］．北京体育大学学报，2007，30（2）：167－169．

育群体进行研究，或许会有更多有价值的研究成果出现。

对城市不同社会阶层体育和不同群体体育进行研究，是有力揭示城市体育面貌的较好切入点，同时它们也是城市体育的重要组成部分。城市本身就是人口的聚集地，到 2020 年，中国的城市化率将达到 58%～60%，在这一期间，中国的城市人口将达到 8～9 亿。如果不对城市人的体育进行研究，就失去了城市体育研究的基石，也将失去城市体育研究的宗旨。因此，对城市不同阶层体育和不同群体体育研究将是城市体育研究的永恒领域。

2. 城市社区体育

(1) 社区体育设施

饶传坤对杭州市城西居住区体育设施现状进行了调查，认为："城市社区体育设施的主要问题为种类少、规模小、配置不合理。"[①] 邱冠寰等对厦门市全民健身路径工程建设进行了研究，并提出了对策。研究认为："建设全民健身路径工程，应以科学选址为核心，以社区定位为基础，以质全保障为生命，满足不同地域、不同人群的需求是关键，以安全有效和结实耐用为焦点，以美观新颖为时代亮点，以规范管理为保证。"[②] 研究还提出应充分利用街道电子政务系统，实现社区体育设施数字信息化管理和服务。罗汉礼等认为"长沙市社区体育场地设施总量不足，开放力度不够"[③]；王凯珍的研究发现"75.1%的居民要求尽快改善社区体育场地设施"[④]；杨建设的研究认为"西安市城市社区体育发展水平滞后于社区整体建设，体育专项资金短缺，体育设施匮乏，虽逐年增加，但与人口相比仍存在较大矛盾"[⑤]。

以上论述表明，当前城市社区体育设施不能满足社区居民的体育需求。杭州市，长沙市以及西安市的城市社区现状研究支持了此结论。有些研究从住宅小区开发的角度分析了产生的原因，视角比较新颖；有些研究提出了社区全民健身体育设施供给的具有操作性意义的对策，并进而提出了利用城市街道的电子政务系统来提供体育设施的信息服务，这为社区居民高效率的利用体育设施提供了途径。

(2) 社区体育管理与发展

刘平认为："要搞好城市社区体育管理，首先要把城市社区体育建设定位于以公益性为主，经营性为辅，在此基础上，各社区根据自身的现代化水平、人口异质性的程度，因地制宜，构建多样化的城市社区体育管理模式。"[⑥] 韩坤对我国经济发达地区城市社区体育管理体制进行了研究，结果认为："我国城市应建立强政府与大社会相结合的社区体育管理模式，

① 饶传坤. 城市社区体育设施现状及发展对策研究 [J]. 中国体育科技, 2007, 43 (1): 16 - 20, 48.

② 邱冠寰, 林琳. 全民健身路径工程建设研究 [J]. 中国体育科技, 2008, 44 (3): 64 - 70.

③ 罗汉礼, 彭雄辉. 城市社区体育现状与发展对策 [J]. 体育学刊, 2004, 11 (1): 36 - 37.

④ 王凯珍. 中国城市不同类型社区居民体育活动现状的调查研究 [J]. 北京体育大学学报, 2005, 28 (8): 1009 - 1013.

⑤ 杨建设. 我国西部城市社区体育现状与发展对策的研究 [J]. 北京体育大学学报, 2007, 30 (4): 455 - 457.

⑥ 刘平. 中国社会现代化与城市社区体育管理模式研究 [J]. 体育文化导刊, 2005 (11): 53 - 56.

该模式可划分为四个层面：领导系统、决策系统、协调系统、实施操作系统。"① 以上研究从社区体育管理体制的创新和社区体育发展模式上进行了探讨。有些研究从社区体育的定位上入手，有些从国家整个社区管理体制模式入手，有些借用发展社区的理论进行。

（3）小结

在搜索到的主题为城市体育的文献中有 93 篇有关城市社区体育，占总篇数的 17.95%；其研究多为社区居民体育锻炼行为，其次为社区体育现状，两者研究大多从居民锻炼时间、锻炼场地、参加项目、锻炼的持续时间、锻炼组织情况等入手进行，研究结论大致相同。以研究社区体育设施和社区体育管理与发展为内容的文章相对要少一些。

3. 城市生态体育

当前，城市居民健身意识越来越强，在城市举办的体育比赛越来越多，而城市生态环境却日趋恶化，为此，许多学者把目光投向了城市生态体育的研究。

谢琼桓等通过对奥运会与环境保护历史沿革的梳理中，发现"奥运会中的环境保护遵循一条发展线索，即从体育场馆建设和体育比赛中考虑环保因素，逐步扩大到举办城市的基础设施等方面"②。

刘新卯等③提出了以"绿色建筑"建设比赛场馆的理念，该理念从建设生态型体育场馆设施，建设生态科技体育场馆，保护植被环境和地理生态原貌三方面体现。

翁锡全等对举办大型运动会时，城市生态环境保护问题进行了研究。结果认为"大型运动会的开展从五方面影响了城市生态环境，它们分别为：体育场馆设施建设、建材的使用与废弃、城市环境污染、场馆设施与交通能源利用以及体育场馆设施赛后利用。"④ 进而提出了要制定环保规划，合理规划体育场馆建设，提高城市土地生态效益。

邓跃宁等认为："建设城市生态体育时，须构建城市生态体育的社会网络体系和学校教育网络体系。前者从体育场馆、场地的建设以及体育比赛的举办、公共体育设施的开放、社区体育活动的开展等方面入手；后者以生态体育课程构建、生态运动场的建设、学校生态体育文化氛围的培养等因素为出发点。"⑤

孙辉认为："应从建立体育场所绿地系统评价指标体系来确保城市生态体育的发展：土地利用率、绿化覆盖率、体育活动者的密度、体育场（馆）区域建筑密度、体育场（馆）区域绿地水能耗量、空气颗粒、污染物的含量等。"⑥

上述研究既涉及了城市大型体育比赛，如奥运会对城市生态环境保护的对策，也有从开展城市学校体育和社会体育时应建立城市生态体育环境的对策，还提供了具体的指标来确保城市生态体育环境的建设；研究中既有对奥运会与城市环境保护关系的历史回顾，也有对当

---

① 韩坤，于可红. 近年来我国城市社区体育研究状况 [J]. 天津体育学院学报，2004，19（4）：48-51.

② 谢琼桓，冯宝忠. 体育运动与环境保护 [J]. 天津体育学院学报，2005，20（5）：1-4.

③ 刘新卯，等. 北京绿色奥运的生态环境与人文环境 [J]. 武汉体育学院学报，2005，39（10）：29-31.

④ 翁锡全，等. 举办大型运动会与城市生态环境保护的探讨 [J]. 体育与科学，2003，24（5）：53-55.

⑤ 邓跃宁，等. 生态体育的发展对策 [J]. 体育文化导刊，2003（7）：35-36.

⑥ 孙辉. 我国城市体育自然环境建设与发展的研究 [J]. 体育科学，2004，24（2）：6-8.

今建设城市生态体育的现实路径的选择。

4. 城市体育场馆

陈元欣对有关美国赛事场馆设施方面进行了研究，结果认为："美国各州或地方政府普遍采用普通税或者特殊税相结合的形式来修建或资助体育设施，在多数情况下球队的所有者可以得到由公共体育设施带来的大部分收入"[①]；陆亨伯等认为："我国公共体育场馆为一种准公共物品，是城市重点兴建的基础设施项目，作为一个城市的标志性建筑，是城市的名片"[②]；杨磊等[③]也认为"我国体育场馆设施作为一种准公共产品，具有一定的公益性，但其却具有消费一定的排它性，且受益范围、程度在社会成员之间具有一定的差异性"。

徐本力在研究上海市体育场地建设问题时认为："上海市应根据城市特点，坚持'相对集中，分散为主，形成多中心、多层次的网络布局系统'的建设原则，重点发展小型体育设施，适当建设现代化体育场地设施，并把体育场地设施的建设与城市环境绿化结合起来。"[④]杨磊等的研究认为："城市应根据自身的实际情况进行合理规划，建设体育场馆不仅要服务于竞技比赛，还要从市场经营、体育商业化的角度出发，带动一批相关产业发展，并兼顾基础训练、体育教学、健康休闲。"[⑤]

上述研究分别从城市体育场馆属性、体育场馆经营以及体育场馆建设三方面进行，比较一致的共识为：我国城市体育场馆为一种准公共物品，具有一定的公益性，但城市社会成员受益程度各异；要改革城市体育场馆经营体制，实行民营化的策略；各城市应根据自身特点，各方兼顾的原则，建设城市体育场地。

5. 城市体育圈

李建国等从时间地理学的视角，研究了市民体育生活的时间特征和空间特征之后，提出了都市体育生活圈的理论。该理论认为："都市体育生活圈包括日常体育生活圈、周末体育生活圈和节（长）假体育生活圈。"[⑥]该理论还结合上海市的特点，提出建立社区体育生活圈、城市体育生活圈和长三角体育生活圈的主张。

申亮等从城市发展规律、城市人口数量及居住区阶层分布特点、城市文化、城市的地域环境特点以及原有体育资源对城市体育资源配置进行了研究，并提出了建设城市体育圈的主张。结果认为："城市在发展过程中，聚集效应和扩散效应影响了城市体育设施布局；居住小区的阶层化造成了体育场地配置的等级化；各城市都根据自身的地域特点和文化传统建设运动场地和开展运动项目。"[⑦]

马志和等运用中心地理论的观点，研究了城市体育设施的空间布局。结果认为："行政原则、市场原则以及交通原则导致了不同的城市体育中心地。公共财政出资，应优先考虑行

① 陈元欣，王健. 美国赛事及场馆设施外部效应研究现状及其启示 [J]. 武汉体育学院学报，2008，42（1）：38-42.

② 陆亨伯，等. 我国公共体育场馆民营化经营模式的选择 [J]. 北京体育大学学报，2008，31（1）：5-7.

③ 杨磊，周学荣. 城市运营与体育场馆建设规划研究 [J]. 体育文化导刊，2008（3）：78-80.

④ 徐本力，顾爱斌. 上海市体育场地系统的现状研究 [J]. 体育科研，2003，24（5）：8-15.

⑤ 同③

⑥ 李建国，卢耿华. 都市体育生活圈建设研究 [J]. 体育科研，2004，25（1）：5-6.

⑦ 申亮，等. 城市体育的新范式：都市体育圈 [J]. 天津体育学院学报，2005，20（2）：88-92.

政原则；私人资本，则主要考虑市场原则；而交通原则的贯彻应体现出一定的前瞻意识。"[1]

上述研究分别借用时间地理学的理论、城市增长核理论和中心地理论来论述城市体育资源配置模式。李建国等的研究在借用其他理论的同时，构建了自己的理论，该理论具有很高的实际意义和操作价值，与之相比，后两者的研究还停留在解决问题时所需要的对策和建议的层面上；另外，从市民生活的视角来研究城市体育设施的空间布局，研究过程和研究结果更具人性化。

6. 城市体育文化

城市体育文化是城市文化的重要组成部分，是城市现代化建设的"软件"。

朱亚林等认为："城市体育文化是城市文化的助推剂，作为一种身体文化，具有极重要的世界性文化交流意义。"[2] 赵方珂等也认为："城市体育文化是城市文化中极具个性特色的部分，是城市具有文化吸引力的组成部分。"[3] 城市体育精神是城市体育文化的核心。吴亚东认为："城市体育精神，是城市发展的动力；城市体育精神具有整体性，由人们自觉塑造，是传统体育精神和时代体育精神的有机结合，是中华民族体育精神的重要体现。"[4]

李先国和李建国对城市体育文化创新进行了研究。结果认为："树立城市体育的大文化观念是创新的前提，城市体育文化与城市经济相互交融是创新的基础，内容创新是城市体育文化创新形式的体现，而创新主体的素质是城市体育文化创新质量的保证。"[5]

张孔军等提出："要结合北京的发展定位目标，建构体育文化创意产业中心城市，因为借助高科技手段能使体育文化创意产品迅速流通，从而获得巨额利润。"[6] 冯霞等认为："北京体育文化创意产业的形成与发展，得益于北京奥运文化传播。"[7]

上述研究从城市体育文化的特点、城市体育文化的作用、城市体育文化创新以及城市体育文化产业等角度进行。城市体育文化对城市发展作用显著是以上研究的共识。以上研究表明：由于城市体育文化是城市文化中极具吸引力的部分，因此，加强城市体育文化的传播，是提高城市知名度的重要路径；城市体育文化要进行创新，及至形成城市体育文化的创意产业。

7. 体育赛事与城市发展

在检索到的文献中，主题为体育赛事与城市发展的文章有 29 篇。这说明：一方面我国许多城市正把举办大型体育赛事当作提升城市知名度途径的现实，另一方面说明我国体育学术界正兴起对此研究领域的兴趣。

有些学者研究了大型体育赛事对城市经济发展作用。雷选沛等认为"城市通过举办大型体育赛事，带动城市土地的升值、投资环境改善和区域经济的发展"[8]；肖锋等认为"城市

---

① 马志和，等."中心地理论"与城市体育设施的空间布局研究 [J]. 北京体育大学学报，2004，27（4）：445－447.

② 朱亚林，郑光. 奥林匹克运动与城市文化初探 [J]. 体育与科学，2003，24（6）：16－17.

③ 赵方珂，李文辉. 关于城市体育文化建设的思考 [J]. 体育文化导刊，2005（7）：42－44.

④ 吴亚东. 试论现代城市体育精神 [J]. 体育与科学，2005，26（2）：29－32.

⑤ 李先国，李建国. 城市体育文化创新探析 [J]. 体育与科学，2007，28（4）：15－19.

⑥ 张孔军，于祥. 首都体育文化创意产业定位研究 [J]. 体育文化导刊，2007（8）：21－36.

⑦ 冯霞. 北京中外体育文化传播与交流研究 [J]. 广州体育学院学报，2008，28（6）：35－45.

⑧ 雷选沛，苏芳. 论体育运营城市 [J]. 成都体育学院学报，2004，30（5）：18－21.

举办大型体育赛事，能促进城市基础设施建设，拉动经济高速增长，能提供大量就业机会，能促进第三产业发展，增强城市经济竞争力，提升城市经济的'无形资产'，拓展城市的发展空间[①]；易剑东认为"我国对城市举办国际体育赛事对经济的影响有一致的价值认同，表现为：国际赛事对周边经济有辐射作用，能促进就业和消费，对许多行业有牵拉作用，能完善经济和产业结构，对于企业的发展有助推作用，能促进企业升级"[②]；而梁洪波进行了个案研究，结果认为"东亚运动会提高了澳门国际经济交流的平台作用，推动了澳门体育旅游的发展，促进会展业的发展，物流运输业出现重大商机"[③]。

正因为大型体育赛事对城市的发展具有非常重要的作用，所以有学者研究认为，城市应主动利用体育赛事的功能，来实施对城市的品牌营销。刘东锋认为："选择赛事时要充分考虑城市的规模、功能定位、城市传统和已有的风格等因素，合理选择申办和主办的赛事的级别、运动项目和赛事的风格，使得城市与赛事的联合能够相得益彰，互相促进，并要坚持同时对赛事本身和城市本身推广的宣传。"[④]

而有些学者的研究认为，不同大型体育赛事具有不同的主导性质，因此对城市发展会产生不同的作用。据此，孟凡强等[⑤]把大型体育赛事划分为科技主导型体育赛事、经济主导型体育赛事、文化主导型体育赛事和强政府介入型体育赛事。

在更多的学者论述赛事对城市发展正面作用的同时，也有学者提出了不同的观点。熊艳芳的研究认为："奥运会对举办城市经济发展具有负面影响，如奥运会后的城市经济低谷现象；还有奥运会后体育设施的浪费与闲置、城市非受益人群的生活受到损害以及对城市自然生态环境的破坏都是负面影响的表现。"[⑥] 陈子锐[⑦]以及张鹏等[⑧]的研究也得出了大致相同的结论。

综上，上述研究大多支持了大型体育赛事对城市发展的正面功能，只有少数的文献研究了其负面影响。上述研究结果没有区分出在举办的不同时期，即比赛前、比赛中和比赛后大型体育赛事对城市发展的作用；另外，上述研究采用规范性研究较多，而实证性研究较少。

8. 城市体育与城市发展

王凯珍等从市场导向和竞争机制、政府行为变化、"单位体育"改革以及社区建设四方面对社会转型与城市体育关系进行了研究。研究结果认为："社区体育兴起是转型社会对城

---

① 肖锋.举办国际体育大赛对大城市的经济、文化综合效应之研究 [J].上海体育学院学报，2004，28（5）：24-27.

② 易剑东.大型赛事对中国经济和社会发展的影响论纲 [J].山东体育学院学报，2005，21（12）：1-7.

③ 梁洪波.第四届东亚运动会对澳门城市发展的影响 [J].体育学刊，2007，14（1）：36-39.

④ 刘东锋.城市营销中体育赛事与城市品牌联合战略研究 [J].武汉体育学院学报，2008，42（5）：38-41.

⑤ 孟凡强，崔颖波.不同主导性质国际体育大赛对促进举办城市发展作用差异的研究 [J].成都体育学院学报，2005，31（6）：13-17.

⑥ 熊艳芳.奥运会对举办城市的负面影响 [J].体育文化导刊，2008（2）：64-66.

⑦ 陈子锐，林少娜.2010年"后亚运效应"对广州经济和社会的影响 [J].广州体育学院学报，2008，28（2）：51-54.

⑧ 张鹏，孟凡强.国际大型体育赛事的时代特征论析 [J].西安体育学院学报，2007，24（5）：17-19.

市社会体育发展的必然要求，因为其将降低社会体育管理重心，加强社会体育管理力量；减轻单位的体育负担，推动体育社会化进程；为社会体育的普遍化、生活化提供保证；还促进了城市社区建设。"①

胡小军等从体育的属性上对城市体育与城市发展的互动关系进行了研究，结果认为："体育的发展应遵循城市经济社会发展的阶段性规律。"②

常乃军把体育放在城市化进程中去考察其功能，研究结果认为："体育是城市化过程中市民生活质量提高的有效手段，是人文精神升华的催化剂，而体育消费是实现市民社会的重要标准。"③ 杜伟等④在对社会体育在城市发展中的作用进行了研究，其研究结果大致相同。

建设健康城市体育应扮演重要角色，吕东旭等对此进行了研究，认为："体育健康促进目标体系包括体育健康传播、体育健康行为干预、体育健康促进的环境支持等3个方面。"⑤

李建国从城市生活改善的角度对城市体育与城市发展的关系进行了研究。其研究结果认为，生活化的体育手段让城市生活方式更科学，让城市生活环境更优美，让城市生活关系更和谐。

上述研究既论述了城市发展对城市体育的影响，也论述了城市体育对城市发展的作用。而上述论证是从城市体育的兴起、转型城市社会对城市体育规导、现代城市体育属性、城市体育功能以及生活化的体育手段等角度展开的。研究揭示了城市化和工业化是城市体育蓬勃发展的根本原因，社区居民对体育的需求是当今我国城市体育发展的动力，城市体育的功能是城市良好发展的又一保证。李建国从生活化体育手段的角度来考察两者的关系，视角很独特，但是在搜集到的文献中只此一篇。

9. 城市体育发展

（1）城市体育发展不同形式

由于城市标志性建筑物的功能日益显现，也由于城市区域功能的不断分化，使得城市体育在地理属性上发展出不同的形态，如城市景观体育、城市中央体育区体育等。

周细琴和李建国研究了城市景观体育的概念，并把它划分为城市自然景观体育和城市人文景观体育两大类。他们还认为："城市景观体育是以主动谋求城市的发展作为自身发展的宏大场景和根基，与举办世博会的内在驱动力不谋而合，应主动融入2010年上海世博会。"⑥

陈林华对城市中央体育区体育进行了研究。结果认为："体育场馆的建设为城市中央体育区的核心，举办大型体育盛会为城市中央体育区发展的契机；通过中央体育区体育功能的

① 王凯珍，任海. 中国社会转型与城市社会体育管理体制变革 [J]. 北京体育大学学报，2004，27（4）：433-439.

② 胡小军，旷儒. 和谐社会体育与城市的互动发展 [J]. 广州体育学院学报，2008，28（2）：47-50.

③ 常乃军. 体育在城市化进程中价值与功能的审视 [J]. 体育文化导刊，2003（12）：10-12.

④ 杜伟，闻扬. 社会体育在城市发展中的地位和作用 [J]. 成都体育学院学报，2003，29（2）：28-31.

⑤ 吕东旭，等. 建设健康城市的体育健康促进目标体系研究 [J]. 中国体育科技，2007，43（1）：12-28.

⑥ 周细琴，等. 城市新形态：景观体育 [J]. 体育文化导刊，2006（4）：14-16.

发挥，实现多功能优化配置，形成'集聚效应'，带动相关产业组团式发展。因此，城市中央体育区借助体育的力量，成为城市再生的动力引擎，有效地激活城市能量。"[①]

综上，城市景观体育和城市中央体育区都能提升城市形象，都应主动配合城市发展主旋律，主动为城市发展贡献力量。但城市景观体育还有推广体育项目的功能，而城市中央体育区更多功能是以大型比赛为载体，带动区域经济增长。两者都是城市化程度不断加深的必然产物，是城市体育发展新形态。

（2）城市体育发展趋势

陈东岗等从城市竞技体育、城市学校体育以及城市社会体育三方面分析了城市体育的发展趋势："市场化、职业化将主导城市竞技体育的发展方向、城市学校课余体育社会化将成为学校体育发展的主流、城市居民体育的社区化将成为居民的一种重要的生活方式。"[②]

陈立国对学习型城市体育现代化进行了研究，并提出了四大指标，即"体育人口与素质、体育经济、体育资源、体育管理水平，具体包括体育产业、体育人口的数量、人均拥有体育场地数量、体育行业从业人员的素质等二级指标"[③]。

平杰在其博士论文中研究了现代化进程中的上海竞技体育发展趋势。认为："为了实现上海市政府提出的要把上海市建设成亚洲一流的体育中心城市，上海市竞技体育应在四方面进行努力：形成凸现上海特点的城市竞技体育发展新理念；促进和加快上海竞技体育社会化、产业化；形成上海竞技体育的聚集与辐射功能；拓宽上海竞技人才培养路径。"[④]

以上研究从宏观层面对城市体育的不同领域发展趋势进行了总结，这些领域包括城市竞技体育、城市学校体育、城市社会体育；从中观层面勾勒出了学习型城市体育现代化的模型。而城市竞技体育实行产业化和社会化的发展趋势是上述研究的共识。

（3）小结

发展的不同形态和整体发展趋势是描述事物发展的两个纬度。上述研究分别从城市体育发展不同形式以及城市体育发展趋势对城市体育发展进行了论述。研究还注意到了由于城市地理属性的不同导致了城市体育形态的进一步分化，以及城市社会的特性和建设目标对城市体育发展的制约作用。

10. 总结

（1）国内研究现实

从 2003 年至 2008 年体育类核心期刊发表的文章来看，城市体育的研究内容已经非常广泛，文献综述研究所做的区分可能并不完全准确，因为笔者怀有期盼之心，希望做如此划分，能为自己的研究带来一定的启发，比如，笔者将"城市生态体育"单独划分出来，作为一个研究内容，为的是能对研究"人与自然的和谐"带来灵感，而实际上所搜索到的有关文章只有 15 篇。

① 陈林华. 城市中央体育区（CSD）的特征与开发策略探析 [J]. 体育与科学，2008，29（2）：16 - 19.

② 陈东岗，刘文华. 中国城市体育发展趋势和模式的思考 [J]. 上海体育学院学报，2003，27（5）：100 - 101.

③ 陈立国. 学习型城市体育现代化指标体系研究 [J]. 体育文化导刊，2007（1）：13 - 15.

④ 平杰. 现代化进程中的上海竞技体育研究 [D]. 上海：上海体育学院，2005.

对城市不同阶层、不同人群以及城市社区体育的研究出现次数最多，本书把它界定为"第一领域"。该领域绝大多数研究结果大致相同，研究范式差异性不大。大多数从城市居民的体育锻炼行为特点入手，进行问卷调查和访谈。对城市农民工体育的研究引起了体育学术界的注意，并提出了一些具有新意的对策和建议，比如"一族两策"，以及经过现代改良的"单位体育"等。

对城市体育场馆、城市体育文化、城市体育与城市体育发展、城市体育发展、赛事与城市发展的研究出现次数较多，本书把它界定为"第二领域"。该领域内的研究大多从体育的功能作为研究的基础来展开，且大多研究集中于体育或赛事对城市发展的作用。赛事与城市发展的研究引起了学术界的足够重视，都在倾力说明：赛事，特别是大型赛事对城市形象的提升作用。

对城市生态体育和城市体育圈的研究较少，本书把它界定为"第三领域"。该领域的研究借用其他学科的理论较多，是城市体育研究的新的增长点。

（2）国内研究不足

"第一领域"的文章实证研究较多，大多数文章有调查得来的数据，有访谈的材料，但没有足够的理论深度和理论高度；"第二领域"大多数研究只强调了事物的一个方面，即体育对城市发展的作用，而忽略了事物的另一方面，即没有深刻的挖掘城市对体育作用的机制和原理；"第三领域"的研究有一定的理论基础，但大多停留在对城市体育领域相关情况的诠释，或者提出一些对策和建议，很少有研究形成了自己的理论，并反过来研究城市体育，只有李建国有关"都市体育生活圈"的研究除外。

城市体育有它自身的特点，即体育是在城市这个特定的区域里进行。总的来说，无论是"第一领域""第二领域"，还是"第三领域"，其研究结合城市社会的特点的力度还显不够，表现在其研究的理论基础往往为一般社会学和经济学理论，而参考和借鉴城市地理学、城市社会学以及城市规划学等深刻阐述城市社会特征的学科理论较少。

2.2　国外研究现状

按照宏观与微观、理论与应用的分析框架，本书将国外城市体育和谐发展的有关研究成果进行如下划分：① 体育设施建设对城市发展的促进作用，其中 Baade R. （1996）、Ernest Sternberg （2002）与 Timothy S. Chapin （2004）等人的研究比较有特色，以上这些学者对美国的城市体育设施建设对城市发展所带来的影响进行了深入研究，认为在城市所建设的大型场馆及其配套设施，是对城市进行更新与再开发的催化剂（Catalyst as urban renewal and city redevelopment）。① ② 体育与城市环境之间的理论与现实问题。2004 年 11 月 24 日联合国环境规划署主办的第三届全球体育与环境研讨会在巴基斯坦的拉合尔召开。这次研讨会设置了"体育与环境：概念和现实"议题，探讨了城市体育发展与环境之间的有关理论问题，

---

① Ernest Sternberg. What makes buildings catalytic? How cultural facilities can be designed to spur surrounding development [J] . Journal of Architectural and Planning Research，2002，19 （1）：30 - 43.

并对城市体育影响环境的现实案例进行了探讨。[①] ③ 未来城市体育发展形式。《美国体育社会学》认为未来的城市体育形式有两种类型：实力展示型体育和休闲参与型体育。在未来，实力展示型体育将以展示城市形象作为主要目的之一。城市中的休闲参与型的体育运动形式的出现，将成为一种趋势。[②] 体育与城市营销之间的关系。国外学者认为体育是城市营销的重要手段之一，根据欧洲城市联盟 2005 年的一项 18 国 25 城市调查，文化和体育活动获得40％的选择率，被认为是城市营销最常用的模式之一。[③] ④ 体育赛事与城市可持续发展之间的关系。目前中外学者大多认为体育赛事能够促进城市可持续发展。Whitson 和 Macintosh（1993）提出了"推动主义"（Booster-ism）的概念，并指出这是举办体育赛事的最大优点，因为举办体育赛事时举办城市具有"标志"作用，当地的政界和商界领袖都投入"市民合作工程"，以此带动城市发展，同时"推动主义"也有利于体育赛事举办城市整个社区的发展，带动了当地人们生活水平提高，在经济发展和改善生态环境方面也具有很大的作用。[④] ⑤ 城市与体育空间。有学者研究表明美国体育场地的修建在政府和企业家的共同影响下，更加有规划性，基本能满足民众的体育要求。⑥ 城市体育的社会阶层分化。在美国，工人阶级、中产阶级以及富人阶级参与截然不同的体育活动，同时在欧洲这种社会阶层分化更加明显。[⑤]

① 联合国网站新闻中心．联合国环境规划署召开体育与环境研讨会 [J]．体育科技文献通报，2005，13（4）：45.

② 华中师范大学译．美国体育社会学 [M]．北京：国家体育总局，2002：602－622.

③ Gildo Seisdedos. State of the Art of City Marketing in European Cities [C] //42nd International Society of City and Regional Planners Congress Paper，2006.

④ Weed Mike. Chris Bull Sports Tourism：Participants，Policy and Providers [M]．天津：南开大学出版社，2006：38.

⑤ 熊欢．城市化与市民体育的兴起——美中城市体育发展之比较 [J]．体育科学，2008，28（1）：13－21.

3 城市体育自身和谐模式

3.1 城市社会体育和谐发展

3.1.1 人均公共体育资源量提高是城市社会体育和谐发展的物质基础

1. 我国城市公共体育资源量现状

（1）人均公共体育资源量少

根据本书调查，有 82.3%的被调查者认为公共体育场地数量与质量影响社会体育和谐发展（见表 3-1）。目前全国范围内的体育场地普查在我国已进行了 5 次，根据最近的第五次全国体育场地普查数据显示：我国包括足球场、篮球场等各类体育场地共计 850 080 个，其中标准体育场地共计 547 178 个，非标准体育场地共计 302 902 个，体育场地占地面积共计 22.5×10^8 m^2，场地面积共计 13.3×10^8 m^2（见表 3-2）。以上资源总数如果平均到我国 13 亿人口，则平均万人拥有体育场馆量为 6.58 个，人均仅拥有 1.03 m^2 体育场地。[①] 另据国家体育总局资料显示：截至 2008 年年底，国家体育总局投入体育彩票公益金为人民群众兴建了 8 727 个全民健身路径、22 个健身活动基地、12 个优秀体育公园。[②] 虽然我国体育场地的总量极为可观，但是与欧美等发达国家相比，人均体育场地拥有量却仍然处于低位。美国等发达国家在 20 世纪 80 年代就已达到并超出我国人均体育场地面积 1.03 m^2 这一水平，例如在 1980 年美国的人均体育场地面积就达到 14 m^2。平均每万人拥有的体育场数量从多到少依次为芬兰 45.7 个、日本 26 个、德国 24.8 个、瑞士 22 个、意大利 21.2 个。[③] 在我国体育场地总量中，性质上属于公共体育场地的数量很少，目前在我国 85 万多个体育场地中，属于教育系统的场地占总数的 65.6%，这些场地平常只对教育系统内部人员开放，对社会开放的只占 29.2%。在我国真正为公众所能使用的公共体育场所仅占各类体育场馆设施的 2.3%。统计资料显示：2006 年我国全民健身活动设施的人均占地面积为 0.04 m^2，人均建筑面积甚至为 0.005 m^2。

对于经济发达地区而言，仍然存在人均公共体育资源量少的问题。以 GDP 排名全国第一的上海市为例：在 2006 年，上海 16 140 000 常住人口总共只拥有 4 926 个社区体育健身

---

① 范宏伟，等. 中国都市公共体育服务均等化发展的实证研究 [J]. 武汉体育学院学报，2009，43（9）：12-16.

② 国家体育总局体育彩票管理中心. 体彩 15 周年系列报道（三）：推动全民健身支持奥运 [R]. 北京：国家体育总局体育彩票管理中心，2009.

③ 第五次全国体育场地普查办公室. 第五次全国体育场地普查数据公报 [N]. 中国体育报，2005-02-03.

28

设施和 4 537 个社区体育健身点,整个城市人均体育场地和设施数量很少,健身苑、点等公共体育场地和设施人满为患。[①] 2007 年长三角重要城市杭州市人均体育用地为 1.43 m^2,在市中心城区有的区人均体育用地只有 1.17 m^2,体育设施的数量严重不足,90% 的居民认为目前公共体育场地不足是制约市民体育权利保障的最大瓶颈。[②] 2004 年和 2008 年中国群众体育现状调查的相关结论表明,目前我国公共体育服务体系构建中最突出的矛盾是就是人均公共体育资源量少,满足不了公众日益增长的公共体育需求,制约了公众的体育活动参与。根据本书调查,有 82.9% 的被调查者认为身边缺乏足够的体育场地设施参与体育活动。据统计 2004 年我国社会体育指导员 43 万余人,平均每 3 023 人中有 1 名社会体育指导员,而日本文部省 1994 年公布的数据为每 2 000 人口中就有 1 名社会体育指导员。[③] 与之相比,我国社会体育指导员数量远远不能满足人民群众的社会体育指导服务的需求。有 58.5% 的被调查者认为参与体育活动时缺乏足够的社会体育指导员进行指导服务。以上这些数据说明我国目前能够用于公众参与全民健身活动的公共体育场地、设施资源缺乏,不能很好满足大众日益增长的体育需求。

有 67.7% 的被调查者认为社会体育指导员的指导服务影响社会体育和谐发展(见表 3-3)。当前我国社会体育和谐发展除了面临物质的公共体育场地资源缺乏之外,作为公共体育资源中的人力资源的社会体育指导员也处于缺口较大的状况之中。

表 3-1　公共体育场地数量与质量是否影响社会体育和谐发展调查结果一览表

公共体育场地数量与质量是否影响社会体育和谐发展	无影响	影响非常小	影响较小	影响较大	影响非常大	总 计
选择人数/人	11	6	12	38	97	164
占比/(%)	6.7	3.7	7.3	23.2	59.1	100.0

表 3-2　我国体育场地设施数量一览表

种类	数量(个)	占地面积($\times 10^8 m^2$)	建筑面积($\times 10^8 m^2$)	场地面积($\times 10^8 m^2$)
标准体育场地	547 178 (64.4%)	15.3 (67.7%)	6 416.3 (85.2%)	11.1 (85.2%)
非标准体育场地	302 902 (35.6%)	7.2 (32.3%)	1 110.3 (14.8%)	2.1 (14.8%)
总 计	850 080	22.5	7 527.2	13.2

(2)存在公共体育资源的结构性闲置

体育设施是城市公共体育资源的主要表现形式,根据本书的调查,有 76.2% 的被调查者认为体育设施结构的合理性影响社会体育和谐发展(见表 3-4)。根据国家体育总局有关

① 郑家鲲,沈建华.长三角地区体育公共服务发展现状、基本矛盾与对策 [J].上海体育学院学报,2009,33 (3):6-9.

② 李静,陈嵘.浙江省社区体育公共服务体系的现状与对策研究——以杭州市为例 [J].成都体育学院学报,2009,35 (12):23-25.

③ 冯国有.体育公共服务均等化及其财政选择 [J].上海体育学院学报,2007,31 (6):26-30.

资料，2008 年我国校园拥有体育场地有 549 654 个，占到全国体育场地总数的 67.7%；分散于机关企事业单位楼院内的有 75 033 个，占到全国体育场地总数的 9.2%。其他依次为：乡（镇）村 66 446 个，占 8.18%；居住小区 39 477 个，占 4.86%；厂矿 28 198 个，占 3.47%；其他 22 074 个，占 2.67%；老人活动场所 13 842 个，占 1.64%；宾馆饭店 7 195 个，占 0.89%；公园 5 712 个，占 0.7%；广场 4 987 个，占 0.61%。[①] 可见当前我国体育场地主要还是分布在教育系统内。许多学者通过实证调查研究都发现目前我国教育系统内的体育场地主要用于体育教学活动，除此之外很少对社会进行开放，由此形成了体育资源的结构性闲置，愈加恶化了城市公共体育资源不足的状况。有 61.6% 的被调查者认为当前学校、企事业单位体育场地设施不对外开放。

表 3-3　社会体育指导员指导服务是否影响社会体育和谐发展调查结果一览表

社会体育指导员指导服务是否影响社会体育和谐发展	无影响	影响非常小	影响较小	影响较大	影响非常大	总计
选择人数/人	6	10	37	53	58	164
占比/（%）	3.7	6.1	22.6	32.3	35.4	100.0

表 3-4　体育设施结构的合理性是否影响社会体育和谐发展调查结果一览表

体育设施结构的合理性是否影响社会体育和谐发展	无影响	影响非常小	影响较小	影响较大	影响非常大	总计
选择人数/人	7	10	22	86	39	164
占比/（%）	4.3	6.1	13.4	52.4	23.8	100.0

在西方发达国家，公众的体育健身需求极大，为弥补公共体育设施的不足，许多大众性体育活动一般都依托各种学校的体育场地设施。学校体育设施的开放时间都选择非教学时间段的放学后、学校假期以及周末等。例如美国中小学拥有将近 30 000 个体育馆，以及 20 000 个综合性体育设施。为了促进社区居民能够借助与自身地理距离相距很近的学校体育设施，政府积极规划，通过各项政策联合学校制定了开发共享计划，使学校体育设施尽可能的向社区居民开放。日本则率先于 1976 年颁布了《学校体育设施对外开放令》，通过法律形式明文规定学校体育设施需对社会进行开放。至 1990 年，日本共有 86.9% 的小学、79.7% 的初中以及 57.2% 的高中的室外运动场向居民开放；向居民开放的室内体育馆分别达到 91.7%，84.4% 与 42.1%。[②]

目前我国城市竞技体育设施中的大中型体育设施均以承办国际、国内大型体育赛事为主，这些体育设施在建造之初，很少考虑到赛后作为满足普通社会体育需求的体育设施，因此也形成了公共体育资源的结构性闲置问题，影响城市社会体育活动的开展。

社会体育设施一般可以分为公共体育设施和经营性体育设施，目前我国许多城市的公共

① 国家体育总局.2008 年我国城乡居民参加体育锻炼现状调查公报［EB/OL］.［2010-12-18］http://www.sport.gov.cn/n16/n33193/n33208/n33418/n33598/n1010427.files/n1010426.doc.

② 王才兴.体育公共服务国际比较及启示［J］.体育科研，2008，29（2）：27-30.

体育设施如全民健身路径明显不足，同时许多享受国家政策补贴的社区健身俱乐部等由于定位过高，产品价格高于普通大众的实际体育消费能力，加之经营场所商业布局远离居民生活区，造成大众健身不便，因此也生意萧条，形成事实上的公共体育资源的结构性闲置。

（3）体育设施规划布局不合理

根据本书调查，有 75.6％的被调查者认为体育设施规划布局的科学性影响社会体育和谐发展（见表 3-5）。在 2011 年国家社会科学基金项目的体育学申报指南中第 16 项是"体育设施建设和布局的经济学分析"，这一方面说明党和国家及相关主管部门认识到体育设施建设和布局对于体育事业发展所具有的重大作用，另一方面也隐含目前我国体育设施建设和布局存在资源配置效率低下的问题。经济学作为社会科学中的皇后，它研究的是一个社会如何将稀缺的资源尽可能持续地开发成人们所需要的物品和劳务，并将它们在不同的人中间进行分配，从而实现资源的有效配置。运用经济学理论对体育设施建设和布局进行分析，必然是因为体育设施建设和布局存在资源配置效率不高的问题。

表 3-5　体育设施结构的合理性是否影响社会体育和谐发展调查结果一览表

体育设施规划布局的科学性是否影响社会体育和谐发展	无影响	影响非常小	影响较小	影响较大	影响非常大	总 计
选择人数/人	6	11	23	91	33	164
占比/（％）	3.7	6.7	14.0	55.5	20.1	100.0

从现实来看，我国城市体育设施规划布局不合理现象确实存在。首先是未从满足多样化体育需求出发，结果造成设施类型单一。例如作为地处西部少数民族地区的广西拥有各类体育场地 43 276 个，每万人拥有体育场地 8.9 个，人均体育场地面积为 0.75 m²；但是功能较单一的篮球场地有 24 976 个，占到标准体育场地总数的 80％。[①] 从满足大众多样化的体育需求的角度来看，这种体育设施建设规划显然是不合理的，造成了资源的极大浪费。二是体育设施布局未考虑体育锻炼的便利性。对于城市居民小区内的体育休闲会所等，开发商出于经营获益的目的出发往往将其布置在小区外部出口或人流量大的临街位置，造成居民体育锻炼的便利性大打折扣。对于经营性体育场所以及公共体育场馆而言，考虑到服务半径、交通便利性等直接影响场馆的经营效益，因此这些场馆往往从商业布局的角度出发加以建设，不利于居民的体育活动参与。有 64.0％的被调查者认为体育设施规划不合理，进行体育锻炼不方便。

2. 增加城市公共体育资源的依据

（1）提高公共体育资源数量是构建和谐社会的要求

根据本书的调查，有高达 97.6％的被调查者认为要加强城市体育场地设施建设。提高公共体育资源数量，能够使得更多的市民参与体育活动，并在体育活动中获得健康与快乐，促进自身的身心全面发展，进而促进整个社会和谐。2006 年 10 月 11 日党的第十六届中央委员会第六次全体会议通过的《中共中央关于构建社会主义和谐社会若干重大问题的决定》指出："要建立完善的基本公共服务体系，努力实现人人享有基本公共教育、科技、卫生、

① 张周来. 城市体育场地结构亟需规划 [N]. 人民日报，2005-05-23.

体育、知识产权和人口与计划生育等服务。"① 体育作为一项社会公共服务具有惠及全民的公益事业特性，不管是在资本主义国家还是在社会主义的我国都受到了政府的重视，都将提供公共体育服务视为政府应该履行的政府职能之一，同时也视其为构建基本公共服务体系的重要有机组成部分。在我国，公共体育服务体系的构建既是贯彻落实转变政府职能要求，同时也是提高我国公共服务体系水平的必然举措，更是服务民生、造福民生，形成和谐社会的重要因素。正如有些学者所研究的那样：今天的改革，就是要以构建和谐社会要求为标准，加大政府对公共体育产品和服务建设的投入，优先安排和提供与人民群众体育需求相吻合的基础性产品和服务，加快建立覆盖全社会的公共体育服务体系。②

（2）增加城市公共体育资源具有法律依据

我国党和政府十分重视和关心广大人民群众的体质健康水平，把增强人民体质作为体育事业发展的根本目的，并作为国家意志写入《中华人民共和国宪法》。《中华人民共和国宪法》第21条明确规定："国家发展体育事业，开展群众性的体育活动，增强人民体质"，从而在法律上确定了群众体育的重要地位。《中华人民共和国体育法》（以下简称《体育法》）规定："地方各级人民政府应当为公民参加社会体育活动创造必要的条件，支持、扶助群众性体育活动的开展。"③ 在2002年7月22日中共中央国务院发布的《关于进一步加强和改进新时期体育工作的意见》的8号文件中，明确指出"政府重点支持公益性体育设施建设"，同时也指出"群众体育事业属于公益性事业，县以上人民政府要按照《体育法》的规定，将体育事业经费、基本建设资金列入基本财政预算和基本建设投资计划，并随着国民经济的发展逐步增加对体育事业的投入，确保体育事业经费随着财政收入的增长逐步增加"；"各级政府要重视体育设施建设，加强城乡公共体育设施规划"。随着8号文件的贯彻实施，我国将逐步增加对体育事业的投入，确保体育事业经费随着财政收入的增长逐步增加，从而有力地推进公益性体育设施的建设。④

（3）新时期群众体育发展的重点是提高公共体育服务水平

我国群众体育事业发展呈现阶段性的特征，在2008年北京奥运会胜利召开之后，胡锦涛总书记提出我国体育事业将"由体育大国向体育强国迈进"，预示着群众体育事业进入到可持续发展期。在这一历史时期，我国群众体育事业的发展将成为构建体育强国的首要目标和任务，提供面向全社会的公共体育服务，从而维护公民应享有的体育权利，满足人民群众日益增长的体育需求成为新时期群众体育发展的重点，以及今后相当长时期我国各级体育行政部门和相关行政部门致力推进的目标。

从哲学的角度来看，提高公共体育服务水平涉及的因素很多，其中提高公共体育服务资源数量是最为重要的因素，也是实现提高公共体育服务水平目标需要攻破的瓶颈问题。例如以世界公认的体育强国——德国为例，德国政府一直致力于提高公共体育服务水平，于

---

① 中共中央国务院.中共中央关于构建社会主义和谐社会若干重大问题的决定 [M].北京：人民出版社，2006：32 - 33.

② 范宏伟，等.中国都市公共体育服务均等化发展的实证研究 [J].武汉体育学院学报，2009，43（9）：12 - 16.

③ 王才兴.上海市体育公共服务的实践与探索 [J].体育科研，2008，29（2）：20 - 26.

④ 刘平.中国社会现代化与城市社区体育管理模式研究 [J].体育文化导刊，2005（11）：53 - 56.

1960 年推出针对公众的"黄金计划",在这一计划指引下,明确了德国中央政府以及各州政府的责任,促使各级政府注重体育经费的投入,在三个"黄金计划"中政府投资超过了 300 亿欧元,使得人均达到 150 欧元,截止到 2001 年底,德国已有 60 000 个儿童游戏场,44 900 个体育和学校体育运动场,29 800 座体操馆,3 700 座室内游泳馆,2 900 个室外游泳池,33 800 个室外网球场,3 600 座网球馆,147 座冰上运动馆,209 个高尔夫球场。如果计入私人场馆,上述数字至少要提高 10%。特别是在大自然和风景区中的体育设施,如长跑线路网、自行车道路网、跑马道路网、居住区附近的自由活动场地,数量之多,质量之好,任何国家无法与之相比。[①] 正因为如此,德国的"黄金计划"才备受各国的重视,我国也应吸取其有益经验,对于群众体育事业发展尽到政府应有的职责和职能。2009 年 10 月 1 日《全民健身条例》正式施行。作为指导全民健身活动开展的专门法规,《全民健身条例》体现了提高公共体育资源水平的指导性作用,如该条例包含有学校向社会开放体育设施等公共场所,安排全民健身活动、居民小区设置健身活动场地等规定。

3. 实现城市公共体育资源总量提高

前述研究表明,目前我国城市体育发展的基础——公共体育资源数量存在明显短缺的现象,制约了城市体育的进一步发展。在构建和谐社会的时代背景下,城市公共体育资源需要进行有效供给,从而促进城市体育自身的和谐及可持续发展。

(1) 政府职能转变

城市社会体育作为一项具有社会公益性质事业,属于政府行使公共管理职能的重要对象,政府对于供给城市公共体育资源具有无可推卸的责任。以往由于计划经济体制以及新形势下执政理念的认识存在不足等多方面因素的影响,造成政府对于公共体育资源供给责任存在不明晰的情况,长此以往必然影响和谐城市社会的建设,因此政府必须进行职能转变,明确自身职责,推动自身由"公共行政"向"公共管理"的转变。政府必须确实负担起供给公共体育资源的主体责任。为此政府需要不断深化改革,以服务型政府的执政理念强化城市公共体育资源供给的职能。首先,政府对于供给城市公共体育资源必须具有明确的价值观,认识到积极供给城市公共体育资源,从而满足市民的体育需求是建设和谐社会的重要举措,也是自身职责所在。其次,对于城市公共体育资源的供给制定详细的发展规划,政府应根据城市发展水平和体育发展的实际,制定城市公共体育资源的供给发展规划,围绕发展目标、实现形式、工作措施和财政保障等方面做出详尽的规定。再次,在供给城市公共体育资源的过程中,注重制定配套的政策法规体系,从而为可持续供给城市公共体育资源提供政策依据和法规依据。最后,保障城市公共体育资源的经费投入。由于城市公共体育资源属于公共物品,因此政府必须制定专项财政政策,政府作为公共体育资源的主要供给者需要在经济不断发展的前提下逐步提高公共体育资源的财政支出比例和数额,从而确保公共体育资源绝对数量的提高。

(2) 形成多元供给模式

随着我国城市化的日益推进,我国城市人口比重将逐步扩大,城市将成为我国人口的主

---

① 潘华. 中德全民健身的比较研究——兼论《全民健身计划纲要》与《黄金计划》. 成都体育学院学报,2008,34 (1):18-21.

要聚居地，因此城市公共体育资源的需求量日益扩大。根据其他国家的经验，对于日益增长的城市公共体育资源需求仅靠政府一个单一主体进行供给难以为系，因此我国城市政府需要吸取各国有效提高公共体育资源供给数量的经验，形成政府主导，社会多元参与的供给机制。政府、第三部门（体育社团、体育类民办非企业单位）以及各类以营利为目的的企业等多元主体，需要在公共体育资源供给中发挥着各自的功能。政府以财政支出的形式为公共体育场地建设等提供资金；同时也可以对提供公共体育资源的第三部门、企业提供补贴或者采取直接购买的方式，引导这些主体提供公共体育资源，鼓励社会主体通过市场化手段提供城市公共体育资源。例如东京奥运会后日本经济走上高速发展的快车道，从 1972 年以后国家开始投入巨额财政资金进行公共体育设施的建设，截至 1995 年，共兴建体育设施 200 000 多个。篮球场、羽毛球场、排球场、游泳池一般均由国家投资，包括保健咨询室、研修室、资料室等公众都可以免费使用，但同时为了满足不同人群的需要，在各社区体育中心又引进了市场投资主体，一些高档健身馆、剑道馆等则要向公众收费。[①②] 又如日本的《体育振兴法》《地区健康法》就规定，进行高尔夫球场建设、滑雪场建设、儿童健身场建设可以获得政府提供的低息贷款。[③] 对于俱乐部等私人体育场地设施建设政府可以进行资助、补贴及税收减免，获得政府资助的俱乐部必须向社会开放体育运动场地，从而扩大公共体育资源增量供给。这样既可以减轻政府的投资压力，同时也有利于俱乐部自我造血，形成自身的可持续发展能力。

（3）规避结构性闲置

根据本书调查，有高达 94.5% 的被调查者认为要争取学校、企事业单位体育场地、设施对居民开放。因此对于目前我国体育场地等公共体育资源的结构性闲置，必须拿出有效的解决措施，缓解当前城市公共体育资源不足的矛盾。可以对教育系统中的体育场地设施面对社会开放进行法规制度上的明文规定，同时注意对这些系统中的体育场地设施开放实施有效的补贴政策；配套大众健身锻炼场所的安全法规体系，打消这些系统开放体育场地设施的安全责任顾虑。例如从 2005 年起，作为"全国城市体育工作先进社区"的上海杨浦区殷行街道在探索学校体育场地资源的整合利用时，采取了"政府购买保险、委托体育俱乐部管理、补偿学校物耗"的办法，解决了长期困挠学校教育资源开放的安全、管理、物耗等"老大难"问题，辖区内 18 所中小学校共计 71 124 m² 的场地（主要是操场、篮球场）全部向社区开放。据统计，进校锻炼和开展文体活动的居民人次年均达到 10 万左右，2009 年达 148 512，6 年来累计已达 68 万。学校场地开放被媒体誉为"殷行经验"，中央电视台、上海电视台、《文汇报》、《解放日报》等媒体多次予以宣传报道。2010 年 4 月，由国家发改委、国家体育总局等领导组成的调研组来该街道调研社区体育设施、学校体育场地开放工

① 刘艳丽，姚从容. 从经济学视角试论我国体育公共服务产业生产主体的多元化 [J]. 西安体育学院学报，2004（5）：16-18.

② 王才兴. 构建完善的体育公共服务体系 [J]. 体育科研，2008，29（2）：1-13.

③ 陈琳. 紧跟时代脚步的日本体育政策 [G] .//国家体育总局体育信息研究所. 市场经济条件下的各国体育政策. 北京：国家体育总局体育信息研究所，1998：164.

作，充分肯定了街道的工作和成绩。[①] 对于现公共体育场馆，政府可以采取财政补贴政策，使其收费标准降低至普通公众能够承受的水平，从而扩大体育消费人群，促进公共体育资源的均等化。

（4）合理规划，构建城市生活体育设施

根据本书的调查，有 92.1％ 的被调查者认为需要对城市体育设施进行科学规划布局。为达成此目标，首先要明确城市社会体育需求情况，从而合理规划体育场地设施类型。多项研究资料显示，目前我国城市大众热衷参与的体育项目主要是散步、跑步、羽毛球、乒乓球、游泳、体操、体育舞蹈以及一些民间体育项目，突出健身和娱乐性。因此城市社会体育场地设施必须考虑到这些项目需求情况，而不能都以建设篮球场等简单化实施。其次要提倡构建城市生活体育设施，满足大众多样体育需求。构建城市生活体育设施以日常生活圈、周末生活圈、节假日生活圈 3 种生活体育基本模式为依托。日常生活圈以社区为范围，以健身为主要功能，让市民出户 500 m 就能享受到公益性体育设施提供的服务，利用公共交通工具 15 min 可到达综合性体育设施；周末生活圈应以市区为范围，以体育休闲活动为主要功能，构建体育公园等休闲体育设施；节假日生活圈应以外出区域为主，以特色度假体育为主要功能，构建特色化的度假体育设施。[②]

（5）依据各地情况，兴建自然体育场地设施

提高公共体育资源不一定要建设投资规模较大、后期维护管理难度也较大的标准体育场地或是全民健身路径，可以针对我国地形、气候多样等特征，建设自然场所健身体育设施，例如山地步行道、江滩体育健身园区等。政府可以通过制定和颁布自然场所健身体育设施建设标准体系进行实施。同时城市扩容和新区建设等城市规划体系中也可以考虑设置专门的公共体育活动场地区域，从而未雨绸缪，为扩容公共体育资源奠定良好的基础。例如 2005 年被国家体育总局命名为"全国优秀体育公园"的武汉江滩公园，在完善防洪功能的同时，将体育健身和城市再造融为一体，注重配套建设适宜群众体育健身的场馆设施和绿色空间。目前，汉口江滩拥有一条上千米的健身走廊，218 套运动健身器材，3 座游泳池，21 个网球场，1 个标准足球场，3 个五人足球练习场，6 个篮球场，8 个羽毛球场，20 个乒乓球场，4 个沙滩排球场，3 个门球场和 2 个旱冰场，占地面积高达 10 余万 m²。武昌江滩建有 1 座游泳池，2 个网球场，7 个篮球场，4 个乒乓球场，2 个门球场和 155 套健身器材，占地面积为 3 500 m²。汉阳江滩建有 6 个网球场、1 座游泳池、6 个篮球场、1 个标准足球场和 3 个五人足球练习场，占地面积为 20 000 m²。武汉江滩体育设施建设管理遵循"以人为本，服务于民"原则，体现大众性、开放性、景观性的特色。各种各样的体育设施可以满足不同年龄层次健身需求，上至 80 岁的老年朋友，下至 5 岁的小朋友都能在这里找到适合自己的健身项目。在设计建设上注重体育设施与园林景观的有机配合，各类设施星布于绿林之中，营造出"健身在林中"的意境。群众体育设施中免费项目占到全部项目的 60％ 左右，大面积开敞区

---

①　搜狐体育．上海杨浦：完善体育设施建设加强全民健身保障 [EB/OL]．[2011 - 04 - 12] http：//sports. sohu. com/20101026/n276478976. shtml.

②　卢耿华．上海市生活体育设施构建的理论探析 [J]．武汉体育学院学报，2005，39（5）：15 - 18.

域也为市民晨练、散步等自发性健身活动提供了广阔的场地，每日接待的健身群众多达数万人。[①]

3.1.2 区域城市公共体育服务发展均等化是城市社会体育和谐发展的理念基础

1. 区域城市公共体育服务发展不均衡日益扩大

1997 年，我国东部地区财政总收入分别达到中部、西部地区财政总收入的 2.383 2 倍与 3.955 7 倍，到 2005 年这一数值分别上升到 3.232 8 与 5.205 8。数值变化反映了随着经济发展我国东部地区与中、西部地区的财政资源的差异在不断扩大。公共体育资源的供给主要与地方财政能力相关联，因此经济发达的东部城市在经济发展的同时能够拿出更多的财政收入对公共体育资源进行投入，从而造成东、中、西部地区城市公共体育资源之间分配的不均衡。根据第五次全国体育场地普查数据，我国人均投入体育场地建设资金为 148.15 元，我国东部部分省市人均体育事业经费超过这一平均水平，中部和西部部分省份人均体育事业经费则远远低于 148.15 元的平均水平（见表 3-6）。与此同时，由于东中部地区对于区域发展的战略重点一直放在经济领域，坚持"发展才是硬道理"，导致各区域对于经济发展区域平衡很关注，但是对于教育、卫生、文化等公共物品供给则存在漠视状态，导致城市公共体育服务发展不均日益扩大。和谐社会的一个重要内容是公民对社会公共资源包括公共体育资源的基本均等享有，这是构建和谐会的基石。[②] 我国东中部城市之间公共体育资源的分配不均将会阻碍我国城市体育的和谐发展。

表 3-6 2002—2008 年我国东、中、西部部分区域人均体育事业经费比较一览表

年 份	东部 6 省（市）元	中部 6 省 元	西部 6 省（区）元	东、中、西部之比
2002	221.70	25.94	33.10	8.55∶1∶1.28
2003	228.41	33.38	39.09	6.84∶1∶1.17
2004	266.83	43.03	45.00	6.20∶1∶1.05
2005	241.12	42.63	42.27	5.66∶1∶0.99
2006	287.21	54.90	77.98	5.23∶1∶1.42
2007	343.63	83.29	80.75	4.13∶1∶0.97
2008	420.09	67.17	80.05	6.25∶1∶1.19

注：根据各省（市、区）体育事业统计年检，国家统计局有关人口统计数据整理而来。

2. 公共体育服务均等化的实质与意义

公共体育服务均等化的实质在于政府发挥保障全体社会成员的体育基本权利的职能，通过深化各方面的改革，建立与完善公共体育服务均等化制度体系建设，提高政府公共体育服务供给的制度化程度。在这些制度中，以具有普遍可接受性的公共体育服务结果和机会均

---

① 汉口江滩管理办公室．武汉江滩群众体育健身设施情况介绍［EB/OL］．［2011-04-15］http://jiangtan.kuiwang.net/tour_ser_content.asp? id=138.

② 冯国有．体育公共服务均等化及其财政选择［J］．上海体育学院学报，2007，31（6）：26-30.

等，限制转型期社会体育利益的分化与不均等，促进社会体育和谐发展。^① 2009 年 10 月 1 日起施行的《全民健身条例》明确各级政府发展群众体育的责任：县级以上地方人民政府应当将全民健身事业纳入本级国民经济和社会发展规划，有计划地建设公共体育设施，加大对农村地区和城市社区等基层公共体育设施建设的投入，促进全民健身事业均衡协调发展。^② 体育公共服务均等化是政府义不容辞的责任与义务，也是实施全民健身计划目标的基本保障。实行体育公共服务均等化是体现以人为本、保障公民基本权利和弥补市场体育公共物品供给失灵的重要制度安排。从实践角度讲，实行体育公共服务均等化是促进社会和谐、缓解社会矛盾的现实需要。^③

3. 实现区域城市公共体育服务发展均等化

（1）扩大城市公共体育服务财政投入

满足市民基本体育需求的公共物品需要政府财政资金的投入，各地投入的财政资金越多就越有可能打破当前东、中、西部城市公共体育服务投入不均等的状况，从而促进城市公共体育服务均等化目标的实现。目前我国城市公共体育财政投入存在的问题主要有以下几点。

1）在整个国家财政支出中所占比例过小。以 2005 年为例，国家财政总支出 3.39 万亿元。其中第一位的仍然是经济建设费支出（9 317 亿元，占 27.5%），超过社会文教费（26.4%）、国防费（7.3%）、行政管理费（19.2%）以及其他支出（19.7%）。^④ 从国际上来看，西方国家政府仅社会体育的投入一般占国内生产总值的 0.2%～0.61%，许多国家体育公共服务经费已经占 GDP 的 1%，^⑤ 目前我国的体育经费只占国内生产总值（GDP）的 0.045%。^⑥

2）作为特殊财政政策的体育彩票公益金制度设计存在缺陷。体育彩票作为一项特殊的财政政策，对于我国城市公共体育服务发展具有举足轻重的作用。根据 2006 年财政部发布的《关于调整彩票公益金分配政策的通知》（财综函〔2006〕7 号）的规定，经国务院批准，从 2005 年起，彩票公益金在中央与地方之间，按 50：50 的比例分配。由此，在保障全民健身的体育彩票公益金总额上，因各省市留成部分在地方各级政府的计提比例不同而出现差异（如河南省，体育彩票公益金纳入省体育局部门预算 50%，返还省辖市 35%，省级统筹15%；陕西省，地方体育彩票公益金在省级和市级之间按 60：40 的比例分配）。^⑦

3）对于县级及县级以上中小城市而言，我国财政有专项资金对其体育基础设施建设进行扶持，但是由于专项资金划拨需要地方政府配套资金，所以一些资金条件差又急需专项资金扶持的城市就有可能得不到扶持，而资金条件较好的城市则可能因为有配套资金从而使得自身体育基础设施建设发展越来越好，从而形成"马太效应"。

① 刘玉. 发达国家体育公共服务均等化政策及启示 [J]. 上海体育学院学报，2010，34（3）：1-5.
② 国家体育总局. 全民健身条例. [EB/OL]. http：//www. gov. cn/zwgk/2009-09/06/content_1410533. htm，201-03-06.
③ 贾文彤，等. 体育公共服务均等化若干问题研究 [J]. 山东体育学院学报，2009，25（12）：1-5.
④ 常修泽. 公共服务均等化亟须体制支撑 [J]. 瞭望，2007（7）：48-49.
⑤ 王才兴. 体育公共服务国际比较及启示 [J]. 体育科研，2008（2）：29.
⑥ 周嵩. 我国体育彩票产业的现状与对策研究 [D]. 武汉：华中师范大学，2006：54.
⑦ 赵灵峰. 我国体育彩票公益金分配管理中存在的问题及改进建议 [J]. 海南金融，2009（3）：76.

为实现区域城市公共体育服务发展均等化，各级城市政府应适当提高体育财政投入占GDP的比重，同时可规定体育财政投入应高于GDP的增长率。同时对于体育彩票公益金的分配进行合理改革，各地应根据自身区域情况制定合理的国家、省市分配比例。根据目前体育设施主要由地方政府投资新建的事实，加大对地市的分配比例使其事权和财力相匹配。同时也需要进一步发挥中央、省级体育彩票公益金提留部分的作用，通过专项拨付等形式支持经济实力弱的城市发展公共体育服务。针对目前区域城市公共体育服务发展不均日益扩大的现实困境，加强中央对地方政府的财政转移支付规模与力度。体育服务属于基本公共服务的重要组成部分，应当列入中央对地方政府的财政转移的项目之中，并逐年增大数额，特别是加大对老、边、穷地区转移支付力度，促进这些地区的城市公共体育服务发展。

（2）实施有效的城市公共体育服务的财政转移

除了增加财政投入并扩大中央对地方政府的财政支付转移，对于城市公共体育服务还应该讲求财政投入的效益，这样才能有利于实现区域城市公共体育服务发展均等化。首先从效益的角度出发，中央对地方政府的财政支付转移应进行有效的管理和效果评价；其次是完善财政奖励补助政策和省以下财政管理体制，增强基层政府提供公共体育服务的能力；再次是明确划分各级政府的事权和支出责任。中央政府原则上应当负责覆盖全国范围的公共体育服务的供给，以城乡和区域基本公共服务均等化为重点，强化再分配职能；各级地方政府主要负责各自辖区内公共体育服务的供给，应当重点关注各自辖区内居民的实际需求，强化公共体育服务的供给效率，缩小东、西部体育公共服务发展的差距。[①]

有89.0%的被调查者认为政府下拨的体育经费不足，同时有93.3%的被调查者认为政府需要增加城市社会体育经费投入。为促进城市公共体育服务发展均等化，政府必须增加体育经费。另外，目前我国体育经费支出结构不合理，导致有限的体育经费使用效率不高。目前我国体育经费支出结构存在不合理的现象主要有：体育行政和事业单位编制人员数量由于北京奥运会召开导致增幅过快，人员工资、社保、医保等支出项数额越来越大；体育经费以往主要投入到竞技体育领域，城市社会体育领域能够获得的经费支持少。今后我国体育行政和事业单位应依照《中华人民共和国公务员法》（以下简称《公务员法》）审慎招收编制人员。同时对于在岗人员，需提高其绩效观念，实施科学的绩效考核办法，从而实现减员增效。对于竞技体育、社会体育实施有效的利益均衡措施，使有限的经费能够用到发展社会体育的实处。最后，需要运用多种渠道筹集体育经费。根据本书的调查，有高达97.6%的被调查者认为促进城市社会体育发展，实现公共体育服务发展均等化需要运用多种渠道筹集体育经费。

（3）并入社会基本公共服务均等化行动计划之中

如浙江省已正式启动全国首个《基本公共服务均等化行动计划》（2008—2012）（以下简称《行动计划》），计划主要目标是"通过5年努力，建立健全多层次、全覆盖的社会保障体系，配置公平、发展均衡的社会事业体系，布局合理、城乡共享的公用设施体系"。为实现这一总体目标，要求到2012年，实现社会保障、社会事业、公用设施等3大方面的14项基本目标，在扩大基本公共服务覆盖面的同时，提高基本公共服务均等化程度。为实现这一目标，《行动计划》已规划在未来5年投资2 170余亿元建设十大工程，包括全民健康工程、

---

① 刘德吉．公共服务均等化的理念、制度因素及实现路径［J］．上海经济研究，2008（4）：12 - 20．

文体普及工程、社会福利工程、社区服务工程等项目达81个。[①]

3.1.3　加强对城市弱势群体的体育关照是促进社会体育和谐发展的紧迫任务

1. 城市体育弱势群体的概念

从社会学的角度来看，弱势群体是指由于社会结构急剧转型和社会关系失调或由于一部分社会成员自身的某种原因（竞争失败、失业、年老体弱、残疾等）而造成对于现实社会的不适应，并且出现了生活障碍和生活困难人群共同体。[②] 当前我国社会弱势群体的规模约为2.5亿人，约占全国总人口的20％～24％。[③] 弱势群体分为社会性弱势群体和生理性弱势群体两大类。

城市社会性弱势群体主要包括：①农民工群体。由于当前城市医疗、社保、文化、教育等基本公共服务主要针对城市户口居民，因而由城乡二元结构造成的二元户籍制度使得农民工无法享受城市基本公共服务。当前我国农民工总规模已达1.6亿人左右。[④] ②失业、下岗群体。国际经济发展史表明，当一个国家人均GDP达到1 000～3 000美元，发达地区接近中等发达水平（人均GDP约为5 000～6 000美元）时，就进入了矛盾凸显期，有可能出现贫富悬殊、失业增多和社会矛盾加剧等问题。[⑤] 据统计，目前我国下岗职工和失业人员总量已达到1 460万人，如加上非国有企业下岗职工600万人，全国有2 000多万的下岗和失业人员。今后，随着国有企业和事业单位的改革继续推进，还将向社会释放1/3以上的冗员。如果将过去因"充分就业"政策而形成的隐性失业人口数量统计在内，我国失业人口数量极为庞大，形成社会矛盾的载体。

生理性弱势群体主要包括两部分：①残疾人群体。目前我国大陆有残疾人近5 200万，占总人口的5％。[⑥] ②老年人群体。进入到老年期后老人的生理机能也进入到快速衰退期，体质下降，高血压、糖尿病等各种老年性疾病频发；同时老年人群体因退休也造成收入减少，加之子女离开家庭，容易使老年人群体感到心理孤独，因此老年人群体处于社会生活的弱势地位。目前我国老年人口达到1.44亿人，平均每年增长200万人，老年人口已占我国总人口比例的11％。按照我国目前人口比例及增长速度推算，到了21世纪中期，我国将形成一个4亿人以上的老年人群。老年人口比例从目前的约10％上升至20％。[⑦] 目前我国60岁以上人口占总人口比例最高的三个省（市）分别是上海（18.48％）、天津（13.75％）及江苏（13.75％）。

①　浙江省人民政府. 浙江启动首个基本公共服务均等化行动计划 [N]. 浙江日报, 2008 - 07 - 13 (10).

②　钱再见. 中国社会弱势群体及其社会支持政策 [J]. 江海学刊, 2002 (3): 98.

③　陈成文. 社会弱者论——体制转换时期社会弱者的生活状况与社会支持 [M]. 北京: 时事出版社, 2000: 78 - 80.

④　刘凯. 民工潮——中国法治的一种入径 [J]. 广西政法管理干部学院学报, 2002 (4): 23.

⑤　范宏伟, 等. 中国都市公共体育服务均等化发展的实证研究 [J]. 武汉体育学院学报, 2009, 43 (9): 12 - 16.

⑥　袁金辉. 关注帮助社会弱势群体 [J]. 党政论坛, 2002 (5): 30.

⑦　北京晨报. 2035年我国人口有望零增长, 2010年老年人口爆发 [EB/OL]. [2011 - 05 - 01] ht-tp://www.china.com.cn/chinese/renkou/1136718.htm.

体育弱势群体，是指由于生理、社会和文化等方面的低下状态而导致其处于不利的社会和经济地位，从而缺乏或根本没有体育方面的投资的人群或阶层，主要包括下岗失业人员，"体制外"的人，进城农民工，较早退休的"体制内"的人，收入较低的贫困农民，久病、重病而无钱医治的人及其家属，以及天灾人祸中的困难者等。①

2. 城市弱势群体体育参与现状

（1）城市经济困难群体体育参与现状

根据本书的调查，有58.5%的被调查者认为城市弱势群体参与体育活动的服务与保障不足。一份陕西省城市弱势群体健身状况的研究表明，处于我国西部地区的陕西城市弱势群体中体育人口只占23.3%，与我国城市居民体育人口平均数31.4%相比较，低了8.1%。② 另据中国社会科学院社会政策研究中心副主任唐钧调查，上海、武汉、天津、兰州、重庆5城市贫困家庭成员"平时经常锻炼身体"的比例为18%，7%，11%，23%，13%；"平时不锻炼身体"的比例为47%，65%，74%，60%，55%。③ 目前我国城市体育弱势群体由于经济贫困，从而对消费性健身需求普遍存在不足现象，同时由于政府及社会对于城市体育弱势群体体育参与帮扶不力，造成城市体育弱势群体体育参与的逐步边缘化。

（2）城市农民工体育参与现状

我国城市农民工体育参与状况堪忧，以东部沿海发达地区的上海、泉州、莆田，中部地区的武汉和西部地区的西安为例进行说明。上海市外来农民工约有6.3%的人选择在周末进行身体性的体育活动，约有13.2%的人选择打牌，约有3.9%的人下棋，而阅读报纸、观看电视或录像和上网的人则分别为10.2%，8.5%，8.3%。④ 泉州、莆田两市偶尔参加体育活动的农民工居多，占38.2%；其次为每周2次和每周1次，分别占23.8%和16.0%；每周3次及以上的占13.5%。⑤ 中部地区的武汉市农民工经常锻炼者为2.3%，参加者为3.5%，偶尔参加者为5.8%，经常锻炼的人仅占很小的比例。⑥ 西部地区的西安农民工每周锻炼次数较少，从不锻炼的农民工多达51.4%，锻炼1次的占到10.8%，锻炼2～3次的占29.7%，4次以上的仅占8.1%；每次锻炼时间在10 min以下的占51.4%，10～30 min的占35.1%，30～60 min的仅占8.1%，60 min以上只有5.4%。⑦

（3）城市残疾人体育参与现状

中国残联于2001年颁布了《残疾人体育工作"十五"实施方案》。虽然近年来我国城市

① 王海荣，张博. 我国的体育贫困 [J]. 体育学刊，2007，14（3）：130-133.

② 翟水保，陈秋丽. 陕西省城市"弱势群体"健身状况的调查研究 [J]. 沈阳体育学院学报，2003（3）：125-126.

③ 唐钧，等. 中国城市贫困与反贫困报告 [M]. 北京：华夏出版社，2003.

④ 陈锡尧，庞徐薇，刘倩. 上海市外来农民工的体育参与现状调查 [J]. 体育科研，2010，31（5）：42-45.

⑤ 林朝晖，林晓虹. 城市农民工体育权益调查与研究——以泉州、莆田两市为例 [J]. 河北体育学院学报，2010，24（4）：8-11.

⑥ 华力，李平，彭鹰. 武汉市农民工体育参与状况的调查研究 [J]. 湖北体育科技，2008，30（3）：5-6，19.

⑦ 党挺. 西安市农民工体育锻炼状况及影响成因分析 [J]. 西安体育学院学报，2008，25（3）：50-53.

残疾人体育有了较快的发展，但是面对城市残疾人日益增长的体育需求，以及同发达国家残疾人体育进行横向比较，我国城市残疾人体育还是存在许多问题。对上海、北京、石家庄、长沙、太原、西宁 6 市残疾人健身体育锻炼的问卷调查统计结果显示，被调查的残疾人有41.37%参加过健身体育锻炼，其中只有 21.9%属于我国体育人口统计标准的体育人口；而美国残疾人体育人口为 28%～35%，日本残疾人体育人口为 30%左右，德国统计听力残疾人体育人口为 60%。[①] 我国城市残疾人在事实上成为了城市弱势体育群体。作为城市公民中的一员，残疾人应同城市正常人一样能够享受到基本的公共体育服务。在构建和谐社会的今天，大力发展城市残疾人体育已经成为时代的要求。

3 城市体育弱势群体体育参与能促进社会和谐

有 40.2%的被调查者认为城市社会弱势群体参与体育活动与否影响社会和谐（见表 3-7）。和谐社会是一个社会成员身心健康和谐的社会。

表 3-7　城市弱势群体参与体育活动是否影响社会和谐发展调查结果一览表

城市弱势群体参与体育活动是否影响社会和谐发展	无影响	影响非常小	影响较小	影响较大	影响非常大	总计
选择人数/人	12	22	63	44	22	164
占比/（%）	7.3	13.4	38.4	26.8	13.4	100.0

1）体育能够促进社会成员身心健康进而为社会各个领域构建和谐关系形成基本的能力平台。因此只有扩大城市体育弱势群体体育参与面才能提高整个社会的健康水平，进而为整个社会的和谐发展提供人力资源存量平台。

2）当前城市居民医疗支出成为继住房、教育后的第三大支出，也是老年人群体最大的日常支出项目，"有什么都好，别有病"成为老百姓的共识，许多家庭都因自身及家庭成员罹患疾病而致贫进而成为城市弱势群体。体育对于各类疾病具有一定的预防、保健和治疗作用，对于城市体育弱势群体中的老年人、残疾人、罹患慢性疾病的人而言，参与体育活动对于提高自身健康水平，减少医疗费用支出，减轻家庭、社会的经济负担具有重要的作用，进而对整个社会的和谐稳定具有重要的作用。

3）体育作为一种涉及面很广的社会人际沟通平台，有助于参与其中的人摆脱枯燥乏味的都市生活的束缚，使人们走出彼此隔离的狭小生活空间，从而摆脱空间隔离造成的孤独感，建立友好平等和谐的人际关系。城市体育弱势群体一般社会地位低，社交面较小，与主流社会形成隔离，心理自卑及社会敌对意识较强，精神文化方式单调。因此参与体育活动有助于城市体育弱势群体扩大社会交际面、摆脱与社会隔离所造成的孤独感与遗弃感，改善对社会的敌对意识、获得较为丰富且高雅的精神文化生活，从而维护整个社会的和谐。

4）体育作为一种先进文化，对于社会文化风气的好转，高雅精神文化品位的树立都具有不可替代的作用。对于城市体育弱势群体主要组成部分的进城农民工而言，通过参与体育活动能够获得休闲、娱乐和享受，有助于健康向上的城市生活方式的形成，有助于尽快融入

---

① 李之俊，等．我国城市残疾人健身体育锻炼的现状与对策［J］．体育科研，2003，24（1）：13-15.

到现代城市生活之中，获得城市原居民的文化认同和接纳，进而对社会的安定团结起到不可估量的作用。

5）体育产业作为永远的朝阳产业，在欧美发达国家都已成为影响整个国民经济的支柱产业。例如美国人口普查局（U.S. Census Bureau）对 1999 年全美体育产业发展情况作了统计分析，该分析报告认为 1999 年全美体育产业创造的增加值为 2 125.3 亿美元，占当年 GDP 的比重为 2.4％；2000 年英国体育产生的增加值为 98 亿英镑，约占当年该国 GDP 增加值总额的 1.5％，体育产业在英国经济中正在发挥越来越重要的作用；2000—2001 年度，澳大利亚体育产业总产值为 86 亿澳元，至 2001 年 6 月，澳大利亚体育产业吸纳的就业人数为 87 447 人，其中 30 547 人为固定工，体育产业的志愿者为 178 837 人；1994 年德国体育产业增加值占 GDP 的比重达到 1.25％，1998 年在体育产业中的就业人数达到 95 000 人。[①]目前体育产业正逐步成为我国国民经济新的增长点，2010 年 3 月 24 日《国务院办公厅关于加快发展体育产业的指导意见》正式颁布，我国体育产业在今后将步入到一个发展的快车道。体育产业具有较强的劳动就业吸纳能力，我国城市体育弱势群体有望通过在体育产业中就业，获得经济自主能力，摆脱弱势地位。

4. 促进城市体育弱势群体发展对策

（1）维护城市体育弱势群体体育参与的权利

联合国教科文组织（United Nations Educationa，Scientific and Cultural Organization，UNESCO）大会通过的《体育运动国际宪章》指出：“有效地行使人权的基本条件之一是每个人应能自由地发展和保持他或她的身体、心智与道德的力量，因而任何人参加体育运动的机会均应得到保证和保障。”[②]《奥林匹克宪章》规定：“从事体育运动是人的权利，每一个人都应有按照自己的需要从事体育活动的可能。”[③]《欧洲社会体育宪章》规定：“人人都有参加体育活动的权利。”[④] 由此可见，人的体育权利作为一项基本权利得到全世界的广泛认同。城市体育弱势群体作为具有人权的公民也应当享有同其他公民一样的体育权利。目前我国城市体育弱势群体的体育权利维护尚未完全步入到法治轨道。《体育法》作为我国体育领域内的基本法，并没有涉及城市体育弱势群体的明确规定和详细解释。例如对于近些年来逐步涌现和日益突出的农民工的体育权利保护问题，《体育法》就存在空白地带；又如对于残疾人体育，虽然《全民健身计划纲要》《残疾人体育工作“十五”实施方案》予以了具体规定，但是有法不依，违法不究的现象层出不穷，在事实上形成了对残疾人体育权利的侵害；对于城市下岗职工等体育弱势群体而言，促进其体育参与主要依赖于公共体育服务均等化。为维护城市体育弱势群体的体育参与的权利，首先要建立有关维护城市体育弱势群体体育参与权利的专门性的法规，特别是对于数量基数大、增幅快的农民工体育参与需要尽快进行立法；其次是完善现有的体育法治体系，特别是实现城市公共体育服务均等化的有关配套法规，形成内容完备、层次分明、具有可操作性的法治体系，从而做到有法可依，同时强化法规监督、执行机制，确保违法必究；最后，加强有关体育法规的社会宣传力度，提高城市体

① 鲍明晓. 国外体育产业形成与发展 [J]. 体育科研，2005，26（5）：1-9.

② 庄永达，董立群，周曈. 城市新移民体育生活现状探析——基于对宁波市的调研 [J]. 浙江体育科学，2010，32（6）：9-12，16.

③ 孔繁敏，等. 奥林匹克文化研究 [M]. 北京：人民体育出版社，2005：112.

④ 罗时铭，谭华. 奥林匹克学 [M]. 北京：高等教育出版社，2007：106.

育弱势群体体育参与的意识。

（2）为城市体育弱势群体增加体育场地设施

有91.5%的被调查者认为需要增加城市弱势群体参与社会体育活动的便利程度。为此必须要为城市体育弱势群体体育参与提供必要的、身边的体育场地设施。

1）有必要对城市体育弱势群体提供体育场地设施进行制度设计；有必要对《全民健身条例》中有关场地设施的条款进行详细规定和解释，从而使得体育场地设施开放能有法可依；可以通过政府采购、政府补贴形式促进社会向城市弱势体育群体开放体育场地设施。对于"全国和谐社区示范城区"和"全国城市体育工作先进社区"等在评选指标上增设有关向城市体育弱势群体增加体育场地设施的考核指标，以此形成有效的政策引导。

2）在实际工作中采取不同的模式。针对城市下岗职工等体育弱势群体，必须强调社区支持网络的作用，公益性社区体育场地设施以及经营性社区体育场地设施应对城市体育弱势群体进行倾斜，可以通过体育健身照顾卡、优惠卡等形式来加以实现。对于城市农民工群体，解决其体育参与的关键在于企业，企业必须树立现代人力资源理念，认识到为农民工体育参与创造条件其实也是促进企业效率提升、增加经济收益的有效手段；同时也要从社会和谐的角度出发，认识到农民工参与体育活动是提高其业余文化生活品味，促进其精神文化生活城市化的有效举措，从而使农民工摆脱打牌赌博等低俗业余活动，避免因打牌赌博而造成的偷盗等危害社会的不良行为发生。农民工在企业参加体育活动，政府可以考虑给予一定的专项补贴，同时通过召开表彰大会、宣传先进企业等形式，促进企业意识提高。对于城市残疾人体育参与则可考虑对现有的社区体育场地设施进行改建和新增附件，从而创造设施条件方便残疾人参与体育活动。

（3）提供经费保障，确保城市弱势体育群体体育参与

制约城市弱势体育群体体育参与的最根本原因在于自身的贫困从而导致非生活必需品的体育消费支出所占比例少，因此为了促进城市弱势体育群体体育参与，政府有必要给予经费支持。有93.3%的被调查者认为政府需要增加城市社会体育经费投入。因而为确保城市弱势体育群体体育参与，政府必须增加体育经费。一是政府可以将"雪炭工程"的惠及面扩大至城市弱势体育群体，"雪炭工程"作为体育扶贫工程之一，已经在老少边穷的农村地区获得一定成功，政府可以根据其推广经验并结合城市弱势体育群体体育参与的特征，加以创新拓展至城市弱势体育群体。二是政府可以通过公共财政转移支付手段对城市弱势体育群体体育参与进行经费保障。目前我国人均体育经费较之发达国家存在较大差距，因此在保障普通城市居民体育参与的经费都存在缺口的情况下，城市弱势群体的体育经费更是难以保障。例如根据本书的调查，目前我国各级政府中有关大众健身的体育经费项目中，很少有专门的残疾人体育健身这个单列项目，上海作为我国经济最为发达的城市，对残疾人体育事业经费支出力度是比较大的，但是其支出结构中对于上海特奥等运动赛事是很大的一块，残疾人体育健身所占比例则相对较少。因此政府可以加大体彩、福彩公益金对于残疾人及其他城市弱势体育群体的倾斜力度。同时从维护民生、促进社会和谐出发，对城市弱势体育群体体育参与实施救济金制度或其他专项资金制度。

3.1.4　社区体育是实现城市社会体育和谐发展的有效载体

1. 社区体育对于城市社会体育和谐发展的意义

有52.4%的被调查者认为当前群众体育健身的组织网络缺乏；有55.5%的被调查者认

为体育健身比赛活动开展不充足；有43.3％的被调查者认为体育健身比赛活动类型单一；有75.0％的被调查者认为全民健身调查监测与服务不足。由此可见，城市社会体育发展面临着种种问题，需要集中力量通过某一载体进行重点突破而加以解决。城市社区体育是以社区为单位，以整个社区居民为对象，以体育为载体，通过自治组织，有计划、有目的的体育活动，最终达到增强体质、增进健康，丰富社区居民生活，培育社区居民的认同感、归属感为目的的社会化教育过程。[①]为解决上述问题，促进城市社会体育和谐发展，需要大力抓好社区体育。同时，从参与方式来说，随着我国社会经济转型，城市居民逐渐由"单位人"转化为"社会人"，导致体育参与方式也由以往的"单位体育"为主，转变为社区体育为主，抓好社区体育工作就是抓好绝大多数城市人口的体育工作。从政治上说，社区体育是体现党和政府关怀人民群众，关注公众健康，追求社会和谐发展的一项重要举措。广大社区居民普遍认为社区体育是一项"民心工程""健康工程""造福工程"，是"以人为本"推进社会和谐发展的重要举措。从经济上来说，社区体育是加快体育社会化、产业化的一个重要载体。社区居民通过参与社区体育既能够带动公益性社区体育服务的发展，又能带动经营性社区体育服务的发展，进而带动体育用品等相关产业的发展。不容忽视的是目前我国城市社区体育发展大多面临着资金场地设施缺乏、社区体育管理体制及机制不健全等问题，制约了其功能的发挥，更影响其可持续发展，进而对城市社会体育和谐发展形成阻碍。

2. 通过创建"全国城市体育工作先进社区"促进自身发展

全面落实科学发展观，构建社会主义和谐社会，城市社区体育具有不可推卸的责任。为了更好的发挥城市社区体育应有之功能，本书认为可以以创建"全国城市体育工作先进社区"为契机推进城市社区体育功能的发展，并通过创建活动获得自身可持续发展的资源及制度保障。实践业已证明获得"全国城市体育工作先进社区"称号的社区在发挥体育功能促进民生和谐方面具有不可估量的作用。例如上海杨浦区殷行街道作为"全国城市体育工作先进社区"，通过积极贯彻落实《全民健身条例》，从建好设施、管好设施、用好设施三方面入手，充分利用和有效整合社区体育资源，加强群众体育的基础设施建设，培育全民健身管理服务组织，提高公共体育管理服务水平，不断推动社区群众体育的发展。殷行街道在"体育生活化，生活体育化"，探索健身苑点长效管理机制，如何有效开放学校场地等方面的工作走在了全国前列。[②]通过这些实践摸索、创新，殷行街道社区体育工作不仅为居民参与体育活动，促进居民健康，实现民生和谐发挥了应有的作用，同时也促进了自身可持续发展。又如截止到2009年，江西省共有23个社区获得"全国城市体育工作先进社区"称号，笔者实地调研了南昌市西湖区上海路街道社区，其在发挥体育应有功能，同时实现社区体育自身可持续发展方面采取了一些行之有效的经验和举措，特别在利用社区空地，增设体育场地设施方面。

---

① 彭杰，陈东岗. 我国城市社区体育的定位与管理体制 [J]. 上海体育学院学报，2004，28（3）：13-15.

② 搜狐体育. 上海杨浦：完善体育设施建设加强全民健身保障 [EB/OL]. [2011-04-12] http://sports.sohu.com/20101026/n276478976.shtml.

3. 通过新闻媒体宣传提高大众体育健身意识

有 47.6％的被调查者认为大众的体育健身意识不足；有 59.8％的被调查者认为青中年群体参与体育健身的次数少。由此可以看出，我国城市社区体育发展所存在的主要瓶颈是居民的体育健身意识不足，体育健身参与人群结构仍然呈现出"马鞍状"形态。为了促进社区体育发展，进而促进社会体育和谐发展，有必要提高居民的体育健身意识，改善参与人群结构。若要居民观念发生改变，需要对居民进行新闻媒体宣传，本书的调查也发现有 90.9％的被调查者认为需要增加新闻媒体宣传报道城市社会体育的力度。因此新闻媒体宣传需要贴合普通居民受众的信息接受心理，采取有效的宣传形式和内容进行参与体育健身的宣传报道，引导居民树立体育健身意识，吸引更多人群参与体育健身。

3.2　城市竞技体育和谐发展

3.2.1　杜绝城市竞技体育不当甚至违法、犯罪行为

1. 城市竞技体育发展过程中出现不当甚至违法、犯罪行为

城市竞技体育作为一种社会文化现象总是以公平、公正的面貌出现在世人的眼前。有 78.1％的被调查者认为城市竞技体育比赛结果公正性影响竞技体育和谐发展（见表 3－8）；有 67.1％的被调查者认为假球、黑哨等不正当行为在城市竞技体育比赛中越来越多。例如 2010 年 10 月 12 日在河南许昌发生在中国男篮与巴西男篮打架斗殴的球场暴力事件，又如中国足球的假球黑哨事件，以及第十一届全运会女子 100m 短跑冠军王静服用兴奋剂事件，这些不当甚至违法犯罪行为，严重侵害了社会公共利益及竞赛另方的合法权益，扰乱了正常的竞赛秩序。[①] 从促进城市竞技体育自身和谐发展的角度来看，打架斗殴等球场暴力事件不仅有损球员自身的形象，也因比赛往往通过大众传媒现场直播到社会大众群体中进而影响国家形象，背离竞技体育为国争光、振奋民族精神的文化教育意义，使得竞技体育存在和发展的合理性遭受到质疑，从而影响自身发展。我国大力发展职业足球的目的在于促进体育产业中的主体产业——竞赛表演产业的形成，同时也为足球项目在市场化环境中谋求发展构建"造血机制"，并期待通过职业足球的发展促进我国足球运动项目水平的提升。然而在 2002 年底，我国的甲 A 联赛成为澳门博彩公司开牌的联赛后，中国足球运动就逐步陷入"假赌黑"的泥沼中，造成赛事观众规模及电视收看率逐年递减，赛事收入逐年下降，亏损日益扩大，国际大赛屡屡不能出线，球迷怨声载道，足球运动发展面临着空前的动荡。

表 3－8　城市竞技体育比赛结果公正性是否影响竞技体育和谐发展调查结果一览表

城市竞技体育比赛结果公正性是否影响竞技体育和谐发展	无影响	影响非常小	影响较小	影响较大	影响非常大	总　计
选择人数/人	5	9	2	17	40	73
占比/（％）	6.8	12.3	2.7	23.3	54.8	100.0

---

① 刘丽.竞技体育犯罪研究［D］.长沙：中南大学，2010：4-5.

2. 城市竞技体育发展过程中出现不当甚至违法、犯罪行为析因

（1）法治不健全

自从改革开放以来，我国体育在法治方面取得了令人瞩目的成就，表现之一就是在1995 年，我国颁布了体育领域内的根本大法《体育法》，这一法规的颁行标志着我国体育领域治理进入到"有法可依"的阶段。不容否认，与发达国家相比，我国体育领域内的法律、法规仍有相当不足，特别是在竞技体育领域还存在着许多法律空白地带，在执法等环节方面也存在漏洞。由于竞技体育的特殊性，目前我国现有的《中华人民共和国反不正当竞争法》《中华人民共和国刑法》以及《中华人民共和国消费者权益保护法》等很难适用于该领域，导致对"假赌黑"、球场暴力、行贿受贿等违反体育道德的越轨甚至犯罪行为都不能实施有效的法律制裁，只能以专项协会的内部处罚以及行政处分取代刑事处罚，因此对于胆敢越轨甚至犯罪的人员不能起到震慑作用。根据本书的调查，有 75.3% 的被调查者认为对城市竞技体育比赛中的不正当行为惩罚力度不够。

另外，《体育法》对竞技体育领域内的运动主体的权利和义务界定的不是很清晰，因此当这些运动主体的合法权益受到侵犯时，并不能得到有效的保护，比如说竞技体育中的各种违规行为。例如在 11 届全运会篮球赛场上湖北队员故意"自摆乌龙"，国家体育总局副局长肖天认为："湖北队员想早点结束比赛，但是不能往自己篮筐里投篮。这种行为是不对的，这是违背体育道德与体育精神的行为，应该批评、教育。"[①] 但是湖北男篮并未受到行政或法律惩处，其比赛结果也不可更改，观众看到的也只是一场令人败兴的丑陋比赛。可见这些违规行为严重违反竞技体育公平竞争的基本原则，有损于运动员及运动队的平等权等合法权益，影响竞技体育健康有序发展。

此外，由于我国体教结合存在着许多问题，导致许多运动员的文化教育受到了很大影响，加之对运动员和教练员的普法工作存在不到位的情况，使得少数运动员的法律意识淡漠，越轨乃至犯罪行为也就不足为怪。

（2）道德滑坡

当代中国处于社会转型期，社会道德与价值观处于重构的状态之中，导致在这一时期容易出现少部分人道德的滑坡。在竞技体育领域内，少部分人的道德滑坡为竞技体育可持续发展蒙上了浓重的阴影。目前我国竞技体育发展已步入到职业化、商业化的快车道，成绩成为运动员、运动队的首要目标和各项工作的中心，出现了片面追求竞技成绩忽视道德的现象，从而引发了种种的乱象：一是由于拜金主义、享乐主义等腐朽思想滋生，为了攫取金钱满足个人的享乐消费，部分运动员不顾体育道德，从事赌球等非法活动。例如许多媒体报道，目前我国参与赌球、打假球的职业足球运动员的主要动机之一就是获得非法高额收入，从而支撑其消费挥霍。二是职业道德缺失。诸如部分职业足球运动员罢练、罢赛、泡吧、打架、斗殴，陆俊等少数知名足球裁判收受贿赂、操纵比赛的负面事件和报道层出不穷。三是"潜规则"横行。目前在我国，竞技体育领域存在着"潜规则"，这些"潜规则"侵蚀、干扰竞技体育的公平公正，同时也为竞技体育的可持续发展人为注入阻碍因素。

---

① 汪大昭，刘卫宏，李铮. 总局副局长：湖北男篮不能亵渎体育精神 ［EB/OL］. ［2011 - 05 - 19］http：// sports. qq. com/a/20091025/000670. htm.

（3）监管不力

各级体育行政部门对于竞技体育发展具有不可推卸的监管职责。当前由于部分体育行政部门监管不力，造成竞技体育发展过程中出现了一些违法、犯罪行为。监管不力的成因大致可以分为以下两种。

1）国竞技体育管理体制改革尚未完成。世界各国的经验已经表明：一国竞技体育管理体制健全与否对于预防和惩治竞技体育违法、犯罪行为具有根本性作用。目前我国竞技体育管理体制不健全主要由条块分割、分层管理的格局所致。国家体育总局考虑的是国家利益；地方体育局由于其经费、人事任命均由地方来来供给、决定，因此往往更重视地方利益。两者之间的利益冲突时会产生出一些越轨乃至犯罪行为，例如一些地方体育局为了能在全运会上多获得奖牌，使本地区的体育成绩排名靠前，往往采取一些越轨甚至犯罪行为来非法获益。

2）数官员思想、行为的保守。韦伯的官僚理论认为，官员作为个体也具有自身的利益诉求，为求仕途稳定或能晋升，官员对于各项工作往往采取保守的行为方式甚至是不作为，以规避仕途风险。竞技体育发展过程中各种新的问题层出不穷，但是由于少数官员的保守甚至是不作为，不能未雨绸缪，预先制定举措予以规避，导致一些"无规可循"的越轨甚至犯罪行为出现。

（4）受到经济利益操纵

竞技体育职业化、商业化的实质是将竞技体育作为具有投入与产出性质的一个产业进行运营，追求利润的最大化成为兴办职业体育俱乐部等经济主体的最终目标。为了达到利润最大化的目标，少数违法、犯罪行为在竞技体育领域内层出不穷。一是非法赌球，足球比赛中许多场赛事盘口达到千万元以上，面对这样大的赌注，赌博公司往往想通过贿赂球员和俱乐部的手段求得操纵比赛结果；少数参赛的球员及俱乐部就比赛可能也进行巨额投注，因此打假球操纵比赛结果就成为最优的竞赛博弈策略。二是奖励的负面驱动。职业体育赛事中获胜将能获得巨额奖励已成为共识，也是驱动赛事水平提高的主要原因，奥运会等秉持业余原则的赛事虽然不给予参赛选手以出场费以及获胜奖金，但是奥运冠军一般都会受到国家的丰厚奖励。在我国政府奖励、社会奖励总额加起来，一个奥运冠军能够得到几百万元甚至千万元收入。一个全运会冠军除了金钱还能获得房子的奖励。因此极个别运动员和运动队为了获取巨额奖励，就走旁门左道，通过服用兴奋剂等违法犯罪手段获益。

（5）运动员主体心理异化

城市竞技体育发展过程中出现违法、犯罪行为也是一个涉及个人以及社会心理的问题，具体体现为：一是不是社会公众期待造成的导致少数体育运动主体心存侥幸，走上违法、犯罪的道路。从事竞技体育并取得一定成功的运动员、运动队在今天往往都被公众视作是"城市英雄""城市名片"，受到公众的敬仰、追捧和爱戴，享受到马斯洛需求层次理论中所描述的一般人难以享受到的尊重和自我实现，因此当其竞技实力下降或是对手实力强大，比赛结果难以预测或输掉比赛的可能性较大时，往往出于继续享受这些心理收益的需要，心存侥幸，走上违法、犯罪的道路。二是爱国主义走向异化。运动员从事竞技体育，所受到的精神激励主要是努力拼搏、为国争光，因此许多运动员以"三从一大"为要求接受严酷的训练，但是当"努力拼搏""为国争光"的要求被过分强调时，极少数运动员就会出现因为"爱国"而走向服用兴奋剂提高运动成绩等违法、犯罪的道路；赛场观众可能也会因为"爱国"导致过激行为发生甚至引发赛场暴力；作为维护比赛公平、公正的裁判员也会因为"爱国"，在我国运动员参赛的一些体育比赛中吹"爱国哨"，导致这些比赛出现不公平、不公正。三是心理失衡。竞技体育作为社会子系统不能隔离于腐败的歪风邪气之外，一些运动主体往往产生"既然你能玩黑的，为什么我不能玩黑的"这种心理，在这种心理失衡状态下，一些业内人士走上违法、犯罪的道路现象就出现了。

3. 打击城市竞技体育不当甚至违法、犯罪行为的对策

（1）健全法治

有 89.1％的被调查者认为需要遏制城市竞技体育违法、犯罪行为。从健全法的角度，可以采取下列措施。

1）对目前我国打击城市竞技体育违法、犯罪行为的各项体育法规、制度不可能在短期内制定和颁行的客观现实，需要充分运用现行法律制度实施打击。从法理学的角度来看竞技体育领域内出现的兴奋剂、赌博、行贿受贿、球场暴力、假球、黑哨、伤害等违法、犯罪行为都会在不同程度上触犯法律规范，因此完全可以依托现有的《中华人民共和国宪法》《中华人民共和国刑法》《中华人民共和国公务员法》《体育法》以及治安管理条例的有关规定进行惩处。例如针对竞技体育领域内为操作比赛结果而出现的行贿、受贿、索贿就可以根据数额大小定为贪污、贿赂罪；赛场观众的球场暴力行为如果造成他人人身伤害的可以定为故意伤害罪、过失伤害罪，对社会公共财物进行破坏的可以定为扰乱公共秩序罪等。

2）于竞技体育违法、犯罪行为的社会危害性大，对我国国际声誉有很大的影响，因此需要打破以往由体育行政部门或专项运动协会进行内部行政处罚和条例处罚的封闭格局，体育部门需要与司法部门形成有效的联动机制，健全司法介入机制，从而使得司法部门能主动介入，对竞技体育领域中的违法、犯罪行为进行调查和严厉惩处，才能形成震慑作用，使后来者打消侥幸心理，进而净化竞技体育领域。因为从经济学的角度来看，当违法成本远低于违法收益时，进行违法行为就成为违法者最优的博弈策略，当违法成本远高于违法收益时，违法者就理性的选择回避违法行为。

3）积极进行竞技体育领域法学研究，针对日益突出的竞技体育违法、犯罪行为，法学界、体育界应当予以充分的重视，积极投入到这一领域的研究中来，从而为打击城市竞技体育违法、犯罪行为奠定理论基础。

4）足长远，抓好体育立法工作。由于目前我国竞技体育违法、犯罪行为确实存在法律空白地带，存在无法可依的窘境，同时国外针对竞技体育违法、犯罪行为有相关的法规、条例，因此我国可借鉴国外经验，制定专门的法规或是对既有《体育法》中的法律责任的有关内容予以详细规定或是制定相关实施细则与解释。

（2）强化道德建设

1）识到完善体育法治建设与强化道德建设是两面一体的，在完善体育法治建设的同时必须要强化道德建设。同时也应该认识到社会的整体道德水准决定竞技体育领域的道德水准，强化竞技体育领域内的道德建设必须以社会的整体道德水准的提高为依托，这不是能够一蹴而就的。

2）竞技体育领域内应当自上而下的强化道德建设。"官风不整，民风难变。"当某些地方体育局为追求政绩从而进行弄虚作假、行贿受贿或暗中纵容、支持使用兴奋剂，导致自身行为泥足于竞技体育违法、犯罪之中时，其行为无疑对社会形成了负面的示范效应，因此少数俱乐部、运动队、运动员个体会上行下效，走向违法、犯罪的泥潭。因此强化道德建设，就需要各级领导干部正确理解发展竞技体育的根本目的，克服追求部门利益和个人利益的倾

向，道德行为操守要规范，监管执法人员要克己奉公。

3）竞技体育领域进行守法奉公的法制教育、符合和谐社会发展的伦理道德教育、以人为本的体育发展宗旨教育以及公平竞赛的体育精神教育等各项宣传教育活动。

（3）强化监管

1）继续深化竞技体育体制改革，打破政事不分、管办一体的体育管理模式，努力实现政府与社会的合理分工，重视体育社团、企业、媒体在竞技体育监管方面所具有的重大作用。例如面对日益猖獗的赌球现象，目前全世界大约有40多个国家的足球主管部门聘请专业的彩票机构从彩票组织发行的角度对假球现象进行审查和监管。同时对于竞技体育职业化、商业化的运动机制及规律予以充分认识，不以行政指令代替市场规律。

2）当前构建服务性政府，进行政府职能改革为契机，加快体育行政部门职能改革，强化监管、行政执法职能，面对各种竞技体育违法、犯罪行为，要未雨绸缪积极作为，预先制定各项举措予以规避。

3）立科学的工作绩效考核标准。对于体育行政部门的工作业绩考评不能唯金牌论，不能让全运会成为考核地方体育行政部门业绩的"科考"，从而使地方体育局摆脱单纯追求竞赛成绩的巨大压力，不被压力所迫而铤而走险进行弄虚作假、行贿受贿或暗中纵容支持使用兴奋剂导致自身行为泥足于竞技体育违法、犯罪之中。

（4）树立正确的利益观

1）快职业体育改革，使职业体育俱乐部真正成为自主经营、自负盈亏的经营实体，也使职业体育联赛（联盟）成为真正意义上的职业体育联赛（联盟），促使俱乐部、联赛（联盟）将精力集中于提高竞赛水平、经营开发等事宜上，进而获得自我发展所需资源和动力，而不是通过行贿、赌球等歪门邪道获得收益。

2）于赌球等非法活动必须疏堵并举，一方面要对竞技体育以及对社会风气负面影响极大的地下赌球活动实施持久、严厉的打击；另一方面要进行有效的疏导，通过增加竞猜型彩票"竞彩"等合法体育博彩产品来引导公众。

3）于体育竞赛奖励进行改革，由片面突出物质奖励过渡到物质与精神奖励并重，可以学习韩国等国的经验实施终身奖励，从而使比赛奖励的正面激励作用加大。同时体育竞赛奖励媒体应合理进行宣传，形成积极向上的宣传氛围。

4）行有效的教育，对运动员进行合理的义利观教育，从而使其在利益与道德的天平上合理取舍。

5）一步推进退役运动员安置工作，使运动员的出口顺畅，从而为运动员发展打消后顾之忧，避免不择手段获得奖励的短期行为出现。

（5）防范心理失衡

1）于体育的过度政治化进行纠正，需要强调体育对于弘扬爱国主义具有巨大的作用，但是不能过分强调，使得全社会对体育的心理期待处于一个适中的阈限，减少对运动员的心理压力，从而避免其走向违法、犯罪道路。

2）求新世纪的体育精神乐园，重塑心灵中的价值观念，进而构建新世纪的适应市场经济要求的中国体育人文精神。[①]

---

① 欧阳柳青，沈建华，康昌发．论体育人文精神与体育现代化［J］．上海体育学院学报，2003，27（4）：22-25．

3.2.2 促进城市竞技体育区域发展均衡

1. 城市竞技体育区域发展不均衡现象

目前我国城市竞技体育区域发展不均衡的的矛盾日益突出，已经成为制约我国竞技体育可持续发展的主要因素。竞技体育发展受制于许多因素的影响，但经济因素所起的作用最大。"经济是社会科学中一切事物发展的基础，如果没有经济的发展，来谈竞技体育的发展，那就是'无源之水，无本之木'了。"[①] 例如2007年在武汉举行的我国第六届城市运动会（以下简称六城会）上共有74个参赛城市和地区。本书对2008年我国GDP排名前20位城市在此次比赛中的成绩排名进行了一次统计，发现城市GDP总量与比赛成绩呈现出一定的相关性，GDP排名靠前的城市其竞赛成绩也一般靠前（北京、上海、天津、重庆等直辖市以区为单位参赛，影响了总体成绩）。如果进一步以区域进行比较可以发现，我国东部、中部、西部城市竞技体育发展呈现出东强、中次、西弱的不均衡发展格局（见表3-9）。

表3-9 2008年我国GDP排名前20位城市及其六城会运动成绩一览表

GDP排名	城市	GDP（亿元）	六城会金牌数	六城会奖牌数	六城会排名	备注
1	上海	13 698	12	31	4	浦东新区参赛成绩
2	北京	10 488	0	5	38	海淀区参赛成绩
3	广州	8 215	24	56	1	
4	深圳	7 806	4	13	6	
5	苏州	6 701				未参赛
6	天津	6 354	0	1	44	
7	重庆	5 096	0	3	33	
8	杭州	4 781	4	10	7	
9	青岛	4 409	2	8	15	
10	无锡	4 400	0	1	44	
11	佛山	4 300				未参赛
12	宁波	3 964	0	2	37	
13	武汉	3 960	22	55	2	
14	成都	3 901	1	11	21	
15	大连	3 858.2	0	1	44	
16	沈阳	3 855	6	20	5	
17	南京	3 775	13	32	3	
18	东莞	3 710				未参赛
19	唐山	3 560	1	3	28	
20	烟台	3 460	2	11	14	

① 夏崇德，何志金，陈颜，等. 社会经济的发展与竞技体育的相关分析 [J]. 体育科学，2006（2）：22-27.

从我国历届奥运会金牌总数来看（见图3-1），金牌总数累计达到20枚以上的省份是辽宁、江苏和湖北；金牌总数在10枚以上、20枚以下的是广东、北京、四川、浙江、湖南、上海；金牌总数5枚以上、10枚以下的是河南、广西、河北和山东；金牌总数5枚以下的是福建、天津、江西、黑龙江、陕西、安徽、山西、云南、吉林、贵州和内蒙古。在北京奥运会上，金牌总数累计达到5枚以上的省份（市）是江苏、辽宁、广东、北京及山东；金牌总数在3枚以上、5枚以下的是上海、湖北、天津、四川、江西、福建、河北、湖南；金牌总数1到2枚的有浙江、陕西、吉林、安徽、黑龙江、广西、贵州、内蒙古。[①] 各省（市）奥运历史金牌总数统计见图3-2。由于现代竞技体育产生、发展于城市，我国各省市中的大中城市是承担其竞技体育发展的主要阵地。2006年我国东、中、西部城市化水平分别为54.6%，40.4%和35.7%[②]，存在着区域差异。我国奥运金牌主要来自于长江三角洲、珠江三角洲、辽中南城市群、京津冀、山东半岛城市群、中原城市群、长江中游城市群、海峡西岸城市群、川渝城市群和关中城市群，夺取奥运金牌区域城市群呈现出东强、中次、西弱的不均衡发展格局。

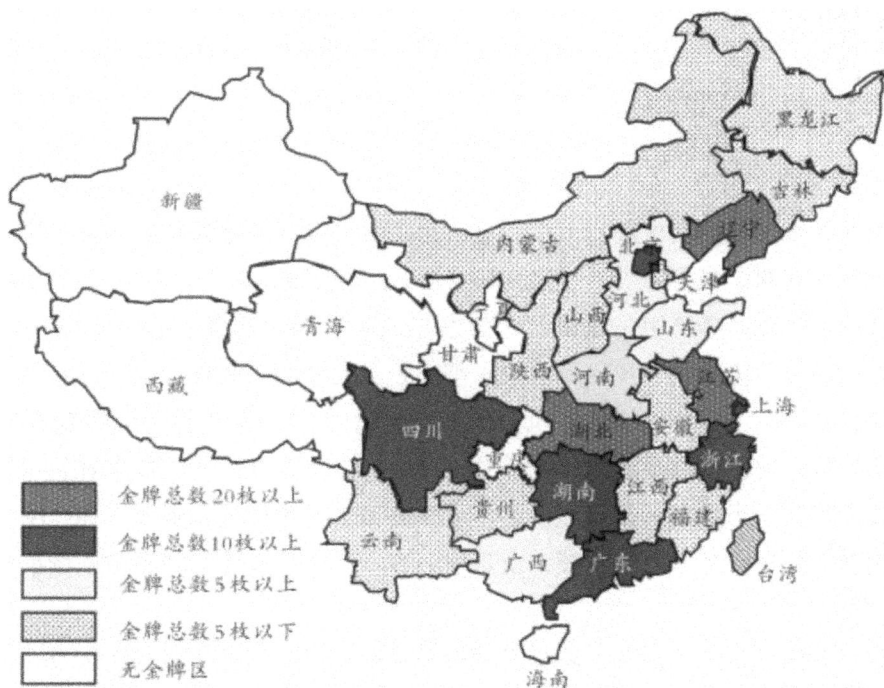

图3-1　各省（市）奥运历史金牌总数统计[③]

---

① 余银，高平. 我国奥运优势项目发展现状与布局重构［J］. 武汉体育学院学报，2010，44（10）：83-88.

② 新华社. 我国城市化水平正在不断提高［EB/OL］.［2011-06-01］http://www.shbiz.com.cn/cms.php? prog＝show&tid＝76077&csort＝1.

③ 同①

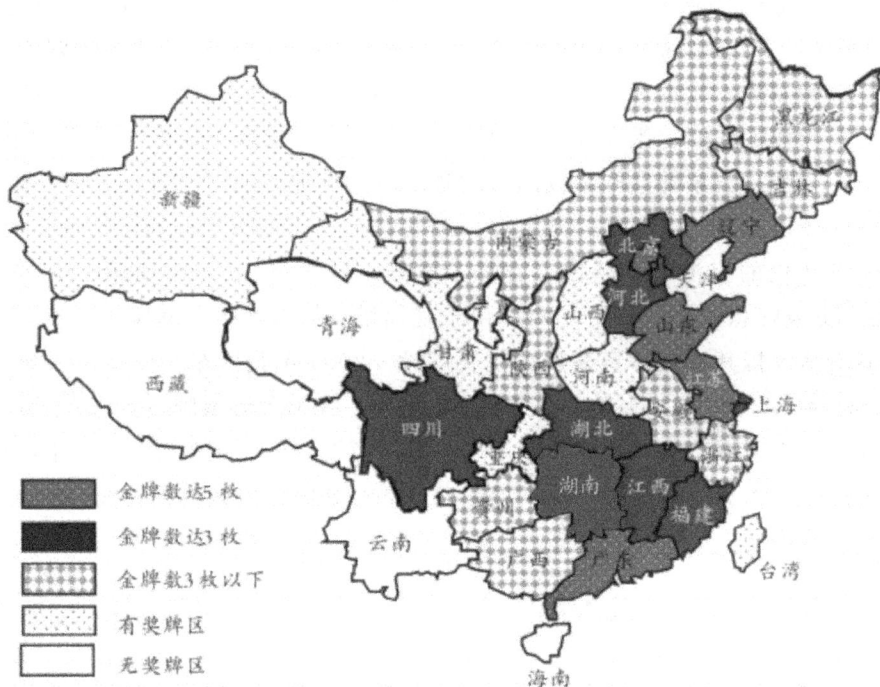

图 3-2　北京奥运会各省（市）金牌分布[①]

以重大体育赛事举办城市进行考察，全国运动会（以下简称为全运会）作为我国最高规格的综合性体育赛事，长期以来一直在京、沪、粤三地轮流举行，后江苏、山东、辽宁承办。可见该项赛事就一直集中于经济发达的东部地区举行（见表 3-10）。城市运动员（以下简称为城运会）作为规格、规模、竞赛水平小于全运会的全国综合性体育赛事，由于赛事举办要求略低，我国中西部城市才有机会承办（见表 3-11）。举行大型体育赛事具有多重效应，不但可以改善和提高举办城市的体育设施，促进举办城市的竞技体育人才培养和竞技体育产业化发展，更为重要的是可以促进赛事举办城市的基础设施建设，提升城市的品牌知名度，从而使得城市得到跨越式发展。就目前而言，我国重大体育赛事举办城市也呈现出了区域发展不均衡的格局。

一方面，我国城市竞技体育不均衡发展格局具有一定的积极作用，即考虑到了各城市发展存在非同步性，各自拥有各自的优势资源，因此可以促进各个城市发挥比较优势，加速竞技体育人才有效流动，提高竞技体育资源的分配资源。另一方面，我国城市竞技体育不均衡发展又具有一定的消极作用，即容易形成强者愈强、弱者愈弱的"马太效应"，导致各城市竞技体育发展失衡加剧。就长远来看，我国城市竞技体育不均衡发展格局是消极作用大于积极作用，将会影响城市竞技体育的可持续发展。

---

① 余银，高平. 我国奥运优势项目发展现状与布局重构 [J]. 武汉体育学院学报，2010，44（10）：83-88.

表 3 - 10　历届全运会举办地一览表

届	举办地点	时间/年
第 1 届	北京	1959
第 2 届	北京	1965
第 3 届	北京	1975
第 4 届	北京	1979
第 5 届	上海	1983
第 6 届	广东	1987
第 7 届	北京	1993
第 8 届	上海	1997
第 9 届	广东	2001
第 10 届	江苏	2005
第 11 届	山东	2009
第 12 届	辽宁	2013

表 3 - 11　历届全国城运会举办地一览表

届	举办地点	时间/年
第 1 届	济南、淄博	1988
第 2 届	唐山	1991
第 3 届	南京	1995
第 4 届	西安	1999
第 5 届	长沙	2003
第 6 届	武汉	2007

2. 以城市群为基点解决城市竞技体育区域发展不均衡

（1）发挥城市群的带动、辐射作用

所谓城市群是在特定的区域范围内云集相当数量的不同性质、类型和等级规模的城市，以一个或两个特大城市为中心，依托一定的自然环境和交通条件，城市之间的内在联系不断加强，共同构成一个相对完整的城市"集合体"。2008 年京津冀、长江三角洲和珠江三角洲三大城市群地级及以上城市地区（包括市辖县）生产总值 106 242.6 亿元，占全国地级及以上城市地区（包括市辖县）生产总值的 33％；其中，长江三角洲城市地区生产总值 53 956 亿元，珠江三角洲城市地区生产总值 29 745.6 亿元，京津冀城市地区生产总值 22 541 亿元，分别占全国地级及以上城市地区（包括市辖县）生产总值的 16.7％、9.2％和 7％。除既有的长江三角洲、珠江三角洲、京津冀、厦泉漳闽南三角地带外，山东半岛城市群、辽中南城市群、中原城市群、长江中游城市群、海峡西岸城市群、川渝城市群和关中城市群也开始初露端倪。^① 竞技体育发展水平相对较高的城市地区向相对较低但相距较近的城市地区进行资源、人才、技术、信息等的流动和思想观念、思维方式的传播。通过流动和传播，进一步提高体育资源的配置的效率，以现代化的思想观念、思维方式取代与现代化不相适应的旧的习惯势力，来发展本地区的竞技体育。^② 当前我国东部城市群的竞技体育发展程度较之中部、西部城市群（城市）高，为了促进我国城市竞技体育均衡协调发展，可以发挥城市群在竞技体育方面的带动、辐射作用，从而促进中部、西部城市群（城市）的竞技体育发展。另外，城市群内部的各个城市的性质、类型与等级规模各不相同。一般而言，作为城市群核心的特大中心城市的竞技体育发展程度高于群内其他城市，例如长江三角洲核心城市的上海的竞技体育发展程度就远高于苏州，因此又可以发挥特大中心城市的带动、辐射作用，促进群内各个城市竞技体育的发展。

（2）整合城市群优势体育资源，加强城市群间竞技体育交流

作为一个相对完整的城市"集合体"，城市群内存在不同性质、类型与规模的竞技体育资源，为了促进城市群这一整体的竞技体育协调发展，需要根据城市群内各个城市所拥有的具有比较优势的竞技体育资源进行有效整合。城市群作为一个整体，其竞技体育发展必须树立城市群"一盘棋"的思想，使各城市间能够取长补短，发挥各自比较优势的同时，通过不断的改革、引进来提升自身的弱势方面，最终达到城市群竞技体育协同发展。对于不同城市群而言，必须要加强城市群之间的竞技体育资源交流。为了实现各个城市群竞技体育可持续发展，竞技体育弱势城市群需要主动的"走出去"，了解和学习竞技体育优势城市群的竞技体育发展模式、管理经验和训练理念，同时结合自身城市群的特点，进行有选择的优化吸收和利用，这样才能形成符合自身情况的竞技体育发展模式、管理经验、训练理念。此外不论是整合城市群优势体育资源还是加强城市群间竞技体育交流，其核心都在于竞技体育人才的流动。城市群内部以及城市群间，应当在符合市场规律以及运动员成才规律基础之上，打破竞技体育人才流动的人为壁垒，促进竞技体育人才有效流动。如竞技体育人才资源丰富但运动员训练培养模式落后、保障及流动体制较差的城市可以向训练培养模式先进、人才引进政策优厚、输送奖励合理的其他城市进行流动；获得竞技体育人才的流入地城市向流出地城市给予必要的培养补偿，用于流出地的竞技体育发展所需。由此既可以促进运动员竞技水平的提升，又有利于流出地竞技体育发展。

（3）实施有效政策，打破"马太效应"

我国城市竞技体育不均衡发展的现状会因强者愈强、弱者愈弱的"马太效应"而逐步扩大，为此需要实施有效的政策，来打破"马太效应"。竞技体育发展主要是依靠体育发展政策，为了打破"马太效应"，政府所制定的体育发展政策的出发点应是在追求效率的同时兼顾公平。我国城市竞技体育发展中所出现的"马太效应"的原因在于：竞技体育发展程度较高的城市具有良好的经济基础、体育设施和竞技体育组织管理体系，而竞技体育发展程度较低的城市则不具备这样的条件，因此同样的竞技体育资源投入会产生不一样的产出，即效益存在差异。城市群内的体育行政部门制定体育发展政策时需注意应充分发挥政府的宏观调控

---

① 国家统计局. 统计局：建国 60 年我国城市化水平提高 5 倍多 ［EB/OL］. ［2010 - 06 - 03］ ht-tp：//news. xinhuanet. com/fortune//2009 - 09/18/content_12075777. htm.

② 李卫. 中国竞技体育区域发展的理论与实证研究 ［D］. 北京：北京体育大学，2001：90.

职能，给予竞技体育发展程度较低的城市更好的政策支持和资金扶持，从而促进竞技体育发展程度较低的城市能够实现跨越式发展，实现城市群竞技体育均衡、和谐发展。

3.2.3 促进城市竞技体育项目均衡发展

1. 我国城市竞技体育存在项目发展不均衡

(1) 奥运优势项目与奥运非优势项目存在发展不均衡

建国 60 多年来，我国竞技体育事业取得了辉煌的成就，特别是在 2008 年北京奥运会上，我国获得了 51 枚金牌，首次登上奥运金牌榜第一的宝座。熊晓正等学者认为建国以来我国竞技体育发展的基本经验就是"以围绕改善民族形象、提高国际声望为历史重任，坚持以提高运动技术水平为基本任务，以奥运会等国际大赛取得优异成绩、为国争光为主要目标，以'有所为、有所不为、确保重点'为基本方针，以国家为主体、社会为补充为基本发展思路，坚持与时俱进，探索了一条适合中国国情的竞技体育发展道路和发展模式。"[①] 其中"有所为、有所不为、确保重点"具体表现为：在资源缺乏、运动训练水平低下的情况下快速发展我国的竞技体育，我国在竞技体育领域内实施的"缩短战线，保证重点"的非均衡发展战略，集中人、财、物集中发展奥运优势项目。奥运优势项目是指能在多个单项上夺取金牌的项目，是各国在奥运赛场上争取金牌与奖牌的重点与关键。[②] 在伦敦奥运会的前 7 届夏季奥运中，我国共获得 386 枚奖牌，其中金牌 163 枚、银牌 117 枚、铜牌 106 枚。排在金牌榜前 8 位的项目分别是跳水、举重、乒乓球、射击、体操、羽毛球、游泳、柔道，共获得金牌 137 枚，占金牌总数的 84.05%，所获得的奖牌共 301 枚，占奖牌总数的 77.98%。可见，以上这 8 个项目属于我国的奥运优势项目。这种奖牌持续集中在少数项目上的状况，说明我国 20 多年来夏季奥运项目呈现出非均衡发展的态势[③]，进而说明奥运优势项目长期以来受到重视，在人、财、物等方面都能得到有效的保障和支持。但是不容忽视的一个现实是目前我国部分奥运优势项目人才梯队出现断层现象，即塔尖突出、塔基不牢，影响这些优势项目的可持续发展，如在近几年多次世界大赛上，我国的男女 10m 跳台和女子 1m 跳板都遭受失利。由于现代运动训练技术创新层出不穷，引发各国竞技实力的此消彼长，"单一支柱型项目的实力结构十分容易受到技术变革的冲击而失去稳定性，而且即使支柱性项目实力出现正常向下波动时，也会对总体实力结构造成难以消除的震荡"[④]。此外国外在这些优势项目上通过引入中国教练人员、发掘和培育天才型运动员，加之海外兵团的壮大，已经缩小了同我国的差距。

与奥运优势项目相对应的是我国还存在许多奥运非优势项目。首先，在北京奥运会上，体能主导类的田径、游泳、水上项目、自行车以及摔跤等 5 个大项一共设置了 158 枚金牌，占到全部 302 枚金牌的 52.3%，我国只获得女子 200m 蝶泳、男子 500m 双人划艇、女子四

① 熊晓正，等. 我国竞技体育发展模式的研究 [M]. 北京：人民体育出版社，2008：152-155.

② 郭权，虞重干，柴全义. 中、美、俄、德、澳 5 国优势项目的比较研究 [J]. 北京体育大学学报，2004，27 (8)：1122-1124.

③ 张晓义. 我国夏季奥运项目非均衡发展成因分析 [J]. 北京体育大学学报，2009，32 (8)：5-10.

④ 罗平. 我国奥运获奖项目组合结构的变化特征 [J]. 上海体育学院学报，1996，20 (3)：10-20.

人双桨项目3枚金牌，只占51枚金牌中的5.9%。而据统计，在第23，24，25，26，27届奥运会上，田径、游泳、水上项目分别获得0，0，5，2，1枚金牌。由此可见，在我国向体育强国迈进的进程中，如果田径等大项不能实现较大突破，则我国在奥运会上的总体成绩就很难有较大提升的空间。其次，足球、篮球、排球、田径、游泳等大众普及率高、喜闻乐见的运动项目在奥运会上的运动成绩，才能代表一个国家真实的竞技体育实力和社会体育发展水平。目前全球以足球、篮球、排球等大球项目为代表的职业体育发展如火如荼，形成了产值规模巨大的职业联赛体系，并在全社会形成了极大的影响；但是我国除了女排曾获得奥运金牌、女篮获得奥运银牌之外，足、篮球发展水平一直徘徊不前，甚至在目前进入到成绩全面倒退的尴尬境地。再次，我国奥运体育金牌的增长点曾寄望于潜优势项目，但是不容忽视的事实是目前我国潜优势项目数量少，其中一部分潜优势项目又需要长期的训练、比赛才有可能转化为夺金项目，因此这一增长点的空间并不大。

（2）夏季奥运项目与冬季奥运项目发展不均衡

1980年中国代表团首次参加美国普莱西德湖冬奥会；在1992年法国阿尔贝维尔冬奥会上，叶乔波获得女子速滑500m、1 000m两块银牌，实现我国在冬奥会上奖牌零的突破；2002年美国盐城湖冬奥会上，我国获得2块金牌，实现我国在冬奥会上金牌零的突破。截止到2008年加拿大温哥华冬奥运，我国共获得冬奥会金牌7枚。与我国1984年开始参加洛杉矶夏奥会到2008年北京奥运会，7届夏奥会共获得163枚金牌的辉煌战绩相比，我国冬奥会成绩明显处于弱势地位，形成了夏季奥运项目与冬季奥运项目发展不均衡的格局。目前冬季奥运会的影响越来越大，2010年温哥华第21届冬奥会共有85个国家和地区的奥委会，约5 500名运动员和官员参赛，参赛国家和地区呈现逐步增长的态势，冬奥会将是未来竞技体育大国之间竞争的热点。

另外，虽然我国在冬奥会上金牌和奖牌数在逐步提高，申雪和赵宏博也曾获得2010冬奥会双人花样滑冰金牌这一冬奥会上含金量极高的金牌，但是不容否认的是我国冬季奥运项目也存在许多问题，突出表现在：奥运项目主要在哈尔滨、齐齐哈尔等东北城市开展，没有充分发挥地区的比较优势；优势项目偏重于冰上，雪上项目则弱势许多。从总体上来看我国冬季奥运项目仍然基础实力薄弱、整体水平不高，处于冬奥会第三集团。在我国向体育强国迈进的进程中，必然是追求夏季奥运项目与冬季奥运项目的同步发展，但与我国在近几届夏季奥运会上处于第一集团相比，冬季奥运项目发展不均衡已成为不争的事实。

（3）奥运项目与非奥运项目发展不均衡

非奥运项目是指未正式列入奥运会比赛的项目，它是各国体育项目的重要组成部分。[①]我国现阶段正式开展的体育运动项目有78个大项，141个分项，73个协会分管，非奥运项目占到了64%。这些项目是根据《体育法》等相关法律法规经过严格审核批准确立的。[②] 非奥运项目大致分成三类：一类是参与人群广泛的项目如登山、壁球等；我国独有的民族传统项目如武术、中国象棋；新兴运动项目如攀岩、极限运动。在我国，奥运项目与非奥运项目发展不均衡是客观存在的。60年来，我国竞技体育取得的飞速发展和举世瞩目的辉煌成就，

---

① 邓万先．非奥运项目与我国群众体育的可持续发展［J］．体育学刊，2010，17（12）：19－23．

② 于文谦，王乐．中国国际角色转变与非奥运项目发展战略［J］．山东体育学院学报，2010，26（2）：1－4．

在很大程度上是由于在不同阶段适时采取对竞技体育有所侧重方针的结果。但是，实事求是地讲，在社会主义初级阶段有限供给的条件下，突出和保证某一方面，势必产生体育的非均衡型发展。① 既往我国竞技体育发展主要围绕"奥运争光计划"进行，北京 2008 年奥运会后我国新制定了《体育事业发展"十二五"规划》，该规划第（十七）明确阐明"'十二五'时期竞技体育的发展目标是：继续实施奥运战略，夏季项目保持在亚洲领先，在奥运会上金牌数和奖牌数排名前列，巩固和扩大优势项目，强化潜优势项目，提高基础大项和集体球类项目整体水平，落后项目力争有所突破，冬季项目水平稳中有升"②。可见奥运项目与非奥运项目发展不均衡的态势将持续下去。

2. 促进城市竞技体育项目均衡发展的对策

（1）优化城市竞技体育项目结构

根据《体育事业发展"十二五"规划》中的有关规划，城市竞技体育项目需要不断优化项目结构，促进竞技体育均衡发展。

1）突出重点，保持巩固优势项目。纵观世界竞技体育发展的历程，创新对于竞技体育水平提升具有重大作用，因此我们必须重视创新对于保持巩固优势项目所具有的作用，发挥科技的保障促进作用，实现"科技兴体"。根据我国教练人员水平相对较低的现实，需要引入国际先进教练人员为我所用。

2）重视开发潜优势项目，使之成为新的金牌增长点。为此需要不断加大投入，坚持"请进来、走出去"，通过引入国外高水平教练人员，并学习国外先进训练理念与方法，促进我国运动员的竞技水平的提升。

3）通过改革训练管理体制、强化竞争机制、加强训练创新等手段，提升落后项目水平。

4）加大对田径、游泳等基础大项，集体球类项目和冬季项目的政策研究与投入，力争运动水平有所提高。

5）支持和鼓励各地方、各行业重点发展符合自身条件和特点的运动项目，优化布局，提高效益，形成地方优势和行业特色。我国幅员辽阔，人口众多，自然、地理、人文条件各异，竞技体育的发展表现出明显的区域性特征。③ 我国各个城市应当发挥自身优势，重点发展符合自身条件和特点的运动项目，优化布局，提高效益，形成地方优势和行业特色。如培养出杨威、李小双、李大双等多位奥运体操冠军的湖北仙桃市，目前投资 3 亿多元，筹建"中国体操之乡体育运动中心"，着力培养竞技体操后备人才。大连是我国知名的"足球城"，足球是大连市老少咸宜、广受欢迎的竞技体育项目。大连市培养出了郝海东等多位国脚，因此大连发展足球项目大有可为。青岛作为北京奥运会帆船项目比赛地，正在着力建设"帆船之都"，积极发展帆船运动。哈尔滨依托高纬度的地理优势，积极发展冰球等冬季运动项目。沈阳则借助帽儿山等国家级滑雪基地，发展雪上项目。

---

① 田雨普. 新中国 60 年体育发展战略重点的转移的回眸与思索 [J]. 体育科学, 2010, 30 (1)：3 - 9, 50.

② 政法司. 体育事业发展"十二五"规划 [EB/OL]. [2011 - 06 - 10] http：//www. sport. gov. cn/n16/n1077/n1467/n1843577/1843747. html.

③ 虞重干，刘志民，丁海勇. 我国竞技体育可持续发展的现状与存在的问题 [J]. 上海体育学院学报，2000, 24 (2)：8 - 12.

（2）大力发展冬奥会项目

1）树立正确认识。竞技体育具有多种功能，以往对于竞技体育的功能大多强调的是扬国威的政治功能。在迈向体育强国的后奥运时代，大力发展冬奥会项目时必须要拓展其多元功能，从而满足人民群众日益增长的多样体育需求，这是实现构建和谐体育的时代要求。还要发挥冬奥会项目在促进群众体育发展、加快体育旅游等体育产业进程所具有的重大功能与作用。

2）根据亚洲人的生理特点，积极发展短、小、巧类项目，如短道速滑、冰壶、男单板U型场地滑雪。我国近邻的韩国与日本在冬季奥运会以及其他国际赛事上，已经取得过辉煌的战绩，中国在冬奥会上也曾在这些项目中的某些小项上取得过一些奖牌，可见这些项目仍有较大的发展空间。

3）扩大开展项目的城市。目前我国冬奥会选手绝大部分都属于东三省选手，在积极推进冬奥会项目发展，培训奖牌增长点的过程中，必须继续坚持和不断完善举国体制，充分发挥举国体制优势，实现全国一盘局，统筹规划，积极推进北冰南展（在我国南方开展冰雪运动）、北雪西扩（在我国西部开展冰雪运动）、南冰北练（我国南方省市的冰雪项目到北方训练）和国冰外练（我国冰雪项目到国外训练），打破我国和南方省市开展冰雪运动"条件限制论"僵化认识，创新我国特别是南方省市开展冰雪运动新思路。① 具体而言，就是加快我国传统冬奥会项目中心城市哈尔滨和长春的训练、比赛中心建设，充分发挥其在冬奥会项目发展中的龙头作用；促进沿海的深圳、上海等大中城市有计划、有组织的承接东北过于集中的冬奥会项目人才。同时冬奥会项目产业化发展进程，以产业化为手段提高竞技水平，推动东北、西北、新疆等地的齐齐哈尔、西宁、乌鲁木齐等城市大力发展冬奥会项目。

（3）推进非奥运项目发展

推进非奥运项目发展，具有积极的意义。

1）奥运会项目的设立一直是一个动态变化的过程，非奥运项目可以向奥运项目转化。比如1896年首届雅典奥运会仅设立了田径、游泳、举重等9个大项，到2008年北京奥运会上共增加至28个大项。现代奥运会百年发展过程中，许多原先非奥运项目设立为奥运会比赛项目，例如亚洲传统体育项目——日本柔道、韩国跆拳道都列为奥运会正式比赛项目。又如2012年伦敦奥运会比赛项目为26个大项，比2008年北京奥运会少了2项，即棒球和垒球，新增全球产业化发展水平高的高尔夫球，以及在西方广受欢迎的橄榄球。因此为了实现我国体育强国的发展目标，要对奥运项目、非奥运项目进行统筹规划，推进非奥运项目发展，实现两者的双赢。

2）实现我国体育强国的发展目标，不只是在奥运会上争金夺银，在亚洲运动会以及其他国际大赛上也要争取优异成绩。亚洲运动会以及其他国际大赛许多项目都属于非奥运项目，如藤球和武术，因此我国也要大力发展非奥运项目。

3）推进非奥运项目发展是构建和谐体育文化价值体系的需要。国家体育总局群众体育司司长盛志国对此指出，目前体育硬件设施的缺乏和广大人民群众日益多元化的体育健身需求之间的矛盾是群众体育发展的主要矛盾。"非奥运项目"是民族传统文化传承的重要载体。

---

① 李宗浩，等．后奥运时期我国冰雪运动可持续发展战略研究［J］．武汉体育学院学报，2009，43（10）：13－19．

"非奥运项目"的蓬勃发展，调和了"竞技至上"的体育文化价值观，是构建和谐体育文化价值体系的重要环节，同时在促进不同形式的文化交流方面扮演着重要的角色。由于我国社会与经济发展的现状，"非奥运项目"是现阶段群众体育锻炼最为普及的体育项目，对于提高中老年人群的生存质量、促进新农村体育的发展、推进和谐社会的建设等方面都有着特殊的价值。[①]

推进非奥运项目发展需要国家、企业、第三部门共同协力。

从国家层面来看，第一，要从实现体育强国的发展目标的高度对非奥运项目给予积极的关注与重视，将一些非奥运项目纳入到市场经济下的举国体制之内，组织国家队参加亚洲室内运动会、世界运动会（World Games）等国际非奥运项目赛事；同时在国内积极扶持和发展全国体育大会等全国性的非奥运项目赛事，从而全面提高我国非奥运项目水平。第二，对于非奥运项目应与奥运项目一样，可随着国家经济发展，对于非奥运项目适当提高并给予经费投入倾斜，并可要求各级地方政府将非奥运项目纳入到财政预算中，并通过制度予以保障。第三，对于非奥运项目的发展，政府可以通过制定有效的公共政策予以支持。根据非奥运项目自身特点，政府以税收优惠、财政补贴等方式，大力引导社会中的企业以及第三部门投入各项资源于非奥运项目发展之中。第四，注重保障和提高非奥运项目从业人员的物质利益和精神利益。相对于奥运项目从业人员，我国的非奥运项目从业人员的物质利益并未得到政府的保障，不管是其工资收入还是其训练或参赛补助都远远低于奥运项目从业人员，特别是当许多非奥运项目缺少市场化、产业化发展前景和空间时，这些从业人员的生存就受到威胁，由此他们不能安心于提高自身竞技水平，而忙于在业务之外找创收，致使业务荒废。

从企业层面来说，借助非奥运项目进行体育营销，是一项投资少、回报大的经营投入。有研究表明，企业花费同样的投入进行广告宣传，选择体育赞助所能获得的宣传回报是常规广告的3倍。全球赞助总额的88%属于体育赞助，2010年，全球企业每年用于赞助体育比赛的费用超过了500亿美元。[②] 例如2004年10月，在惠州举行的TCL中国（惠州）亚太拉力赛暨全国汽车拉力锦标赛惠州站上，贵州百灵制药有限公司投资组建的咳速停车队成就霸业，登上年度总冠军的宝座。该公司老总认为：科技与激情打造的拉力赛，是企业宣传产品、展示形象的一个理想平台。高科技的赛车与色彩斑斓的广告图案融为一体，视觉上给人强烈冲击；特别是当飞驰的赛车穿越城市、乡村时，拉力车队就是一块流动的广告牌，将企业的信息、形象传递到途经的每一个城市、每一个乡村。与投钱在电视上做广告最大不同，赞助体育赛事有助于提升企业的声望与美誉度，并能帮助公司借助体育与客户、消费者建立一条情感的纽带。[③] 企业赞助扶持非奥运项目发展，既能推动企业发展又能实现非奥运项目发展，实为双赢的有效路径。

第三部门或非营利组织是当代社会治理多元主体中重要的一方，在后奥运时代，非奥运项目走向社会化、市场化、产业化离不开第三部门的介入，它将弥补政府对非奥运项目管理的缺陷，为非奥运项目市场化运作提供多元服务。

① 邓万先. 非奥运项目与我国群众体育的可持续发展［J］. 体育学刊，2010，17（12）：19 - 23.

② 鹿慰. 面对奥运商机——体育营销成企业必修课［N］. 消费日报，2004 - 06 - 23.

③ 龙飞歌. 贵州百灵制药的体育营销［EB/OL］. ［2011 - 06 - 05］http：//2008longtengfei. blog. 163. com/blog/static/14771292008390432 8649/.

3.2.4　重塑教练员与运动员关系

1. 教练员与运动员关系紧张的表现

根据本书的调查，有69.9%的被调查者认为教练员与运动员关系影响竞技体育和谐发展（见表3-12）。教练员与运动员关系紧张可以分为两种类型。

一种类型是教练员打骂、体罚运动员，导致教练员与运动员关系紧张。近来中国篮坛出现了3个事件，一是U19国青队因不满主教练范×打骂球员且从未改正，联名血书上告篮协，要求更换主教练范×，被媒体称之为"兵谏门"；一是北京女篮三队的队员因为在没吃饭的情况下被教练许××安排跑圈引发不满，随后全队及一、二线队员先后罢训；一是2011年全国男子篮球俱乐部U16联赛中，北京队主教练刘宏×在暂停中掌掴失误的7号队员王×。

另一种类型是运动员与教练员缺乏沟通、协商，导致运动员与教练员关系紧张。根据本书的调查，有38.4%的被调查者认为运动员与教练员之间较少存在协商与民主关系。例如2011年7月24日国家短道速滑队在青岛集训期间发生内部冲突事件，国家体育总局冬季运动管理中心经过了解和调查，认定冲突事件基本事实清楚，共有三点：一是违规，6名队员晚于规定时间归寝，违反了国家短道速滑队的队规；二是打人，运动员殴打领队；三是侵犯权利，不让其他运动员睡觉，侵犯了休息的权利。就此，冬季运动管理中心公布了两点初步处理意见：一是王×、刘显×两人停训，作出检查、认识问题；二是周×、刘秋×、韩××、梁××四人边训练边检查、并做出书面检查。[①]

表 3-12　教练员与运动员关系是否影响竞技体育和谐发展调查结果一览表

教练员与运动员关系是否影响竞技体育和谐发展	无影响	影响非常小	影响较小	影响较大	影响非常大	总 计
选择人数/人	8	7	7	18	33	73
占比/（%）	11.0	9.6	9.6	24.7	45.2	100.0

以上几个事件已经显现出目前我国竞技体育领域内教练员与运动员关系紧张，已经是竞技体育发展不和谐的音符。这些事件之所以出现，其原因有以下4点。

（1）训练、管理理念陈旧。范×、许××、刘宏×都曾经是优秀的篮球运动员，特别是范×是惟一从连队打出来的篮球国手，他的篮球生涯从业余队起步，又经历了部队联队、体工队、八一队、国家队、女篮主教练，直到国青主教练。成绩的背后是范×异于常人的努力，无论是八一队还是国家队，军事化管理和高压教育都是家常便饭。对于范×而言，吃苦挨骂不但是天经地义，甚至是成功的必经之路。成长环境对范×的影响，加之火爆的性格，多重原因造就了范×高压教育的执教手段。因此，范×不是变态暴力狂，他只是信奉"严师

---

① 刘向前.冬运中心公布冲突事件处理意见 王濛刘显伟停训［EB/OL］.http：//news.sports.cn/shorttrack/2011-07-29/2153910.html.

出高徒""不打不成器"。① 范×、许××、刘宏×等运动员退役后当上教练员，又将既往用于自身的训练、管理理念用于自己训练的年轻队员身上，忽视了这些年轻队员的生活环境、教育程度和理想追求。严格管理不等同于人性化管理，导致教练员与运动员之间容易出现紧张关系。

（2）训练模式落后，没有尊重运动员们的人格与身体健康，没有用科学的训练模式去培养运动员。

（3）举国体制下巨大的成绩压力作祟。在中国的传统观念中，宽松从来都不是教育的标准，"严师出高徒"乃至"棍棒出高徒"才是约定俗成。而举国体制下巨大的成绩压力，大大提升了尝试改变执教方式的风险成本。教练在成绩的压力下不得不在最短的时间里取得成果，那么部分教练就不断地向球员施压，加大训练量以期在最短时间内见效。范×、许×、刘宏×等教练员严格要求队员，目的都是为了出成绩。在功利性思维和战绩压力的驱使下，这些教练员只能拿起严厉的教鞭，驱赶孩子们加快前进步伐。②

（4）忽视对运动员进行素质教育。例如，冬季运动管理中心兰立副主任认为出现此次短道队青岛内部冲突事件有三方面的原因：一是素质教育缺失，政治素质、文化素质和专业素质在最近一段时期出现缺失；二是管理不严，管理上能迁就就迁就、能过就过、出现了是非不分；三是不懂基本的法律法规。②

2. 重塑教练员与运动员关系的对策

（1）重塑教练员与运动员关系

在当代中国，积极倡导的时代精神是以改革创新为核心的与时俱进、开拓进取、求真务实、奋勇争先。竞技体育欲要成为社会主义先进文化的传播者和创造者，欲成为时代精神的倡导者和先行者，在竞技体育人才培养方面就必须进行改革与创新。首先，教练员必须坚持以人文本，促进运动员的全面协调可持续发展，在训练过程中确保运动员心灵自由、身体健康，不能以有损运动员的人格以及身心健康来获得竞技成绩，这样才符合当下所提倡的人文关怀，才能促成和谐的局面。其次，在训练过程中，教练员应当积极进行创新，与时俱进、开拓进取，努力提高专业水平，打破既有的训练理念和训练模式的束缚和影响，提倡创新、开放的训练理念，实施科学训练模式。再次，对于教练员的工作绩效考核，放弃一切以成绩为标准的单一考核办法，避免教练员因成绩压力而过分严厉训练、体罚运动员。最后，提倡民主，将教练员和运动员视为具有同等权利的主体，避免教练员独断专行的家长作风，根据本书的调查，有89.0%的被调查者认为需要建立教练员与运动员民主协商关系。

（2）进行制度建设才是根本解决之道

1）对于教练员的行为出台相应的规章制度。例如"兵谏门"事件的主角范斌虽然受到篮协的处分，但是这一处分属于内部处分，人治色彩浓重，与当前依法治体的要求相悖。因此篮协等主管部门应该将相关规则制定得更详细一点，做到有法可依，同时也要严格执行，做到违法必究、执法必严。

---

① 麦卡，马路仔. 如何看待国青"兵谏门"［EB/OL］.［2011 - 07 - 29］http：//sports. 163. com/11/0412/22/71FNNO7C000502OI. html.

② 刘向前. 冬运中心公布冲突事件处理意见 王濛刘显伟停训［EB/OL］. http：//news. sports. cn/shorttrack/2011 - 07 - 29/2153910. html.

2）许多评论家认为如果对"兵谏门"、短道队青岛内部冲突事件所折射出来的教练员与运动员的矛盾对立关系，进行深层次的原因分析，可以发现体制弊病是其根本原因。举国体制虽然使我国成为竞技体育大国，更使我国在北京奥运会上登上奥运金牌榜的"头把交椅"，但是举国体制所具有的金牌至上的目标取向，使得教练员为追求成绩往往对运动员进行圈养式的长期集训，对越轨违纪或是不遵循教练指挥安排的运动员进行体罚和打骂。同时也因为举国体制，形成了单向发展、急功近利式的人才培养模式，忽视、忽略对运动员进行素质和法律教育，因此对于举国体制进行改革就成为解决教练员与运动员关系对立的根本之道。

3.2.5 强化运动员文化教育与保障，促进体育后备人才建设

1. 运动员文化教育与保障以及体育后备人才建设面临许多问题

根据本书的调查，有80.8%的被调查者认为城市竞技体育后备人才培养影响竞技体育和谐发展（见表3-13）。其中有84.9%的被调查者认为主要是因为许多独生子女怕吃苦，不愿意接受体育训练；有84.9%的被调查者认为家长觉得孩子从事竞技体育成材率太低，将来没有前途，因而影响了城市竞技体育后备人才培养；有87.7%的被调查者认为租借或买卖运动员参加比赛的做法妨碍城市体育后备人才培养。有76.7%的被调查者认为运动员文化教育影响竞技体育和谐发展（见表3-14）。其中有89.0%的被调查者认为在专业队内运动员的文化教育往往被忽略。有78.1%的被调查者认为运动员社会保障影响竞技和谐发展（见表3-15）。其中有57.5%的被调查者认为在训练或比赛中受伤严重的城市运动员得到救助不多；有89.0%的被调查者认为城市运动员退役后安置渠道较少；还有78.1%的被调查者认为较多城市竞技运动员退役后生活艰难。

表 3-13 城市竞技体育后备人才培养是否影响竞技体育和谐发展调查结果一览表

城市竞技体育后备人才培养 是否影响竞技体育和谐发展	无影响	影响 非常小	影响较小	影响较大	影响 非常大	总 计
选择人数/人	7	3	4	16	43	73
占比/（%）	9.6	4.1	5.5	21.9	58.9	100.0

表 3-14 运动员文化教育是否影响竞技体育和谐发展调查结果一览表

运动员文化教育是否 影响竞技体育和谐发展	无影响	影响 非常小	影响较小	影响较大	影响 非常大	总 计
选择人数/人	5	2	10	17	39	73
占比/（%）	6.8	2.7	13.7	23.3	53.4	100.0

表 3-15 运动员社会保障是否影响竞技体育和谐发展调查结果一览表

运动员文化教育是否 影响竞技体育和谐发展	无影响	影响 非常小	影响较小	影响较大	影响 非常大	总 计
选择人数/人	7	5	4	18	39	73
占比/（%）	9.6	6.8	5.5	24.7	53.4	100.0

2. 强化运动员文化教育与保障，促进体育后备人才建设的对策

必须重视运动员文化教育与保障工作，这对于推进我国城市竞技体育和谐发展所具有的重大意义。有 94.5% 的被调查者认为要强化运动员文化教育。因此需要推动《关于进一步加强运动员文化教育和运动员保障工作的指导意见》的贯彻落实。各级各类体育运动学校义务教育阶段，文化教育工作普遍纳入国民义务教育序列，形成较为完备的青少年运动员文化教育保障体系。采取切实措施，提高运动员的基础文化教育水平和质量，加强运动员在役期间的文化教育工作，根据运动员训练比赛任务重、流动性大等特点，创新教育模式，发挥国家队运动员文化教育的示范和引导作用。拓宽体育运动学校运动员培养输送渠道，积极协调教育部门，争取高等院校运动训练专业和民族传统体育专业单独招生向体育运动学校倾斜。继续落实和完善退役优秀运动员免试进入高等院校学习的各项政策，为运动员就学、就业创造条件。[①] 有 93.2% 的被调查者认为强化运动员文化教育需要推进体教结合，其具体对策可参见后文，此处不赘述。

3.2.6　促进体育赛事、体育项目与城市特色相符合

1. 体育赛事、体育项目与城市特色不相符合的现象存在

作为现代城市的文化产物，城市竞技体育赛事与项目发展必须要与城市特色相符合，这是实现竞技体育和谐发展的必然要求。有 57.5% 的被调查者认为城市竞技体育赛会与城市特色相符影响竞技体育和谐发展（见表 3 - 16）。有 68.5% 的被调查者认为与城市特色相符的竞技体育项目没有受到重视，有 94.5% 的被调查者认为应该大力发展与城市文化底蕴和城市特色相符的竞技体育项目。

表 3 - 16　城市竞技体育赛会与城市特色相符是否影响竞技体育和谐发展调查结果一览表

运动员文化教育是否影响竞技体育和谐发展	无影响	影响非常小	影响较小	影响较大	影响非常大	总 计
选择人数/人	9	8	14	27	15	73
占比/（%）	12.3	11.0	19.2	37.0	20.5	100.0

2. 促进体育赛事、体育项目与城市特色相符合的对策

首先要对城市特色进行整理和发掘，结合时代特征、城市现状以及城市市民的社会心理情况进行合理的筛选、补充、丰富和完善，然后根据城市特色选择适宜的体育赛事、体育项目。其次是对于大型体育赛事等需要精心设计体育口号。融合城市的独特文化个性、发展目标追求以及价值理念，通过简单而意蕴丰富的口号形式，广泛进行传播，促成城市市民的广泛认同和理解，并积极转化为实际的行动，既推动赛事开展，又能形成精神遗产，推进城市和谐发展。最后，促进体育赛事、体育项目与城市特色相符合是一个长期的过程，需要进行有效的规划，坚持实施，努力推进，才可能取得令人满意的效果。

---

① 政法司. 体育事业发展"十二五"规划［EB/OL］.［2011 - 06 - 10］http：//www. sport. gov. cn/n16/n1077/n1467/n1843577/1843747. html.

3.3　城市学校体育和谐发展

3.3.1　遵循新课标要求，设置相应课程内容

1. 学校体育教学内容与新课标要求差距较大的现象存在

和谐社会应是人的素质全面发展的社会。为了实现人的素质全面发展，教育承担着极为重要的作用。体育作为教育的重要组成部分，对于提高人的素质也具有极为重要的作用，因此需要进行不断的改革和创新，才能适应构建和谐社会的时代要求。在 1993 年我国颁布了推进素质教育的《中国教育改革与发展纲要》，自此以后我国学校体育就一直以实施全面素质教育作为指导自身行为的思想航标。特别是到了 2001 年，我国将已经存在数十年的学校"体育课"正式更名为"体育与健康课"，并同时制定和实施了新的《体育（与健康）课程标准》以及《普通高校体育课程教学指导纲要》，这两个新的课程标准即本书所简称的新课标。新课标的目标是实现学生的素质全面发展。由于学校体育的课程内容是体育教师进行体育教学的依据，同时也是学生学习体育知识与技能、培养体育兴趣与习惯的载体，并且当学校体育课程内容体现出科学、系统、衔接性强的特点时，才能发挥自身教育、教养和发展的教育功效，因此学校体育的课程内容也应以此目标为基准进行调整和适应。但就目前城市学校体育而言，大中小学体育健康课程内容与新课标的目标要求存在不符的问题，导致学校体育促进学生身心素质全面发展的作用弱化，具体体现为以下几方面。

（1）课程内容教学目标不太明确

我国城乡二元体制长期存在，导致体育教学资源相对丰富、教师人员素质相对较高的城市成为新课标要求下的体育课程内容实施的主要阵地。新课标根据社会的需求，综合体育学科的特点以及学生在不同年龄阶段的身心发展特征，由既往的增强体质这一单一或主要目标发展成为一个多元化的目标体系，该体系由 3 个递进层次的课程目标构成，即课程目标——领域目标——水平目标。由于多元化的目标体系具有多样性和层次性，不同地区、不同学校、不同教师对于多元化的目标体系的多样性和层次性具有不同的认知，导致在实际的实施过程中，我国城市学校体育中出现了课程内容教学目标不明确的问题，影响了学校体育自身的和谐发展。有 53.3% 被调查者对于现在的体育与健康课程到底教什么、学什么搞不清楚。同时，为了实现课程目标中的"培养运动的兴趣和爱好，形成坚持锻炼的习惯"的这一目标，导致现在城市学校体育存在着"去竞技化"的现象，足、篮、排等强调运动技术水平和运动技术能力的竞技运动被排斥于体育课程内容之外，一些仅能够娱乐但是对于学生体质增强并无大裨益的娱乐或休闲体育项目成为体育课程内容，让学生体质有逐年下降的风险，这已经成为学校体育发展面临的一个重要问题。又如为了追求培养学生的体育兴趣，少数学校体育的课程内容教学目标转移至创设"美、趣、智"的学习情境，过分追求形式导致追求学生健康的本体价值目标的偏移，无法形成形式与效果的统一。

（2）课程内容不够丰富

70.3% 的被调查者对于体育课程内容是否影响学校体育和谐发展持肯定态度（见表 3-17）。同时有 70.3% 的被调查者认为当前体育课内容陈旧、教法落后，这主要是因为以往学校体育课程内容主要围绕增强学生体质这一主要目标，由国家制定统一的教学内容来加以实

施。这些课程内容主要是围绕提高学生跑、跳、投能力的田径、足、篮、排、体操和武术等若干有限项目，学生在学习过程中往往感到单调、乏味并与现实脱节。例如铅球虽然能培养学生的爆发力，但是由于其动作枯燥并与学生的现实生活并无多大关联，因此很多学生并不喜欢。但是由于体育教师对于新的教学模式和教学内容的学习和实施存在时间要求，使得既往的体育教学模式与教学内容体系具有一定的延续性，导致许多不适宜时代要求的课程内容目前还在盛行。

表 3-17　体育课程内容是否影响学校体育和谐发展调查结果一览表

运动员文化教育是否 影响竞技体育和谐发展	无影响	影响 非常小	影响较小	影响较大	影响 非常大	总计
选择人数/人	12	8	29	66	50	165
占比/（%）	7.3	4.8	17.6	40.0	30.3	100.0

有 42.4% 的被调查者认为由于目前存在体育中考，导致长跑等活动成为体育课以及课余体育活动的主要内容，学生虽然不喜欢但出于中考压力也不得不参加。大学公共体育由于存在达标与否与毕业直接相关的硬性规定，大量竞技体育项目仍然成为大学生不得不参与的体育项目。此外，随着时代发展和东西方文化交流的日益密切，休闲体育、娱乐体育、轻体育、时尚体育、极限体育等新兴体育逐步在城市中流行，学生对于这些新兴体育具有浓厚的兴趣，大多希望学校能够开展这些新兴体育，但就目前而言，将新兴体育引入学校体育的速度和范围还是小于学生的期望。与其他课程相比，体育课程属于依赖学生兴趣开展的课程，如果课程内容贫乏，必然无法激发学生运动兴趣，从而不可能促进学生积极、主动的进行课程学习并进而影响学习效果。

（3）课程内容教育功能弱化

由于城市学校体育的目标是一个多元化的目标体系，从而导致学校体育的功能也延展至运动参与、运动技能、身体健康、心理健康和社会适应等 5 个领域，呈现多样化的特征。目前城市学校体育课程内容教育功能缺失现象比较严重，出现这一现象的成因有以下 4 条。

1）健康教育功能弱化。由于新课标只对课程内容选取的原则与范围进行了相关规定，并无具体规定的教学内容，因此造成许多适应了统一规定具体教学内容的体育教师，不知道在新课标的情境下如何组织和实施教学内容，容易出现将教学目标和大纲等依据新课标进行修订与更新，实际课程内容却照旧的"里外两层皮"现象；又或是不求甚解将健康知识内容与原有的课程内容进行简单的叠加；甚或将健康知识内容与原有的课程内容进行分离教学，而未能进行有机整合并渗透入体育课程教学的各个环节，从而直接影响学校体育的健康教育功能的发挥与实现。例如近几年来我国城市中小学学生的体质健康测试数据表明中小学学生体质健康呈现出逐步下降的趋势，虽然这与学生学习紧张、缺乏锻炼以及不良生活方式有关，但是学校体育课程中健康教育功能的弱化、缺失也是成因之一。因而时至今日，虽然新课标推行也有一段时间，但是本书调查发现，还是有 32.1% 被调查者表示自己虽喜欢体育，但不喜欢体育课。

2）心理健康教育功能缺失。体育对于培养学生心理健康具有一定的教育功能，体现为学生通过参与各项体育活动，能够有效的消除因学习压力所带来的紧张、焦虑；同时体育也能充当疏解学生之间矛盾的安全阀，学生通过体育活动发泄其内心的冲动、烦闷和单调，更能展现学生的技能、能力，满足其对成功的渴望。目前我国学校体育课程心理健康教育功能缺失主要是因为，长期以来我国学校体育工作者对于学校体育的教育功能主要还停留在注重其生理功能的这一层面上，对于陶冶学生的情操，锻炼学生的意志的心理健康教育功能并未充分认识，即使在新课标的要求下逐步增设开发课程内容的情志教育功能，也因教学方法、方式与手段的单一，而不具有良好的效果。

3）社会适应教育功能减弱。体育作为人类创造出来的文化，具有丰富的文化内涵。这些文化内涵对于改变人们对体育的偏见从而对体育形成正确的态度和认识，启迪人生，培养奋发上进的精神具有不可估量的作用。以往的学校体育主要注重体质的提高，而对于学生较少进行有关体育文化方面教育。

4）文化传承功能减弱。体育不论是竞技体育项目还是民族传统体育项目抑或游戏都是人类文化的结晶，蕴含着民族文化特色、内蕴以及奋斗、进取的体育精神，所以在学校体育课进行有关方面的教学，是一项极为重要的工作。但是当前由于片面注重对学生进行运动技能的教授以及实施各种促进学生体质健康的教学手段，导致学校体育课程的文化传承功能的缺失。

2. 遵循新课标要求，设置相应课程内容

（1）明确课程内容的目标

有89.7%的被调查者认为体育课程内容要与新课标相符。城市学校体育工作的出发点和归宿是课程目标，针对目前城市学校体育中的课程内容教学目标不明确的问题，学校必须明确课程内容的目标。首先，要认识到其指导思想主要是"健康第一"和"终身体育"，学校体育课程内容应围绕这两个主要指导思想进行有效构建。其次，新课标已经指出课程目标体系由课程目标——领域目标——水平目标等3个递进层次的目标构成，课程目标体系应围绕"健康第一"和"终身体育"，突出课程目标中的"掌握和应用基本的体育与健康知识和运动技能""培养运动的兴趣和爱好，形成坚持锻炼的习惯"等基础目标，在立足完成基本课程目标基础之上，追求完善更高层次即发展层次的目标。循序渐进，拾级而上才是有效实现课程目标的路径与手段。再次，适应城市的社会需求，围绕帮助学生构建适应城市的健康生活方式、生活态度等课程目标进行改革和创新。

（2）丰富和改进课程内容

有95.2%的被调查者认为应当丰富课外体育活动形式与内容。城市作为现代体育的发源地，竞技体育、社会体育、学校体育均发生、发展于城市，学校体育在其发展过程中不断与竞技体育、社会体育进行交融。以往我国学校体育追求增强学生体质的教学目标，因此能够强化学生体能、增强学生体质的竞技性运动项目纷纷进入到学校体育课程内容体系之中，形成了"竞技体育教材化"的格局。目前由于强调"健康第一"，许多学校的体育课程内容出现了"去竞技化"的趋势，开始排斥竞技运动技能的教学。但是学校必须认识到新课标明确强调体育与健康课程以身体练习为主要手段，并在五个学习领域中设立了运动技能的学习领域目标，据此可见，新课标仍然强调运动技能是课程的主要学习内容之一。体育教师不能简单的摒弃竞技性运动项目，而是在深入了解学生兴趣爱好的基础之上，选择与学生生活经验相联系并能有效促进学生身心健康发展的竞技性运动项目，通过创造性的改造，简化竞技性运动项目的规则，同时降低竞技性运动项目的技能难度和运动强度。例如三对三街头篮球就是对传统的五对五全场篮球进行了规则简化、降低了项目运动难度，增强了场上球员的参与度，因而深受学生喜欢，在青少年奥林匹克运动会以及全国体育大会上都设有这一项目。随着时代的发展，休闲体育、娱乐体育、轻体育、时尚体育、极限体育等新兴体育逐步在城市中流行，喜欢尝试、乐于体验的学生对于这些新兴体育具有浓厚的兴趣，大多希望学校能够开展这些新兴体育，因此学校应根据自身条件和师资条件有目的性的引入。例如我国的地质类大学如中国地质大学（武汉）、成都理工大学从专业特性出发，设置了攀岩等户外活动项目深受学生的喜爱，并在国际、国内的多项比赛中获得了良好的成绩。

（3）树立素质教育观念，注重课程教育功能的发挥

有95.8％的被调查者认为学校要真正树立素质教育的理念，这有赖于课程教育功能的发挥。当前我国新课标所规定的5个学习领域分别是运动参与、运动技能学习、身体健康、心理健康、社会适应，从而表明课程教育功能也应体现于这些方面，呈现多重教育功能。近年来，大学生中由于学业、恋爱、就业等引发的自杀和他杀恶性事件多次出现。因此就目前我国学校体育而言，学校体育课程对于学生的心理健康以及社会适应能力的培养还存在许多不足。因此为了发挥课程内容的多重教育功能，今后必须重视学校体育课程对于学生的心理健康以及社会适应能力的培养，通过体育课程的有效设计，增设一些能提升学生抗挫折能力以及提高意志品质和团结合作的课程内容。此外，不容忽视的是学校体育课程的教育功能还应包括发挥传承体育文化的功能。竞技运动项目是人类体育文化的主体，也是人类所创造的宝贵文化遗产。我国成功举办北京奥运会后，有关奥林匹克运动的体育文化知识以及奥林匹克运动项目的传承成为当前我国学校体育的热点工作。

另外，我国作为具有悠久历史文化传统的文明古国，各项民族传统体育项目成为中华民族宝贵的文化遗产。作为祖国未来建设者的学生，有必要在学校学习阶段进行有意识的参与、学习从而将民族传统体育项目进行传承，并从参与和学习民族传统体育项目中获得各项教育受益。例如上海第二工业大学以龙舟特色体育运动项目为抓手，开展了"爱国家、爱学校、爱集体"为主题的龙舟文化系列活动，传承民族体育精神，弘扬"团结协作、顽强拼搏、齐心协力、永往直前"的奋斗精神。2006年校龙舟队建立以来，获得香港回归十周年国际龙舟邀请赛大学生组铜奖等一系列殊荣，成为令人瞩目的学校体育工作亮点工程。

3.3.2　扩大体育课程资源增量，缓解城市学校体育发展瓶颈

1. 体育课程资源不足

体育课程资源是体育课程设计、编排、实施、评价等整个体育课程发展过程中可以利用的一切人力、物力及其它资源的总和，是实现体育课程目标的基石。[①] 目前学界对于体育课程资源如何进行分类具有多种认识，本书比较认可李龙正的观点：体育课程资源可以按物质的与非物质的分为两个大类，再将非物质的分为体育课程思想资源、体育课程知识资源和体育课程经验资源3种；物质的分为体育课程人力资源与体育课程物力（财力）资源两种。[②] 目前我国城市学校体育发展瓶颈主要就是体育课程资源量不足。

---

①　刘贺．对学校体育课程资源开发利用的探讨［J］．浙江体育科学，2004，26（3）：53-56.

②　李龙正．体育课程资源的分类研究［J］．北京体育大学学报，2006，29（3）：382-384.

（1）体育课程人力资源不足

体育课程人力资源主要包含体育教师资源和学生资源，其中体育教师是体育课程人力资源的主体，也是体育课程资源中最为重要的资源类型。根据本书调查，学校体育教师数量与质量对于学校体育和谐发展具有很大影响（见表3-18）。目前我国体育教师资源出现了许多问题，影响了城市学校体育的发展。

表3-18　体育教师数量与质量是否影响学校体育和谐发展调查结果一览表

运动员文化教育是否影响竞技体育和谐发展	无影响	影响非常小	影响较小	影响较大	影响非常大	总计
选择人数/人	11	13	21	62	58	165
占比/（%）	6.7	7.9	12.7	37.6	35.2	100.0

1）体育教师资源数量不足，部分质量也较差。根据本书调查，有25.8%的被调查者认为当前学校体育教师人数不足。我国城市体育教师数量不足的问题长期存在，特别是在高校这一问题更加突出。根据有关研究数据，目前许多高校的体育教师与学生的师生比远低于国家所规定的1：150的要求。根据2009年《中国教育统计年鉴》，当前全国中小学体育教师缺口32万。如果按照2011年我国政府工作报告中所提出的"保证中小学生每天一小时校园体育活动"的规定，我国中小学体育教师缺口会更大。[①] 除了体育教师数量不足之外，目前体育教师的质量也存在问题，有32.1%的被调查者认为当前学校体育教师教学能力欠缺。主要体现在教师学历结构低下，特别是高校，教师主要还是本科学历，硕士以上学历比例也较低，具有博士学历或海外留学或培训经历的教师更是缺乏。同时在教师职称结构上正高、副高等高级职称的教师较少，讲师、助教等中初级职称的教师较多。此外，许多学校出于编制数量限制，纷纷聘请代课老师以及具有一定体育基础的其他学科教师担任体育教师，从而导致体育教师整体专业素质下降。由此可见，城市学校体育教师队伍数量不足，同时专业素养不高，因而不能满足新课标的要求。

2）体育教师的课程资源开发、利用的能力不高。作为学校体育课程的实施者、组织者，体育教师对课程资源的开发与利用的能力的高低直接影响体育课程的质量。由于许多体育教师过去习惯于根据教学大纲和教材所规定的课程内容进行教学，并形成了事实上的路径依赖，即只会僵硬地执行教学大纲，教授固定的教材内容，并没有开发课程资源的意识与能力。事实上，由于新课标赋予体育教师开发和利用体育课程资源，充实课程教学内容的自主权利，面对学生喜欢体育但是不喜欢体育课的尴尬情境，体育教师有必要通过开发和利用体育课程资源从而使体育课变得生动有趣、富有成效。另外，虽然体育课程资源具有很高的开放性，即各类课外体育活动、课余体育训练、学校运动会及其他体育赛事，如节庆、竞技体育赛事、社区体育活动，体育媒体等都可以改造成为学校体育课程资源，但是如何依据具体情况有效甄选、改造这些课程资源，对于体育教师而言是一大难题。这是因为新课标颁布的时日尚短，许多体育教师走上工作岗位的时日又较长，因而其职业教育和在职培训都较少涉

---

① 《焦点访谈》.让孩子快乐生活健康成长（一）确保锻炼一小时［EB/OL］.http：//news.cntv.cn/china/20110601/111421.shtml.

及课程资源开发与利用的内容，造成其课程资源开发与利用的能力不高。

此外，体育课程人力资源还包含学生资源，以往学校体育课程是以教师为主体，学生被动学习，造成两者缺乏互动，学习效果不好。为了实现新课标要求，学校体育课程人力资源开发应当重视学生资源的开发。

（2）体育课程物力资源长期不足

体育课程物力资源不足是制约学校体育和谐发展的重要因素。

1）体育课程设施资源不足。根据本书调查，学校体育场地数量与质量影响学校体育和谐发展（见表3-19）。有49.1％的被调查者认为当前学校体育场地设施数量仍然存在不足。究其原因，高等院校由于连年扩招导致学生数量激增，而体育场地设施的增量却相对缓慢，导致人均体育场地设施数量日益减小。城市中小学由于农民工子弟入学数量逐渐增加，而体育场地设施等政府投入却未增加，导致体育场地设施等体育课程物力资源缺口日渐明显。此外许多中小学都处于城市中心区域，校园面积狭小，导致体育活动场地不足，在现有基础上让学校"螺丝壳里做道场"增设体育场地设施难度很大，也导致体育场地设施紧张问题日益突出。另外，体育场地设施还存在结构性矛盾，许多学生喜欢的项目如篮球，由于参与项目的学生较多，导致场地设施相对紧张，而排球场则使用率较低。攀岩、游泳等项目由于场地设施造价高昂，虽然深受学生喜爱，但是许多学校却因经费紧张而不能增设。同时有些学校的体育场馆由于开放时间仅限于体育课，开放人群仅限于体育专业学生，加之课余面对社会进行有偿服务，对学生也进行收费，导致体育场地设施不足的矛盾日益突出。

表3-19　体育场地数量与质量是否影响学校体育和谐发展调查结果一览表

运动员文化教育是否影响竞技体育和谐发展	无影响	影响非常小	影响较小	影响较大	影响非常大	总　计
选择人数/人	10	6	28	59	62	165
占比/（％）	6.1	3.6	17.0	35.8	37.6	100.0

2）体育课程财力资源不足。开展学校体育活动必须要有一定的财力经费予以支持。体育课程财力资源的来源除政府下拨的经费之外，还有社会以及学校经费，但是长期以来我国各级各类学校对于引入社会财力资源发展学校体育存在意识、能力上的不足，加之学校作为事业单位经费也长期面临不足的问题，导致财力资源来源单一化。就目前而言，由于我国财政支出的教育经费总体不足，导致我国城市中各级各类学校开展学校体育所需的经费长期存在不足。

（3）体育课程思想资源不完善

目前从事学校体育工作的体育教师，相对来说，其体育专项技能与体育教学技能较高，但其体育人文思想素养普遍偏低。究其原因在于：一是我国体育师范教育中有关体育哲学与体育人文思想的课程是在近几年才出现在专业教育课程之中，许多参加工作多年的体育教师并没有接受过相关课程的培训，新近参加工作的体育教师也大多是将相关课程作为选修课程或辅修课程进行学习，相关知识学习的并不扎实、系统。二是我国学校体育工作长期以来都存在着重视教师专项技能与教学技能、忽视人文素养的倾向，对于教师的在职培训也主要是以提高专项技能与教学技能为主。三是体育教师本身的文化素质水平相较其他学科教师就存在先天的弱势，对于体育哲学与体育人文思想素养等需要思辨、理论型较强的知识学习起来存在许多困难。

（4）体育课程知识与经验资源不足

体育与健康课程是一个融合了健康知识、运动技术知识、体育人文社会知识等多种知识为一体的综合性课程。体育教师必须掌握以上知识，才能有效把握教学的主体和教育的全过程，从而实现体育与健康课程的教学任务。对于今天的体育教师而言，首先，要在掌握现代教育理论的前提下，具有体育与健康课程所需要的扎实系统的专业知识及精湛的专项技术，同时也需要具备包括健康知识、体育人文社会知识在内的广博深厚的相关知识体系，从而形成综合性立体式的知识结构。其次，体育教师还应该具有知识的交叉渗透以及理论联系实际的知识运用能力。但是目前我国体育教师大多都只是掌握了专业知识、专项技术，并未形成体育与健康课程所需的综合性立体式的知识结构。在体育课程经验资源方面，目前存在主要问题是主要注重开发和利用体育教师的经验资源，对于学生这一主体所拥有的经验资源以及其他课程教师所拥有的经验资源开发和利用不足。

2．扩大体育课程资源增量，缓解城市学校体育发展瓶颈

（1）增加体育课程人力资源

由于体育教师人力资源是最重要的体育课程资源，因此必须多重手段并举提高体育教师人力资源数量与质量。有83.0％的被调查者认为需要增加学校体育教师数量，加强体育教师培训力度。

1）从全面提高学生素质、健康第一的战略高度重视学校体育工作。有46.7％的被调查者认为当前学校领导对于体育工作不重视，因此需要学校领导改变态度，重视学校体育工作。一方面，依据《国家学校体育卫生条件试行基本标准》等所规定的师生比例要求，重新核定学校体育教师的编制指标，从而从根本上解决体育教师人力资源数量不足的问题。另一方面，要对现有体育教师人力资源存量进行挖掘和开发，积极发掘这些教师的潜力以及激发他们工作的积极性和创造性，从而达到增加体育课程人力资源的目的。此外，由于目前许多城市的高校都以大学城的形式在一定地理空间集聚，因此可以对体育课程人力资源实施共享，通过大学城内的区域网将各院校的体育教师信息输入到校级教师互聘系统平台上，各校可以根据现实情况，选聘高水平的兼职教师从而弥补教学和训练所需体育教师人力资源不足。

2）努力提高体育教师人力资源的质量，可以通过入职前的全方位测试，考查拟引入人员是否为学校引入所需要的高质量的师资。同时要加强对教师的职前岗位培训和在职培训，使教师不断学习和掌握新的知识与技能并逐步提高自身的理论及体育人文素养。鼓励体育教师攻读硕士、博士学位，同时学校创造条件让一些骨干教师能够在国外进行培训，了解国外最新的体育与健康课程教学理念与方法等。

3）积极拓展和利用体育课程的学生资源。一些具有一定体育特长的青少年学生是学校体育发展过程中可资开发和利用的资源。应积极培养和引导他们参与体育课程，并有效配合教师进行课程教学活动，开展各种类型的体育活动竞赛以及进行体育健康知识宣传。同时将他们培养成体育骨干，积极配合教师发动和指导同龄人进行体育锻炼、竞赛和课余（校外）体育活动。因此有效开发学生资源，不仅有利于教师开展学校体育，还有利于锻炼和提高学生，培养他们的体育能力与组织能力，同时还可以形成有利于学校体育发展的良好氛围，进

而营造出健康向上的和谐校园文化。

（2）多方位扩充课程物质资源

有93.9％的被调查者认为当前需要增加学校体育场地设施数量并提高质量。因此针对高校连年扩招造成学生数量激增，人均体育设施数量不足的现实，应做好下述几点。

1）要积极投入新建、扩充、改造体育场地设施，特别是新兴体育课程所需要的体育场地设施。

2）在城市大学城构建新校区的高校，应由有关部门进行规划协调或是由各高校成立协调委员会，就体育场地设施进行规划，实现各个高校体育场地设施的合理定位和错位发展，各个高校体育场地通过有效的教学编排实现场馆互用，从而提高体育场地设施的使用效率。

3）通过大学城内的校级网络，建立体育课程信息资源平台，即将体育课程选课系统、体育健康知识信息平台集合到一个网络信息平台，大学城内的各高校学生能够通过体育课程信息资源平台选择自己喜爱的体育课程，接受体育健康知识宣传。

针对目前城市中小学农民工子弟入学数量日益增加的现实，教育局等有关部门必须针对这一新情况提出有效的新举措，如增拨办学经费、追加特殊补助等扩充学校体育场地设施等课程物力资源。针对许多处于城市中心地段的中小学校园面积狭小的情况，新建、扩充、改造小型多功能的体育场地设施。同时也需要学校能够借助社会上如社区的体育课程物力资源为己所用。把握住新课标的时代要求，从健康第一出发，依据学生的体育兴趣爱好，合理调整、改造或新设体育场地设施，解决体育场地设施结构性矛盾。各地在国民经济发展，财政收入增加的情况下，合理增加教育经费投入，同时鼓励社会捐资助学，学校通过多种渠道筹措教育经费。

（3）弥补体育课程思想资源不足

首先，针对新课标的要求进行体育高等师范专业课程改革，积极增设有关体育哲学、体育人文思想相关课程知识，扩大此类课程的选修学分。同时对体育师范生进行多方位的人文素质、素养培养，使得体育师范生具备深厚的体育哲学、体育人文思想素质与素养，从而有利于这些体育师范生在日后走上体育教师工作岗位后，有效的推进和实施体育（与健康）课程。其次，转变对体育教育师资人才的观念与认识，认识到在新课标要求下，体育教育师资除了具备扎实的专项技能与教学技能之外，还应具有深厚的人文素养，不论是职前还是在职，体育教师都应该注重对人文素养进行培养和提高。最后，对于体育哲学与体育人文思想素养等需要思辨、理论型较强的知识采取多种教学方式、方法，从而提高教学和培训的效果。

（4）强化体育课程知识与经验

首先，要在掌握现代教育理论的前提下，从构建综合性立体式的知识结构的目的出发，对于体育师范生既要传授体育与健康课程所需要的扎实系统的专业知识及精湛的专项技术，同时也需要传授包括健康知识、体育人文社会知识在内的相关知识。同时在职培训也应以构建综合性立体式的知识结构的目的出发，重点突出新兴知识的传授和学习。其次，注重开发和利用体育教师的经验资源，通过以老带新，师傅带徒弟等形式由老教师向新进教师或年轻教师传授多年积累的教学经验，同时注重多个学科交叉，积极借鉴和利用其他课程教师所拥有的经验资源。

3.3.3 落实各项学校体育活动，使之真正成为体育课程一部分

1. 各项学校体育活动落实情况堪忧

(1)"学生每天锻炼一小时"尚未完全落实

1951 年 7 月，政务院颁布的《关于改善各级学校学生健康状况的决定》明确规定："学生每日体育、娱乐活动或生产劳动时间，除体育课及晨操或课间活动外，以 1 小时至 1 小时半为原则。"① 自此以后我国曾多次出台相关政策。1990 年国务院颁布了《学校体育工作条例》，该条例明确规定要保证学生在学校每天 1 小时体育锻炼。在我国学生体质健康水平不断下降的情况下，2007 年国务院又颁布了《关于加强青少年体育增强青少年体质的意见》，意见明确要求全国中小学生，要确保每天 1 小时体育锻炼时间。在 2011 年首次将保证中小学生在校每天体育活动 1 小时列入政府工作报告中。然而教育部全国中小学体育教学指导委员会委员马凌指出，全国目前能够达到每天 1 小时体育活动的学校在 20% 左右，有 40% 的中小学生每天锻炼不到 0.5 小时。② 有 50.9% 的被调查者认为"学生每天锻炼一小时"尚未完全落实。

(2)阳光体育运动长效机制尚未形成

有 53.9% 的被调查者认为由于目前我国学校阳光体育运动长效机制尚未形成，导致阳光体育运动流于形式。同时在"首届中国青少年体质健康论坛"上，教育部体育卫生与艺术教育司司长杨贵仁出示了一组数据：最近一次全国青少年体质健康调查报告表明，学生肥胖率在过去五年内迅速增加，25% 的城市男生是"胖墩"。眼睛近视的比例，初中生接近 60%，高中生为 76%，大学生高达 83%，以北京市为例，学生的身高、体重、胸围等形态发育指标持续增长，但肺活量、速度、力量等体能素质持续下降。③ 由此可见当前青少年普遍存在视力不良、体重超重及肥胖等问题，体质水平持续下滑，青少年健康问题值得全社会予以关注。我国第一次全国学校体育工作会议于 2006 年 12 月召开，并在会议上出台了《关于进一步加强学校体育工作切实提高学生健康素质的意见》，会议通过了由教育部、国家体育总局、共青团中央联合倡导的《关于开展全国亿万学生阳光体育运动的通知》。

所谓阳光体育活动，就是让学生走出教室，走进大自然，走到阳光下，沐浴阳光的温暖，享受运动的快乐，满足青少年在自然环境中快乐与健康成长的基本要求。④ 阳光体育运动与体育课教学、课外体育活动相结合，以"达标争优，强健体魄"为目标。阳光体育运动是国家高度重视青少年体质健康问题，努力提高青少年体质的重大战略举措，它是新的历史条件下我国各级各类学校体育活动的新形态，具有长远性、长期性的特征，因此阳光体育运动的发展需要长效机制的保障。但是目前推动我国城市各级各类学校开展阳光体育运动的长

---

① 百度百科．课外体育活动 [EB/OL]．[2011 - 07 - 09] http：//baike. baidu. com/view/3617948. htm.

② 《焦点访谈》．让孩子快乐生活健康成长（一）确保锻炼一小时 [EB/OL]．http：//news. cntv. cn/china/20110601/111421. shtml.

③ 周兆军．中国青少年体质近 20 年持续下降 [EB/OL]．[/2011 - 07 - 19] http：//old. hnedu. cn/web/0/200608/21095127890. html.

④ 冯唯锐，徐蕾．"阳光体育运动"解析及高校实施的策略研究 [J]．首都体育学院学报，2008，20（4）：13 - 16.

效机制尚未形成，具体体现为：在思想理念上，长期固守传统的体育教育理念，受到旧有的体育教育模式条条框框的限制，实施的体育教学内容陈旧落后，不符合当前学生的兴趣爱好，并与时代脱节。在组织保障上，由于体育师资队伍在学历、职称结构、基本素质等方面存在不足，加之不重视师德与教师专业技术水平能力的在职培训与建设，从而导致阳光体育运动实施面临着组织保障不力的难题。在制度保障与管理上，由于作为一项系统工程，阳光体育运动需要各级各类学校建立相应的管理组织机构与规章制度确保其实施，但是目前城市学校尚未建立健全管理组织机构与规章制度。在经费保障上，阳光体育活动既结合体育课教学又结合课外体育活动，需要一定的人员、物质的经费投入才有可能有效实施，但许多城市学校体育经费本来就不足，导致经费保障不力。

（3）课外体育活动存在许多问题

课外体育活动是指学生利用课余时间参与的，以锻炼身体、愉悦身心为目的的体育活动。[①] 课外体育活动作为学校体育的有机组成部分，肩负着培养身心全面发展的人的任务。本书调查发现，课外体育活动对于学校体育和谐发展具有一定影响（见表3-20），但目前我国城市大学课外体育活动存在许多问题，一是学校对于大学课外体育活动缺乏有效的组织与管理。针对大学课外体育活动参与主体具有较强的自主意识与能力的现实情况，以学校或院系学生会为主要主体构成的组织应对不足。如大学生参与容易发生安全事故的体育活动时，如自行车、户外探险、野营、远足等。二是大学课外体育活动项目竞技化、陈旧化。如各类俱乐部活动仍是以三大球、健美操、武术、田径为主，大学生喜爱的自行车、户外探险、野营、远足等项目由于师资所限，尚不能展开。

表3-20　课外体育活动形式、内容是否影响学校体育和谐发展调查结果一览表

运动员文化教育是否影响竞技体育和谐发展	无影响	影响非常小	影响较小	影响较大	影响非常大	总计
选择人数/人	9	11	25	65	55	165
占比/（%）	5.5	6.7	15.2	39.4	33.3	100.0

中小学课外体育活动存在的问题也比较多，一是课外体育锻炼组织化程度不够。有54.5%的被调查者认为目前由于受到升学压力的驱使，学校很少组织学生参与课外体育锻炼，学生多是以自发形式参与课外体育锻炼。二是中小学运动会或体育节学生参与面不足。作为中小学课外体育活动重要组成部分的运动会或体育节在城市中小学普遍存在参与面不足的情况，突出表现为运动会或体育节主要是体育特长生等少数学生参与，绝大多数学生沦为看客，失去了运动会或体育节全员参与的原有之意。三是中小学体育比赛活动开展较少。四是课外体育活动项目单一。五是为了规避学生参与课外体育活动发生安全事故的风险，许多学校的课外体育活动都流于形式。例如有媒体报道我国北京一些中小学曾发生过拆卸单杠等体育器械，避免学生体育锻炼出现危险的事例。

就大课间而言，一是中小学大课间内容安排设计单调乏味、活动场地缺乏。我国城市中

---

① 百度百科．课外体育活动［EB/OL］．［2011-07-19］http://baike.baidu.com/view/3617948.htm.

小学大课间活动时间一般设置为 25～30 分钟，在这样较为短暂的时间内，许多学校一般只设置广播体操、眼保健操和一般性跑跳活动，活动内容单调乏味，缺乏校本特色活动以及体现地区特点、民族特色活动。二是实施大课间活动所需的场地设施不足并存在安全隐患。根据本书调查，有 38.8% 的被调查者认为学校提供的措施有时不能完全保障学生上体育课和开展体育活动时的安全。目前我国城市中小学实施大课间活动普遍存在场地设施不足的问题，由于场地设施不足加之学校并未进行有效的布局规划，导致学生数量远远超过场地设施的负荷量。三是教师对于大课间存在抵触心理。文化课老师觉得大课间占用课堂学习时间，影响学生学习。体育课老师觉得大课间需要工作时间投入，增加了自身的工作量。

2. 落实各项学校体育活动，使之真正成为体育课程一部分

（1）多种举措并举，落实"学生每天锻炼一小时"

一是强化落实"学生每天锻炼一小时"的意识。从"学生每天锻炼一小时"的历史沿革中可以发现由于学生体质健康逐年下降，"学生每天锻炼一小时"已经从教育部门的文件变成体现国家意志的法规制度，从加强学校体育工作的指导意见转变为增强我国青少年体质健康的战略决策。"每天锻炼一小时，健康工作五十年，幸福生活一辈子"，为了实现学生的身心健康，我国政府着力将"学生每天锻炼一小时"形成制度，从而促进学校重视体育工作。由于学校体育课依据《体育（与健康）课程标准》展开，有制度、师资、场地设施等资源的保障，因而基本能够实现。但是大课间体育活动和课外体育活动由于没有被纳入学校体育课程计划，因而导致其实施开展保障不力，所以需要通过正式纳入课程计划，落实"学生每天锻炼一小时"。例如 2011 年 6 月 4 日北京市教育局召开"保证中小学生每天一小时校园体育活动"座谈会。在这次会议上有关职能部门表示北京市将采取多项措施加强学校体育工作，学校课间操、体育课、课外体育活动以及大课间活动将正式纳入课程表，并计划将每天的大课间体育活动时间延长 5 分钟，保证中小学生每天一小时体育锻炼。①

二是加强对"学生每天锻炼一小时"工作的领导与督导。"学生每天锻炼一小时"工作需要各级领导予以重视，通过统一领导来协调工作，并建立责任制，将各项工作落到实处。另外，落实"学生每天锻炼一小时"需要建立健全学校体育工作督查督办机制，通过加强督导检查工作来促进学校落实"学生每天锻炼一小时"。

（2）构建阳光体育运动长效机制

有 90.9% 的被调查者认为应该建立阳光体育运动长效机制从而促进学校体育和谐发展。具体采取下述措施。

1）社会通过大众宣传媒体如广播、电视、网络大力宣传阳光体育运动的概念、内涵及特点等，使全社会对于阳光体育运动具有深刻的认识。校内可以通过板报、宣传标语、橱窗等向广大师生宣传阳光体育运动，从而使学生了解、关注、热爱、参与阳光体育运动。

2）积极提高体育教师素质。通过在职培训、自我培训等手段使其能够运用先进的体育教学理念、现代体育健身理论与方法，注重对体育课程的设计从而增强教学的娱乐性与趣味性，树立"健康第一"的体育教育理念，突破过去以教师为主导的体育教学模式，提倡"三自主"选课的体育俱乐部教学模式，抓住当前学生的体育兴趣爱好，并与时代接轨，注入休

---

① 张灵．北京中小学大课间计划延长 主要用于做广播操等［EB/OL］．http：// news．xinhuanet．com/edu/2011－06/05/c＿121496560．htm．

闲娱乐教学内容。通过调动学生的积极性与主动性达成终身体育的目标。对师德教育常抓不懈，突出奉献精神，鼓励教师积极投入到大课间体育活动以及学生课外体育活动辅导之中。

3）建立阳光体育运动运行机制和监督管理机制，围绕学校体育工作委员会这一核心，充分发挥其联系学校相关部门协同合作的领导牵头作用，通过制定目标管理体系、责任体系、人员体系、问责体系、奖励体系等制度框架对阳光体育运动进行科学化管理。

4）完善阳光体育运动经费筹措渠道，政府应履行自身职责成为解决经费问题的主渠道，应承担起提供主要经费开支的职责根据学生人数多寡对阳光体育运动的开展进行专项拨款。同时政府可设立扶持基金或出台相关政策扶持扩大经费来源。

（3）课外体育活动

对于大学课外体育活动需要做到以下几点。

1）建立课外体育活动组织管理机构。由于大学课外体育活动管理体系较为复杂，因此要推进大学课外体育活动发展必须要建立有力的组织管理机构，该管理机构需要在学校体育运动委员会领导下开展工作，联合体育部、学生处、团委、校医院及各学院主管学生工作的团委，有效指导学生体育社团和各项目协会开展课外体育活动。

2）大学课外体育活动需要以体育社团作为基层组织机构，有效地组织和管理大学生开展各项课外体育活动。例如河北大学武术协会是河北大学校团委领导下的，由武术爱好者组成的学生组织。武术协会也是河北大学体育协会中最早，运行机制最完善的社团组织。武术协会以崇尚武德、修身强身为宗旨，传承中华民族文化瑰宝，丰富同学们课余文化生活，锻炼强健体魄，培养坚强意志。武术协会成立 20 多年以来多次参加保定市、河北省，乃至全国的武术比赛并屡获殊荣。2000 年，武术协会被评为"全国八大优秀社团"之一，是河北大学规模最大、实力最强、成果最丰硕的社团。武术协会有完备的组织结构，下设太极、男子长拳、女子长拳、八卦、劈挂 5 个组，各具特色，分别学习太极、八极、通臂、劈挂等 10 多种拳术，刀、枪、剑、棍、鞭各路器械。学员包括在校本、专科生，研究生，日韩美等国的留学生，教职工等，20 年来累计培养会员达 8000 余人。其核心组织武术队由武协优秀会员组成，承担演出和比赛任务，为武协成员的进一步提高提供了良好的机会。[①]

3）大学课外活动要顺应时代潮流做到与时俱进，即课外体育活动作为大学生进行体育锻炼、培养健康理念、促进终身体育习惯形成的平台，需要考虑到活动项目应具有的时尚性、健身性、娱乐性、休闲性、人文性等多元化的特性，可以结合当前休闲体育、娱乐体育、轻体育、时尚体育、极限体育等新兴体育在城市中流行的现实，结合高校自身情况适时、适当地引入。同时考虑到高校课外体育活动需要特色化，可以将具有地方特色和民族特色的活动项目引入到课外体育活动，例如上海第二工业大学将龙舟、毽球引入到课外体育活动，上海体育学院学生在课外广泛参与空竹、舞龙、橄榄球等特色项目。

对于中小学课外体育活动需要做到以下几点：一是由于中小学生年龄小因而缺乏自我组织管理的意识与能力，所以需要班主任、体育老师对其课外体育活动进行组织管理，实现有组织化的集体课外体育活动，既能保障体育锻炼的效果，又能规避安全事故隐患。二是中小学认真组织实施"全国中小学生课外文体活动工程"，大力推行大课间体育活动形式，积极

① 体研部 . 河北大学体研部体育教学特色、亮点工程建设 [EB/OL] . [2011 - 07 - 15] http：//hanlin2. hbu. edu. cn/tyb/hbu/jiaoxue/tuts. htm.

创建中小学快乐体育园地，加强学生体育社团和体育俱乐部建设。通过广泛开展学生体育集体项目的竞赛、主题鲜明的冬季象征性长跑、具有地方特点和民族特色的学生体育活动等，不断丰富学生课外体育活动的形式和内容。[①]

就大课间而言，一是强化和落实广播体操和眼保健操，确保两操效果。以突出校本特色以及地区特色、民族特色为出发点引入和开展学生喜闻乐见的课间活动项目。例如呼和浩特市蒙古族学校在大课间安排蒙古族传统的安代舞等民族传统体育项目。又如乌鲁木齐第四十一小学是一所英语实验学校，学校根据这一特色自编了一套字母操，除了这套操，每天 30 分钟的大课间，孩子们可以参与踢毽子、跳绳、闪光跳等趣味游戏。二是学校以及有关部门积极探索和研究大课间体育锻炼运动负荷的合理安排，提高大课间体育锻炼的健身效果。三是积极宣传大课间活动促进学生体质健康和提高学习效率的重要作用，从而引领教师、家长支持大课间活动的开展。对于体育教师以及班主任指导学生参与大课间活动的工作量予以科学的考核，从而确保教师工作待遇，进而调动教师工作积极性。

有 97.6% 的被调查者认为应当保障学生上体育课以及课外体育活动时的安全，因此需要强化对师生的课外体育活动安全教育，明确安全责任，制定安全措施。通过开展体育专题讲座、活动安全指南等活动，指导学生科学参与体育锻炼，规避活动风险。同时在具体的活动过程中强化安全意识，通过安全检查、商业保险等来规避各种活动安全意外。同时需要强化大课间活动安全意识教育，强化对学生参与大课间活动的安全监管，对大课间所涉及使用到的体育器材等进行经常化的核查避免隐患，同时依据《教育部财政部中国保险监督管理委员会：关于推行校方责任保险完善校园伤害事故风险管理机制的通知》要求，积极参与"校方责任保险"，从而解除学校、教师以及家长对于学生参与大课间活动的安全隐忧。

3.4 城市竞技体育、城市社会体育、城市学校体育和谐发展模式

从系统论的角度来看，体育系统是由许多总体目标一致又相互作用、相互制约的子系统构成的系统，体育的全面发展靠的是所有子系统的协调发展。[②]卢元镇认为，体育的协调发展包括两方面的含义：一是体育与经济和社会的协调发展；二是体育内部结构与功能的协调。[③] 在构建和谐社会的伟大进程中，作为我国体育系统有机组成部分的城市竞技体育、城市社会体育与城市学校体育也需要建立协调一致，相互促进，共存共荣的和谐关系。

3.4.1 城市竞技体育与城市社会体育和谐发展

城市竞技体育与城市社会体育之间天然存在着相互促进发展的关系。然而在城市竞技体育与城市社会体育发展之中，由于许多不和谐的因素存在，导致城市竞技体育与城市社会体

① 百度百科．课外体育活动［EB/OL］．［2011 - 07 - 19］http：//baike.baidu.com/view/3617948.htm.

② 宋旭．"体育系统"整体观刍议［J］．体育学刊，2010，17（10）：11 - 13.

③ 王东升，马勇占，孙毅．论后奥运时期我国体育系统的生态平衡［J］．南京体育学院学报（社会科学版），2010，24（1）：88 - 92.

育之间未能实现和谐发展。

1. 城市竞技体育与城市社会体育不和谐发展的成因

Leo Van Den Berg（2002）的研究表明，西班牙的巴塞罗那，芬兰的赫尔辛基，英国的曼彻斯特、谢菲尔德、伯明翰，荷兰的鹿特丹，意大利的都灵，美国的印第安纳波利斯，澳大利亚的墨尔本，南非的开普敦，韩国的首尔等城市均被世人公认为"体育城市"。[①] 如果对这些体育城市进行观察可以发现，其竞技体育与社会体育均处于一种协调一致，相互促进，共存共荣的协调发展的状态之中。国外体育城市的竞技体育与社会体育协调发展的事实给予我们这样的启示：为了推进我国体育事业可持续发展，促使我国真正由"体育大国"向"体育强国"迈进，我国城市的竞技体育与社会体育需要协调发展。但是回眸过去，我们不难发现我国城市的竞技体育与社会体育之间存在一种非协调发展的关系，作为城市公共物品的竞技体育与社会体育所接受的公共体育资源并非均等，政府往往将公共体育资源的绝大部分投向了竞技体育，导致竞技体育发展长期处于强势地位，社会体育则因所分配到的公共体育资源很少，其发展迟滞于竞技体育。随着我国社会经济的发展，城市居民的体育需求日益增多，参与体育活动的公民权利意识也不断增强。因此在构建和谐社会的进程中，如果不能实现城市竞技体育与社会体育协调发展，那么有可能激发两者之间的矛盾，并进而引发社会矛盾，导致社会不和谐。

城市竞技体育与社会体育的不和谐发展格局的成因多种多样，可以归纳为以下几条。

1）由于我国城市发展体育事业的公共资源投入长期处于短缺状态，因此为了促进体育事业发展不可能采取全面推进的做法，而适宜采用重点突破的战略，由此在资源募集机制上就出现了"举国体制"，并主要运用于竞技体育领域。

2）我国城市体育事业发展长期以来受到了国内外政治环境的巨大影响。当我国成立伊始，为了获得国际认可，彰显社会主义制度的优越性，同时也为了摆脱"东亚病夫"的耻辱称号，振奋民族精神，为社会主义建设注入精神动力，公共体育资源相对丰富的城市就以完成"政治"使命的责任感将竞技体育事业作为重点发展的领域，从而在主观与客观上造成竞技体育事实上处于优先发展的格局。

3）城市竞技体育在推动整个城市体育发展过程中具有前导作用，这是一个不容忽视的客观规律与现实。城市竞技体育由于其内容涵盖丰富，训练方式方法多样，组织形式严密，运行机制高效，因此往往代表了城市体育发展的水平。城市竞技体育的发展可以为城市社会体育的发展提供各项有益的经验借鉴、场馆设施和人力资源等，因此在某种程度上，可以认为优先发展城市竞技体育可以促进城市社会体育的发展。

4）从产业经济学的角度来看，现代体育产业的核心组成部分主要是竞技表演业。竞技表演业本身具有巨大的经济价值。例如美国的竞技体育表演产业非常发达，美国四大职业联赛，即 MLB（美国职业棒球大联盟）、NFL（美国橄榄球职业联赛）、NHL（北美冰球职业联赛）、NBA（美国及加美大职业篮球联盟）被视之为美国体育产业中的聚宝盆。NFL 的年收入高达 80 亿美元，NBA 在 2009 年遭遇到全球金融危机影响，收入缩水，但仍然达到 40 亿美元。竞技表演业具有很强上下游产业关联效应，四大职业联赛每年为美国带来经济效益

---

① Leo Van Den Berg, Erik Braun. Sports and City Marketing in European Cities ［M］. MPG Books Ltd, Bodlin, Comwall, 2002：43.

的同时，也带来就业、旅游等相关产业经济效益。因此现代城市通过发展竞技表演业，带动城市经济发展成为城市执政者的普遍共识，我国许多城市就是出于带动相关产业发展、推动城市经济发展的目的大力发展竞技体育。从另一个角度来看，西班牙的巴塞罗那等世界知名的体育城市，均是将城市竞技体育作为城市营销的有效手段，通过扶持巴塞罗那足球俱乐部、举办巴塞罗那奥运会等形式促进城市知名度的提升，打造城市的国际影响力和竞争力。因此我国许多城市政府出于城市营销目的，也会大力发展竞技体育，例如北京、上海、广州等城市在近些年纷纷举办奥运会、亚运会、世界游泳锦标赛等国际大型体育赛事。以上种种行为在客观上造成竞技体育的发展快于社会体育。

2. 城市竞技体育与城市社会体育和谐发展的对策

(1) 实现体育自身价值与体育社会价值的和谐统一

从哲学层面来看，为促进城市社会体育与城市竞技体育和谐发展，必须要实现体育自身价值与体育社会价值的和谐统一。体育的自身价值主要是指通过身体活动对人体机能进行再创造，从而改善人类的自身生理属性。体育的社会价值是指通过身体活动给个体所属的社会群体带来利益的行为。体育的自身价值和社会价值是促进社会发展与完善作用的统一体，二者之间有着本质的联系共同构成了体育的价值体系。[①] 社会体育更多体现了体育自身价值，即毛主席所号召的"发展体育运动，增强人民体质"，只有广大的人民群众积极参与体育活动才能使其自身获得体质上的改进，进而获取健康。也就是说为实现体育的自身价值必须要搞好社会体育。体育社会价值包含体育政治价值与体育社会经济价值，竞技体育更多体现了体育社会价值。体育政治价值是指通过竞技体育来展示国家欣欣向荣的风貌、奋发向上的民族精神，同时也需要通过竞技体育来团结民众，激发民族自尊心和自信心；竞技体育的社会经济价值是指通过竞技体育来满足社会大众竞技观赏需要，形成体育产业促进社会经济发展，进行示范与引导促进大众体育参与，转化为社会安全阀，排解社会成员不良心绪，最终促进社会和谐发展。不容否认的是既往我国城市体育发展，在体育自身价值与体育社会价值和谐统一上出现了偏差，主要偏重体育社会价值特别是体育政治价值的发挥，忽视体育自身价值以及体育社会经济价值的发挥。为促进城市社会体育与城市竞技体育和谐发展，必须要对体育价值认识进行调整和回归，需要重视发挥体育自身价值，即大力发展社会体育，同时对于体育社会价值内部结构也进行调整，使体育社会经济价值回归到其应有的位置之上。通过体育自身价值与体育社会价值的和谐统一，实现城市社会体育与城市竞技体育的和谐统一，进而实现人的自然存在与社会存在的和谐统一。

(2) 注入"全民健身与奥运同行"的理念

不容否认的是竞技体育与社会体育和谐发展一直是我国城市体育事业发展所倡导的目标，但是回顾我国城市竞技体育与社会体育两者之间事实上的关系可以发现，城市竞技体育与社会体育发展已经经历了注重群众体育的全民化、经常化——群众体育与竞技体育普及与提高相结合——优先发展竞技体育等几个阶段，竞技体育与社会体育两者之间实际上是一种非协调发展的关系。北京奥运会后我国体育事业发展步入到一个拐点期，不论是学界还是政府职能部门都认识到，北京奥运会后我国体育事业发展问题在很大程度就是解决竞技体育与

---

① 王智慧. 迈向体育强国进程中两个重要问题的战略定位与思考 [J]. 北京体育大学学报，2011，34 (2)：13-16，21.

社会体育发展不和谐的问题。"全民健身与奥运同行"应是后奥运时代我国体育事业发展的主旋律,我国城市竞技体育与社会体育开始真正步入到和谐发展的轨道之中。例如从2009年10月1日起我国正式实施了保障大众参与全民健身活动、维护公民应享有体育权利的《全民健身条例》。同时为了满足广大人民群众日益增长的体育需求,国务院批准从2009年起,每年8月8日为"全民健身日"。这些举措对于依法推进全民健身活动,塑造体育健身氛围与环境,促进民生发展以及和谐社会建设都具有十分重要的意义。我国城市作为竞技体育与社会体育发生和发展的主要载体,也应当在两者发展关系上注入"全民健身与奥运同行"的理念。

(3)树立竞技体育与社会体育互相取予的意识

由于竞技体育与社会体育和谐发展一直是我国城市体育事业发展所倡导的目标,因此一直以来体育行政职能部门主要运用体育公共政策、体育公共资源、体育信息服务等制度与资源来进行引导和调节两者协调发展,但是这种完全由政府施加的引导举措只能起到暂时的外部调节作用,并没有真正实现城市竞技体育与社会体育的和谐发展。后奥运时代,为了真正的实现竞技体育与社会体育和谐发展,不仅需要政府继续制定和实施有效制度和科学分配体育公共资源,更要强调和重视竞技体育与社会体育相互作用、彼此推动的互动效应。

首先从系统论角度而言,需要认识到竞技体育和社会体育是城市体育系统中的两个不同的子系统,竞技体育与社会体育实现和谐发展的首要前提就是两者需要按照各自的规律运行和发展。其次,在承认城市竞技体育与社会体育有着各自不同发展规律的同时,也需要认识到城市竞技体育与社会体育作为处于城市体育系统之中具有开放性的子系统,由于具有身体活动性这一共性或相通性,因此两者可以在体育系统内进行有效的信息和资源交换从而达成合作与互动。《奥林匹克宪章》明确指出"奥林匹克主义的宗旨是使体育运动为人的和谐发展服务"。[①] 城市竞技体育在多年的发展过程中,由于受到政府的政策和资源倾斜得到了优先发展,因而需要将其所拥有的体育场馆、赛事组织经验、人力等优势资源与社会体育所共享,从而实现竞技体育与社会体育互相取予、协调发展。

城市竞技体育管理部门应换位思考,组织社会体育赛事。

1)促使城市体育"英雄"和俱乐部与城市健身服务网络形成良好的互动和沟通渠道。例如通过城市竞技体育"英雄"参与公益活动来引领社会体育的发展:姚明和刘翔作为优秀的竞技体育运动员是上海引以为傲的城市英雄,为推进上海社会体育发展,他们就经常参与各项公益宣传活动或作为形象代言人,同时也经常进行体育捐助。

2)重视发挥竞赛对城市竞技体育与社会体育协调发展的杠杆调节作用。《体育事业发展"十二五"规划》明文规定:"不断创新群众体育活动的形式和内容,广泛开展不同层次、不同类型的全民健身竞赛活动;坚持淡化锦标、重在参与、重在交流、重在健身、重在快乐,总结经验,拓展改革成果,创新符合群众性体育赛会宗旨的办赛模式,充分发挥赛事的多元功能和综合影响。"[②] 目前我国许多奥运项目管理中心依托其多年组织竞技体育赛事的经验、

① 孔庆鹏.大力推进和谐体育建设——中国体育后奥运发展问题的思考[J].体育文化导刊,2007(2):3-5.

② 政法司.体育事业发展"十二五"规划[EB/OL].[2011-06-10]http://www.sport.gov.cn/n16/n1077/n1467/n1843577/1843747.html.

方法以及所拥有的场馆和人员优势，开始逐步将社会体育赛事纳入其竞赛项目招标计划中，开展具有鲜明大众特色的赛事活动。如游泳项目管理中心开展社会体育赛事活动已成传统，由于游泳项目在我国具有广泛的群众基础，因此每年中心所开展的全国公开水域游泳公开赛、全国海浪救生比赛等社会体育比赛都受到广大游泳爱好者的欢迎，每次比赛参赛人数都会达到 1 000 余人。许多地方看到这些赛事具有较大的社会影响力和经济效应也都纷纷争办，从而促进了游泳项目在大众中的普及，特别是在儿童中的普及，也能为我国竞技游泳的发掘和储备后备人才奠定良好的基础。又如"2011 皇冠杯中国业余高尔夫球城市精英挑战赛"是由中国高尔夫球协会主办的中国业余赛事中最高级别的全国性赛事，于 2011 年 5 月至 9 月在天津、北京、广州、长沙、青岛、杭州、上海、大连、成都、深圳、昆明、福州 12 个城市热烈展开。比赛以城市选拔赛为基础，每城市举办一场 18 洞比杆赛，成绩前 6 名的选手将代表各城市晋级全国总决赛。同时为了进一步扩大该赛事的影响，促进高尔夫在青少年人群中的发展，该赛事举办期间面向全国的 8～17 岁青少年，在上海、成都和深圳举办"2011 皇冠青少年高尔夫夏令营"。由此可见，该项比赛既推动了高尔夫在城市大众中的普及，同时城市在高尔夫进入奥运会之际，又能起到发掘高尔夫人才，提高我国高尔夫竞技水平的目的。以上事例不仅表明我国城市竞技体育与社会体育互相取予，同时也是对城市竞技体育与社会体育协调发展的最好诠释。

3.4.2 城市社会体育与城市学校体育和谐发展

从理论上来看，城市社会体育是城市学校学校的自然延伸和终身化的体现，同时社会体育对于城市学校体育的内容设定、发展目标等都具有导向作用。然而在现实中城市社会体育与城市学校体育之间是各自分立发展，两者和谐发展存在许多的阻滞因素。

1. 城市社会体育与城市学校体育和谐发展的迫切性

（1）彼此发展现状不足，彰显城市社会体育与城市学校体育和谐互动急迫性

当前我国城市社会体育概括起来有以下六大特点：组织形式基层化、参与主体以老年人为主、组织管理自主型与行政型结合、活动时间以早晚为主、活动内容文体一体化、活动场所非正规化。城市居民体育需求持续增强，而单位、企业等对群众体育活动的组织管理功能不断弱化。另外，城市社会体育所能提供的硬件服务设施，如场地、器材，以及软性服务，如体育锻炼指导、培训指导以及比赛组织等和居民的体育需求之间也存在很大的矛盾。

我国城市学校体育场地和设施一直以来都是城市教育部门来负责建设的，为教育行政部门和学校所独有和独享。并且，学校教育具有明显的时段性，场地设施的使用因教学时段的结束、节假日的到来以及学期的结束而停滞，造成社会资源的巨大浪费。因此城市学校体育设施使用效率极其低。

（2）和谐互动，城市社会体育与城市学校体育彼此都能找到发展源泉

当前城市社会体育发展有两大硬伤：一是缺少设备场所，二是缺少专门的体育人才。城市学校如星星般点缀在城市的各个角落。上述二难，城市学校可以在很大程度上化解。

在现有的体育场地中，各类学校体育场地占 67.17%，如能在不影响学校教学情况下，充分利用学校体育场地和设施，城市社会体育第一难可以有效缓解。

2010 年，全国共有中小学体育教师 480 673 人，其中小学体育教师 231 390 人，初中体育教师 175 962 人，高中体育教师 73 321 人。我国还有高校 2 246 所，且绝大部分分布在城

市，而每所高校也存有庞大的体育教师数量。如果把城市学校体育教师的资源利用起来，城市社会体育的体育人才不足的矛盾会大大纾解。

城市社会体育不但是城市学校体育活动重要内容，更是有益补充。如日本甚至立法，将社会教育定义为有组织的校外教育活动，包括某区域内组织青少年参加的体育、娱乐活动。

更为重要的是，两者和谐互动，社会体育还是培养学生终身体育意识的根本途径。终身体育意识的形成由时间维、空间维和价值维三维结构形成。时间维，是从纵向来讲，指一个城市居民从学前，到在校读书，到走上社会全过程；空间维，是从横向来讲，由空间上相互联系、相互影响的学校体育、社会体育、家庭体育和单位体育等构成，并共同作用于个人，影响个体；价值维，指的是在生命旅途中，接受社会教育和影响而形成的比较稳定的人生观。因此，无论是从时间的角度，还是从空间的角度，发展城市社会体育，对培养城市居民（包括年轻学生）终身体育兴趣和意识，起到根本性作用。

2. 城市社会体育与城市学校体育和谐发展的阻碍因素

（1）"条块分割"的管理体制制约

我国行政管理体系具有鲜明的条块分割特征，行政管理体系中既存在针对某一公共事务领域中业务领导与被领导的上下级关系（可称之为"条"），如教育系统、体育系统；也存在按区域划分的省、市、县等各级政府辖区（可称之为"块"）。城市社会体育与城市学校体育和谐发展也面临着条块分割的管理体制制约，即由于城市社会体育与城市学校体育分别隶属于体育系统和教育系统，受到各自系统领导部门的直接监督、控制和干预。城市社会体育与城市学校体育互动合作、和谐发展，首先，必然涉及各自体育资源的流动与共享，由于存在"条块分割"的管理体制制约，体育资源难以流动和共享。其次，城市社会体育与城市学校体育互动合作、和谐发展必然涉及体育系统和教育系统有关部门的协调、沟通，从而增加有关部门的工作难度和数量。再次，由于受到部门本位观念的束缚，体育系统和教育系统有关部门能否对其工作进行重心调整和观念改变也成为一个难题。最后，即使城市社会体育与城市学校体育系统达成共识开展互动合作，由于这两大系统处于一定的政府辖区之内，又存在如何与相关辖区政府行政管理机构进行协调、沟通、分工的工作，头绪纷乱，难度很大。

（2）运作实施中政府微观管理缺位

城市社会体育与城市学校体育互动合作、和谐发展在微观层面涉及许多具体管理事宜，由于当前政府微观管理缺位导致两者之间的互动合作、和谐发展处于踯躅不前的状态。例如城市社会体育与城市学校体育互动合作、和谐发展主要表现之一就是学校面对城市居民开放体育场馆设施。我国的许多体育政策法规都对学校开放体育场馆设施做出了明确规定，如《体育事业发展"十二五"规划》中（十）"进一步推动体育场馆向公众开放"明确规定要总结经验，拓宽思路，继续推动公共体育场馆和学校体育场馆向公众开放，并向社会公示开放时间和服务内容。会同教育等部门，努力提高具备条件的学校体育场馆向公众的开放率。[①] 但是就目前来看，学校开放体育场馆设施由于政府微观管理缺位，即由于相关管理制度与办法不明、尚未明确各方主体的责权利，导致学校体育设施的开放存在许多问题，不利于城市社会体育发展。

---

① 政法司. 体育事业发展"十二五"规划 [EB/OL]. [2011 - 06 - 10] http：//www. sport. gov. cn/n16/n1077/n1467/n1843577/1843747. html.

3. 城市社会体育与城市学校体育和谐发展的对策

（1）构建和谐制度环境，推进城市社会体育与城市学校体育和谐发展

和谐的制度环境是城市社会体育与城市学校体育和谐发展的重要保障。从生物学的共生理论角度来看，推动城市社会体育与城市学校体育形成和谐共生系统需要构建具有正向作用的和谐制度环境，因此需要政府制定和推行有关法律、法规、政策来形成这一正向环境。例如早在1927年美国32个州就通过法律规定"社区可使用学校的建筑作为社区中心"；1982年英国政府制定了"社区使用"计划，要求学校应尽可能的向社会公众开放体育设施。[①] 因此我国推进城市社会体育与城市学校体育和谐发展需要进一步完善和落实学校体育场馆开放的政策，逐步建立相应的开放条件和标准、财政补助、保险、收费标准、安全管理规范、责任追究等制度和机制，定期进行检查评估，努力扩大体育场馆开放范围，盘活体育场馆资源，[②] 从而形成推进城市社会体育与城市学校体育和谐发展的长效机制。又如，自2005年起，作为"全国城市体育工作先进社区"的上海杨浦区殷行街道，采取"政府购买保险、委托体育俱乐部管理、补偿学校物耗"的办法，解决了长期困扰学校教育资源开放的安全、管理、物耗等"老大难"问题，辖区内18所中小学校共计71 124 m² 的场地（主要是操场、篮球场）全部向社区开放。

（2）抓好共生界面建设，多元主体共同推进

从生物学的共生理论角度来看，城市社会体育与城市学校体育和谐发展需要在两个系统之间进行物质、信息和能量传导的媒介，即共生界面。就现阶段而言，城市社会体育与城市学校体育和谐发展所需要的共生界面主要由政府、市场、体育组织与社团、社会体育指导员、体育志愿者队伍等主体构成。政府是推进城市社会体育与城市学校体育和谐发展的主导力量，政府需要打破"条块分割"的管理体制制约，积极牵头联系、组织、协调体育与教育行政职能部门以及城市社区委员会、校体委、家长委员会等有关主体直接参与到城市社会体育与城市学校体育的互动合作的进程中来。同时政府要立足于加强宏观管理，通过各种法规、制度建设来对城市社会体育与城市学校体育互动合作的具体运作实施进行有效监管。市场作为一种资源配置机制，在城市社会体育与城市学校体育的互动合作的进程中起着促进资源流动与共享、提高资源使用效率的作用。学校需要探讨学校体育场馆设施资源以及人力资源参与城市社会体育发展互动合作进程中，如何利用市场规律获得学校体育发展所需要的资源。

各类体育组织在城市社会体育与城市学校体育互动合作、和谐发展进程中，一是需要实现旧有的条块分割的等级组织结构向条块结合的网络化组织转变；二是需要促进城市社会体育组织与城市学校体育打破体系封闭走向体系交融；三是注重发展体育社团，特别是基层体育社团组织如社区体育协会和学校体育协会。根据我国城市特点有必要建立联系和容纳社区体育协会、学校体育协会的城市区域性的体育协会联合组织，对于城市社会体育和城市学校体育互动合作过程中出现的普遍性问题进行调研，并对社区体育协会、学校体育协会合作进

---

① 李骁天，王凯珍，毛振明．城市社区与学校体育设施资源共享研究的回顾与展望——中外对比 [J]．天津体育学院学报，2009，24（6）：504-509.

② 政法司．体育事业发展"十二五"规划 [EB/OL]．[2011-06-10] http：//www. sport. gov. cn/n16/n1077/n1467/n1843577/1843747.html.

行组织、指导、协调和管理。社会体育指导员、体育志愿者队伍作为推进城市社会体育和城市学校体育的互动合作的人力资源，需要由学校体育教师、社区委员会成员、校体委成员、社区居民中的体育爱好者、学生家长、学生等人员组成。

3.4.3　城市竞技体育与城市学校体育和谐发展

从世界体育强国的发展经验来看，城市竞技体育与城市学校体育之间天然存在着不可分割的联系，城市学校体育是城市竞技体育发展的基础，城市竞技体育也在影响着城市学校体育的内容。

1. 城市竞技体育与城市学校体育互相依存

（1）城市学校体育对城市竞技体育发展起到支持作用

1）城市学校体育可以源源不断的提供大量优秀的城市竞技体育后备人才队伍，也就是说如果将城市竞技体育比喻为塔尖的话，那么学校体育则是支撑起塔尖的厚重塔身。我国《学校体育工作条例》明文规定："学校应当开展多种形式的课外体育活动，开展课外体育训练和体育竞赛，培养优秀体育后备人才"。《体育事业发展"十二五"规划》也突出要以体育传统项目学校、体育特色学校等为基础实施"竞技体育后备人才培养工程"。放眼域外，美国作为世界上数一数二的竞技体育强国，其基础在于美国学校体育特别是高校学校体育发达，NCAA（National Collegiate Athletic Association）作为国家大学体育协会为美国国家队和以四大职业体育联盟为代表的职业体育输送了大量的高水平竞技体育人才。

2）通过城市学校体育传授竞技体育技能与知识，促进竞技体育在青少年人群中扎根与普及。城市学校将竞技体育纳入学校体育课程之中，一方面能够提高学生身体素质、促进学生健康发展以及培养学生的坚强意志与团结协作精神；另一面能够传授学生科学的体育锻炼知识与体育欣赏能力，有助于学生走上社会之后仍然能够从事竞技体育活动从而实现竞技体育终身化，同时也能够促成学生对竞技体育形成终身兴趣，从而为体育竞赛表演产业培养潜在的消费群体。

3）城市学校体育组织各种竞技体育赛事活动，有助于丰富和完善城市竞技体育赛事体系。

（2）城市竞技体育推动城市学校体育发展

1）城市竞技体育推动城市学校体育发展。我国城市竞技体育赛事序列中存在着全国中学生运动会、全国大学生运动会、城市运动会等以学生为参赛对象的综合性或单项赛事，我国的很多城市也在积极申办世界大学生运动会、青奥会。承办这些赛事的城市在赛事举办前都会在学校进行各项赛事宣传以及选拔赛事志愿者活动，这些活动对于宣传体育精神、活跃校园体育文化、推动学校体育发展具有不可估量的作用。如青奥会作为具有巨大国际影响力的奥林匹克体育赛事，其赛事举办宗旨之一就是努力实现文化教育与体育的完美融合。首届新加坡青奥会举办期间所进行的文化教育项目（Culture and Education Programme，CEP）围绕着奥林匹克主义、技能发展、健康生活、社会责任、表达能力5个主题，采取7种形式的50多项活动，促进尚属于学生群体的青少年运动员深入地理解学校体育与健康生活的密切关系，推动他们通过积极参与学校体育活动，促进体质健康并形成健康的生活方式等。

2）出于赛后有效利用场馆设施资源考虑，承办赛事的城市一般都会在场馆设施基础好的学校进行场馆设施改造，或是在学校直接新建场馆设施，这样就为学校体育发展留下了场馆设施的硬件资源。例如 2008 年北京奥运会，北京大学体育馆承办乒乓球项目，北京科技大学体育馆承办柔道、跆拳道项目，北京理工大学体育馆承办排球项目，北京航空航天体育馆承办举重项目，北京工业大学体育馆承办羽毛球与艺术体操项目。这些场馆或是对学校既有场馆进行翻新、改造，或是根据奥运场馆要求进行新建的场馆，在赛后为这些学校的学校体育工作的发展以及服务社会公众做出了极大的贡献。

3）从人的社会化的角度来看，竞技体育具有促进人的社会化的重要作用，学生参与竞技体育项目，就能在竞技体育项目中体会到虚拟的现实社会，从而使他们体验到社会所具有的竞争性、规则性、公开性、公平性，即学生要学会在公平竞争的基础之上，最大限度发挥自身能力从而战胜对手。同时在提倡"健康第一"的今天，虽然学校体育课程内容进行了较大的改革，足球、篮球等竞技体育项目因其所具有的竞技性、娱乐性和简易性仍然是学生喜闻乐见、广泛参与的体育活动项目，学校仍将这些竞技体育项目作为学校体育的重要教学内容，从而促进了学校体育"健康第一"的目标达成。

4）城市竞技体育发展推动学校体育特色的形成。大连是我国知名的"足球城"，足球是大连市老少咸宜、广受欢迎的竞技体育项目。大连市的大、中、小学校都拥有足球队，特别是一些足球传统项目学校、特色学校拥有不止一只足球队，足球作为一种竞技体育项目不仅促进了参与学生的体质健康，发展了学生的运动能力，更为重要的是足球成为校园文化，成为一种育人的人文环境，促进了学生的全面发展。

2. 城市竞技体育与城市学校体育和谐发展的障碍因素

竞技体育具有促进人的社会化的重要作用，同时竞技体育也有利于推进学校体育"健康第一"的目标达成。首先，城市竞技体育融入城市学校体育最突出的问题就是竞技体育作为教学内容如何融入到学校体育之中。例如铅球该不该进入到学校体育课程之中；竞技体育项目如田径对于提高学生身体素质具有很大的作用，但是学生却不喜欢田径；学生喜欢篮球特别是三对三篮球，传统的体育教学内容中对于三对三篮球项目的技术、规则等却少有涉及。其次，以学生为参赛对象的综合性或单项赛事主要集中于一些大中城市举行，中小城市相对机会较少，因此借助体育赛事推动学校体育发展也存在涉及面较少的问题。

3. 城市竞技体育与城市学校体育和谐发展的对策

首先，教材化处理是城市竞技体育融入城市学校体育的有效途径。竞技体育教材化应该在研究、探讨新的历史条件基础之上进行创新和改变，适应"健康第一"的时代要求，满足学生多样化的体育需求，致力于推进学生终身体育的形成。其次，城市竞技体育融入城市学校体育应有多种方式，培养体育氛围、塑造体育文化、促进人的全面发展也应是城市竞技体育融入城市学校体育应达目标之一。最后，城市竞技体育融入城市学校体育需要注重体育竞赛的杠杆推动作用，国家对于赛事规划应有全局意识，力求在考虑区域、城市规模、影响力等基础上合理安排赛事，从而在更大范围内实现城市竞技体育与城市学校体育的融合。

4 城市体育共享模式

城市体育系统是一个开放性的系统。城市体育系统发展所需的能量、物质、信息需要与城市其他系统如教育系统进行共享，才能获得和谐发展。城市体育作为现代城市的产物与现代城市中的许多系统存在紧密联系，本书结合有关研究成果以及咨询专家意见，认为在构建和谐社会的进程中，相比较而言，城市体育系统发展与城市教育系统、城市卫生系统、城市文化系统联系更加密切。

4.1 "体教结合"共享模式

城市体育与城市教育共享的"体教结合"模式是指：通过对各自系统中的比较优势资源进行互补，通过灵活多样的形式，形成有效培养高素质竞技体育人才，并推进学校体育发展的格局。同时该模式追求将运动训练做为促进人的全面、和谐发展主要手段，从而实现教育培养全面发展的人的目标，为城市和谐发展培养合格的未来建设者。

4.1.1 实施"体教结合"共享模式的迫切性

1. 体育是教育的重要组成部分

现代教育理论认为体育与德育、智育等均是教育的重要组成部分。毛泽东同志在其著名的《体育之研究》一文中论述体育、德育、智育三者关系时认为："体育一道，配德育与智育，而德智皆寄于体。无体是无德智也。"体育具有教育的功能，通过各项体育手段能够促进人的机体、器官和机能的发展与健全，即促进人的自然属性的发展和健全。从人的社会属性来看，人通过参与体育能够培养竞争与合作意识，同时也能够促进人的意志品质的发展，帮助人培养组织纪律性、集体荣誉感、归属感、责任感以及在一定规则约束下发挥创造性的能力。此外，人参与体育活动能够获得人之所以为人的各种体验，如娱乐、休闲，从而促进人的自我实现。也就是说体育具有培养、促进、完善人的自然属性和社会属性的教育功能，同时体育也能够促进个体的人格与个性的养成以及自我实现的教育功能。由此可见体育既是教育不可分割的重要组成部分，同时体育也具有多样化的教育功能。体育与教育长久以来就具有相互联系与依存，相互渗透与促进的亲密关系，在人类不同的社会及社会发展时期，两者之间的相互作用往往因环境条件不同而具有不同的性质、特点。可以说脱离教育的体育会失去其发展的基础与依托，成为"无源之水、无本之木"；脱离体育的教育也将成为不完整的、跛脚的教育，失去应有的活力，最终有损于人才培养。[①] 实施城市体育与城市教育的"体教结合"共享模式具有逻辑上的合理性和系统间相互作用的通融性。

---

① 张弓. 促进体育与教育两个体系相结合 [J]. 沈阳体育学院学报，1989（2）：5-9.

2. 和谐社会需要全面发展的人

人的教育是以人所接受知识与技能的全面、均衡、完整为目标，如果任意偏废某一方面的知识与技能则会对人的全面发展形成阻碍。例如我国许多优秀运动员，在其成长历程中往往是在封闭的专业队体系内长期接受专门化、高强度的体育训练，其文化教育往往或因体育训练任务繁重或因文化教育举措不当而导致偏废，使得这些运动员往往成为"头脑简单，四肢发达"的人，退役安置时往往因自身文化素质低下而难以就业。又如在升学压力和应试教育背景下，我国城市学校、家长和学生普遍不重视体育锻炼，导致学生肥胖率、近视率逐年上升，身体耐力等素质逐年下降，偏重文化教育忽视体育教育将使得祖国未来的建设者身体羸弱，很难实现"健康工作五十年"。由此可见体教结合既能使运动员文化教育缺失的问题得以解决，也有利于运动员个体的全面发展。同时普通学生适当参与运动训练也有利于其身心素质的提高，促进其成为社会需要的高素质人才。

3. 解决城市竞技体育后备人才匮乏的需要

以往我国主要采取由国家投入各项资源，通过基层单位业余体校——地市级体育运动学校——省（市）体育运动学校——省队——国家队的人才流动路径的方式培养竞技体育人才。这种培养模式突出专业队特色，忽视运动员的文化教育，导致运动员文化素质普遍偏低，加之竞技体育作为精英体育残酷的竞争性是其鲜明的特征，每一名成功的运动员背后都有大量的失败者。就我国而言，由于我国竞技体育训练还处于粗放式的阶段，导致我国竞技体育人力资源成本代价很高，根据估算，我国 1 名成功的运动员背后有 4 000 名被淘汰的失败者。当被淘汰的绝大多数运动员退役时，退役安置难又成为普遍问题，这种恶性循环成为影响我国竞技体育可持续发展的重要因素。目前我国竞技体育后备人才主要来源渠道是我国近 20 000 所体育学校。例如在第 27 届悉尼奥运会上，我国 28 块奥运金牌得主中，有 27 人来自体育学校。同时在 2001—2004 年这一奥运周期中，我国所获得 391 个世界冠军中有95％来源于各级各类体校。

然而由于目前运动员文化教育不力，导致运动员退役难以安置，加之运动员成材率极低，导致这些体育学校普遍面临着生源不足的问题。国内一项调查结果显示：占 52.9％的调查对象认为目前体育学校"生源少，选材窄"，仅有 11.8％的调查对象表示对生源满意；另有 64.3％的家庭由于害怕孩子耽误文化学习不愿意孩子进入体校，更有 70％的家庭不愿意孩子从事运动训练。① 就城市而言，由于存在计划生育政策，导致城市中独生子女增多，由于体育学校的文化教育工作差，体育苗子成材率低，加之城市社会竞争激烈，出于对子女未来前途的考虑，许多家长不愿意孩子进入体育学校从事运动训练。由纯粹的学生运动员组成的北京理工大学足球队的主教练金志扬，对于我国竞技体育人才培养体制中"体教分离"的弊端就一针见血地指出："现在国家少年队就根本没有京津沪等大城市的孩子，独生子女的家长谁敢去冒险，换我也不让练！"②

实施城市体育与城市教育的"体教结合"共享模式有助于体育系统与教育系统相结合，

---

① 卢志成，刘华荣，裴琨．"体教结合"与竞技体育的可持续发展 [J]．辽宁体育科技，2004，26（6）：7-8.

② 郑轶，李长云．北理工足球队中甲 4 年一支"学生军"困惑与坚守 ［EB/OL］．http：//news. xinhuanet. com/edu/2010-07/29/c_12385281_4. htm，2011-08-03.

遵循体育与教育的基本规律，于专业训练领域内切实做好运动员的文化教育工作，确实保障运动员的文化教育，既能促进运动员全面发展、适应社会发展的需要，又能打通运动员退役安置的渠道。

我国《学校体育工作条例》明文规定："学校应当开展多种形式的课外体育活动，开展课外体育训练和体育竞赛，培养优秀体育后备人才。"《体育事业发展"十二五"规划》也突出要以体育传统项目学校、体育特色学校等为基础实施"竞技体育后备人才培养工程"。

例如上海南洋模范中学是全国知名的重点中学，每年都有大量的毕业生考入北大、清华等知名高校，其高考升学率一直处于上海市前列。同时上海南洋模范中学也是具有浓厚体育传统氛围的学校，在2003年上海南洋模范中学被上海市教委、体育局正式命名为篮球二线运动队学校。篮球项目在南洋模范中学具有悠久的传统，自20世纪30年代以来，学生就把篮球作为锻炼身体的一种方法，并逐步形成篮球传统。20世纪80年代以来该校已获得上海市中学生篮球赛初、高中冠军70余次，向国家队输送了包括国家男篮队长张大维、国家女篮队长朱锦云等近百名优秀运动员。

北京育才学校是北京知名的重点学校，每年吸引了大批成绩优秀的学生报考该校。同时该校也是传统体育项目学校，该校的篮球、棒球运动被定为北京市重点传统项目学校，曾培养出著名篮球运动员王治郅，棒球队多次荣获全国青少年棒球比赛冠亚军，多次代表国家出访、比赛。

目前我国的清华大学在"体教结合"上取得了一定成绩，清华大学创办了跳水队、射击队、田径队，并成功的培养出了奥运冠军和世界大赛冠军，成为高校培养高水平竞技体育人才的典范，被誉为"清华模式"，并引起了社会各界的普遍关注。

创造了"北理工模式"的北京理工大学足球队是一支由本科生和硕士生组成的业余球队，该球队球员均参加过高考并通过考试，在校期间必须拿到足够学分才能毕业，北理工不会因其训练比赛任务重而放松其学业要求。一直坚持"体教结合"的北京理工大学足球队屹立甲级联赛4年，其主教练金志扬认为："青少年足球的培养要回归教育，我们希望走出一条成功的培养足球人才的新路。事实证明，我们是成功的。高素质的学生有高素质的表现，他们脚下的足球回归了足球本质，学生们用自己对于足球的理解向人们展示了他们的风采和成就。更为重要的是，我们的存在证明了体育回归教育的成功，这是一条值得被推广的可行之路。"①

4. 完善举国体制的需要

毋庸废言，举国体制对于我国竞技体育发展起到极为重要的作用，然而时至今日举国体制的弊端在不断凸显，运行效率也在不断下降。

1）运动员文化教育缺乏，导致文化素质较低，退役安置难以满足社会需要，进而由于"出口不畅"导致"进口枯竭"使得竞技体育后备人才缺乏，影响竞技体育可持续发展。

2）资源浪费严重，举国体制作为一个封闭的管理系统，其运行所需的各项资金主要来源于国家的公共财政支出，为维持这一体制的运行我国每年都投入大量的财政资金。例如有人曾以奥运会4年为一个周期进行计算，我国每获得一枚奥运会金牌的投入为1.51亿美元，

---

① 潘熙宇. 创造奇迹面临中甲之惑10问题考问北理工足球队［EB/OL］.［2011-08-03］http：//sports. sohu. com/20061105/n246201110. shtml.

几乎相当于美国奥委会一年的经费收入，澳大利亚国家体委近两年的财政拨款。① 与美国、澳大利亚这些体育强国相比，我国举国体制的运行效率低，资源利用率不高。例如我国许多省市为举办竞技体育赛事新建了大中型体育场馆设施，这些场馆设施赛后利用率都不高，并且每年都需要很多的维护费用。与之相比美国很多大型体育场馆设施都与教育系统共享，如美国纽约麦迪逊花园广场是著名的 NBA 球队纽约尼克斯队的主场，但是每年 NCAA 大学生篮球联赛也会在这里举行。

3）举国体制的本意是举全国之力办竞技体育，然后在实际的运行过程中，我国竞技体育发展只是局限于体育系统之内。与之相比，美国体育体制是典型的松散和自发的体制，但其竞技体育却以学校为中心体现了高度的统一性和极其卓越的"举国性"——每年有 1/3 以上的中学生和 1 000 余所大学的 36 万大学生参加 20 多个竞技项目（绝大多数是奥运会项目）的训练和比赛。所以，完善举国体制应把学校体育、竞技体育、全民健身看成一个密切相连的整体，变体教分离为体教结合，使其向"全国、全社会、全民、全体青少年儿童参与"的方向扩展和延伸，从而实现真正的"举国"。②

5．实现体育强国的需要

纵观当今世界上的体育强国，其强大的基础无一不是体育与教育紧密结合。以当今世界头号体育强国美国为例，美国政府的各项体育投入主要投入到教育系统，用以支持学校体育的发展，学校体育在中学运动协会、国家大学体育协会即 NCAA 组织管理下承担其竞技体育后备人才培养的重任。在小学阶段美国的学校体育主要培养学生的基本身体活动能力及竞技体育知识与技能，至中学阶段学校体育课的重点内容是竞技体育项目，全美国每年约有 520 万，即约 1/3 以上的中学生参加 30 余项不同的竞技体育项目。而在大学阶段，约有 30 多万大学生运动员参加 20 多个奥运项目训练和比赛，美国奥运会代表队中有 80% 以上的运动员是从大学运动员中直接选拔出来的。美国大学在竞技体育人才培养上以学校为中心，依靠小学、中学、大学的业余训练来形成整个训练的一条龙体系，通过健全的组织管理机构，运用法律手段制定规章制度管理大学生体育，利用奖学金吸引优秀体育人才等，它是一个良性的、可持续发展的人才培养体系。③ 除此之外，国家大学体育协会通过组织大学校际竞赛，获得了巨额的电视转播、广告、门票等收入，形成了良好的自我造血功能，促进了自身的可持续发展。例如国家大学体育协会（NCAA）一级联赛（Division I）男篮锦标赛四强赛（Final Four），2007—2009 年观赛人数分别达到 37 000 人、57 000 人、72 972 人，产生的经济收益分别为 5 100 万美元、4 700 万美元、5 000 万美元，2011 年观赛人数达到创纪录的 145 747 人，经济收益创造新的纪录。④ 2009 年美国《福布斯》杂志所评选出的全球最具价值的 10 大体育赛事品牌中，排名前 3 的分别是美国 NFL 超级碗、夏季奥林匹克运动会、世界杯足球赛，其品牌价值分别估价为 3.79 亿美元、1.76 亿美元、1.03 亿美元。国家大学体育协会（NCAA）一级联赛（Division）男篮锦标赛四强赛（Final Four）以 0.82 亿

① 高雪峰. 后奥运时期中国体育体制变革走向 [J]. 武汉体育学院学报，2006，40（11）：1-7.

② 潘前，陈伟霖，陈榕. 竞技回归教育完善举国体制 [J]. 体育学刊，2004，11（2）：18-20.

③ 池建. 论竞技体育与高等教育的结合 [J]. 北京体育大学学报，2003（3）：149-151.

④ 高振. 造钱机器 NCAA. [EB/OL]. http：//sports. sina. com. cn/r/2010-04-07/15474926409. shtml，2011-08-06.

美元名列第 6。全球知名的 NBA 总决赛仅以 0.47 亿美元排名第 10。2011 年美国传媒巨头 CBS 和时代华纳以约 100.8 亿美元的价码共同买断了 NCAA 未来 14 年的电视转播权。同时在过去的 10 年中，NCAA 因广告带来的收入达 45.5 亿美元。[①] 由此可见，体育系统与教育系统紧密结合实现"体教结合"，已经成为一国跻身世界体育强国之列的必由之路。

另外，所谓体育强国不是单一指一国竞技体育发达，而是指整个体育系统发达。当今世界头号体育强国美国推行"体教结合"使得其学校体育高度发达，青少年、儿童从小就接受良好的体育熏陶与教育，促使其国民具有终身体育所需的意识、习惯、体育知识与技能，从而使得美国的社会体育也极其发达。同时学校体育高度发达也为美国竞技体育带来了源源不断的竞技体育人才，从而促进竞技体育的发展和发达。发达的社会体育与竞技体育又促进了体育产业的蓬勃发展，使得以四大联赛为代表的职业竞技体育赛事出现，职业联赛具有丰厚回报和较高社会地位，进而又刺激了更多的青少年、儿童参与学校体育。美国体育已形成了以学校体育为基础，以体育产业为中心，竞技体育与社会体育同步发展，各方面相互依存、相互促进的良性循环的发展态势。[②] 就我国而言，推行"体教结合"也能促进体育系统整体发展。诚如原国家体委主任伍绍祖同志所言："为促进群众体育和竞技体育协调发展，必须抓好学校体育。学校体育是群众体育和竞技体育最重要的基础和结合部。抓住了学校体育，从人的发展历程看，就等于抓住了全体中国人民的体育。"[③]

此外，新课标颁布后，我国学校体育发展进入到一个改革的阶段，为了纠正以往偏重竞技体育项目技术传授、轻视健身娱乐的做法，增加体育课程吸引力，使学生对体育课产生兴趣，有些学校和体育教师在贯彻时又出现了"去竞技化"的做法，有矫枉过正之嫌，体育与教育在体育课程改革过程中下似又开始走向分离。从长远来看，于我国城市体育发展不利。

4.1.2　"体教结合"共享模式的概念及含义

自 1984 年洛杉矶奥运会我国体育健儿首次在世界竞技体育最高领奖台亮相以来，我国竞技体育就开始步入到高速发展期，但也产生了大批退役运动员亟待安置的问题，为解决这一问题，"体教结合"设想随之面世。1987 年国家教委颁布《关于部分普通高等学校实行招收高水平运动员工作的通知》，标志着"体教结合"开始进入到实际运行阶段。

"体教结合"设想自面世以来，不同学者对于"体教结合"的概念及含义具有不同的理解。从微观层次而言，学者郑婕认为"体"指运动训练，"教"指文化课学习。"体教结合"是针对运动员个体而言的，即运动员应该在接受运动训练的同时接受文化教育。中观层面的"体"指竞技运动，"教"指各类学校，"体教结合"主要是针对各级学校而言的[④]，即竞技运动与各类学校相结合。从宏观层次来看，上海体育学院原院长俞继英教授认为"体教结合"指体育系统与教育系统联合起来[⑤]。对于这一定义的具体含义，可以从上海市副市长严

---

① 盖源源."疯狂三月"为何这样牛 [N].成都商报，2011 - 04 - 06.

② 潘前，陈伟霖，陈榕.竞技回归教育完善举国体制 [J].体育学刊，2004，11 (2)：18 - 20.

③ 张弓.促进体育与教育两个体系相结合 [J].沈阳体育学院学报，1989 (2)：5 - 9.

④ 郑婕."体教结合"的内涵解析 [J].成都体育学院学报，2006，32 (1)：65 - 68.

⑤ 俞继英.21 世纪我国竞技体育人才资源可持续开发的思考 [J].上海体育学院学报，2004，28 (1)：1 - 6.

隽琪在 2005 年上海市体教结合工作会议上的讲话得以明晰。严隽琪认为："体教结合是培养体育竞技后备人才模式的一个探索和创新，培养和选拔一大批优秀体育人才，是教育部门和体育部门的共同责任。教育部门具有文化教育、人才资源等方面的优势，体育部门具有专业教练和训练经验的优势，两者结合，充分发挥各自的长处，既能推动学校体育的普及，又有利于竞技后备人才的选拔培养。"[④]

结合以上学者的观点，本书认为城市体育与城市教育的"体教结合"共享模式是指：在构建和谐社会的新时期，遵循"以人为本"的科学发展观，推动城市体育系统与城市教育系统和谐互动、资源共享培养高素质竞技体育人才，推进学校体育发展，最终实现以学校体育作为社会体育和竞技体育发展的基础和结合部，全面促进我国体育事业发展而构建的体系及其运行过程。

4.1.3 "体教结合"共享模式的目标

城市体育与城市教育的"体教结合"共享模式的目标可以细分为以下 3 个层次目标。

第一层次，在遵循体育与教育的基本规律之上，于专业训练领域内切实做好运动员的文化教育工作，确实保障运动员的文化教育，从而促进运动员个体全面发展、适应社会发展的需要，打通运动员退役安置的渠道。

第二层次，将我国城市一部分专业训练和全部的青少年、儿童课余训练转化进入到教育系统中，从而能够以学校为中心，整合并扩大学校课余训练（包括高水平运动队等高水平业余训练）的教学力量与规模。借助学校的教育与人才资源，使得学生既能从事专业化较高的课余训练，又能接受系统的文化教育，从而做到学习与训练两不误，解决我国城市体育系统竞技体育后备人才培养中文化教育缺失的痼疾，源源不断地发掘和输送竞技体育后备人才。

第三层次，"体教结合"内化为学校体育的重要组成部分，以夺标育人、健身娱乐育人为目的，以运动训练为主要手段，促进人的全面、和谐发展。同时以学校体育作为社会体育和竞技体育发展的基础和结合部，全面促进我国体育事业发展，完善举国体制，实现体育强国目标。

4.1.4 "体教结合"共享模式的基本特征

1. 目标层次性

城市体育与城市教育的"体教结合"共享模式的目标呈现层次性，即如果将城市体育与城市教育的"体教结合"共享模式的目标从小到大、从近及远、从易到难、从紧迫到期待可以划分为三个层次，可以根据现实情况从第一层次到第三层次逐步推进。

2. 内容多样性

城市体育与城市教育的"体教结合"共享模式的实施具有多样性的特征。一方面是涉及体育可持续发展方面的问题：既包括加强专业运动员文化教育、促进解决退役安置问题，也包括依托学校发展竞技体育后备人才问题，同时还涉及促进学校体育、竞技体育、社会体育密切相连、协调发展问题；另一方面是涉及人的全面、和谐发展问题。"体教结合"共享模式在构建和谐社会的进程中，遵循"以人为本"的科学发展观，它既注重提高专业运动员的文化素质，又注重发挥体育的教育功能，对普通青少年儿童实施全面教育，均是以促进人的全面、和谐发展为主旨。

3．实施复杂性

从系统论的角度来看，系统本身就存在复杂性，对两个系统进行有效整合更是具有复杂性。城市体育与城市教育作为独立发展的两个系统，切实推行"体教结合"需要打破旧有的发展路径和组织管理模式，要在遵循体育与教育的基本规律之上，探索新发展路径和组织管理模式，同时对于新的发展路径和组织管理模式的配套制度以及政策体系也需要进行有效的规划与设计。

4.1.5 实施"体教结合"共享模式的阻碍因素

1．观念陈旧，认识偏差

自20世纪80年代中期，"体教结合"设想被提出以来，我国不断进行有关实践工作，推进"体教结合"的实现，然而体育系统与教育系统仍固守于各自的体制之内，思想观念陈旧，尚未真正理解"体教结合"的深刻含义。我国体育系统中的许多人认为对于城市竞技体育系统而言，"体教结合"只是一种原有竞技体育人才培养模式的附属和补充，或是运动员保障体系中退役安置的途径之一。对于城市体育与城市教育的"体教结合"共享模式的目标具有层次性，内容具有多样性的特征认识不清，从而导致"体教结合"地位不受重视。同时由于依托旧有的以政府大量投入为特征的举国体制，使我国创造了2008年北京奥运会金牌第一的辉煌，在某种程度上形成了一种假象，造成某些体育系统人员认为我国竞技体育发展的根基还是在于举国体制而非"体教结合"。

2．封闭运作，名不副实

在实际运作中，体育系统还是依托自身一套组织管理体系实施"体教结合"。例如针对原有的体工队的学院化以及体育学校的中专化，其既定目标是在保证运动训练的同时，加强对运动员的文化教育，从而提高运动员的文化素质。但是在实际运行过程中，由于文化教育条件简陋，师资力量薄弱，教学方式方法不当，以及教练和运动队管理人员的不重视等，体工队和体校运动员文化教育不力的现象仍然存在。教育系统依托自身力量搞"体教结合"，也是问题重重。例如高校办高水平运动队，并不是想真正培养高水平的"学生运动员"，而是出于提高学校体育竞赛成绩、扩大学校影响力、增强学校的凝聚力、活跃校园生活文化目的，利用有关招生政策培养"运动员学生"。少数高校或是照搬照抄现有的运动队的训练管理模式，或是采取与专业队采取联合办学的方式，或是直接招收不具有竞技发展潜力的退役运动员从而实现学校的短期目标，培养高水平运动员对于这些高校而言或许只是形式目标。可以说一些运动员在形式上成为了"大学生"，但事实上很少出现在课堂上，最后只是拿到一张"注水"文凭，运动员退役后缺乏适应社会的真才实学，与"体教结合"的真正目的相违。例如曾轰动一时的"艾冬梅变卖金牌事件"的主角艾冬梅，承认自己真实的文化层次是小学没毕业，但是她却有地处南昌市的华东交通大学的本科毕业文凭。虽然她从没有去华东交通大学上过一天课，但是作为华东交通大学特招的高水平运动员，却代表学校参加大学生运动会比赛。

3 资源缺乏，举步维艰

一方面，在举国体制下，国家拨付巨额专项财政资金给体育系统，用以保障竞技体育发展。现今体育系统与教育系统紧密合作推行"体教结合"，教育系统也承担起培养全面发展的高水平体育人才的历史重任，因此政府应给予专项经费予以支持和保障，但是由于目前体育系统仍是发展竞技体育的主要主体，教育系统发展竞技体育的主体地位尚未完全明确，导致教育系统还是依靠自身体系内的办学经费和专项经费发展竞技体育。另一方面，由于体育系统与教育系统的"责任共担，利益共享"的协调机制还没有彻底理顺，因此"体教结合"靠体育与教育系统的投入来保证经费，从短期和长期来看，都是不足和不适应的。[①] 例如北京理工大学足球队作为"体教结合"的标志性产物，以大学生业余球队身份屹立中国足球甲级联赛 4 年，但北京理工大学足球队冲进甲级行列以来一直备受经费匮乏问题困扰。北京理工大学足球队每年经费仅有 450 万元，造成球员饮食营养补给、医务监督及伤病治疗、出行比赛吃住等遭遇到经费困窘的问题，生存很艰难。

4. 体制不畅，运行凝滞

切实推行"体教结合"需要打破旧有的发展路径和组织管理模式，目前有关领域及其部门对于如何探索发展路径和组织管理模式尚未投入进足够的精力与功夫。同时对于新的发展路径和组织管理模式的配套制度以及政策体系尚未进行有效的规划与设计。

4.1.6 "体教结合"共享模式的构建

1. 转变观念，明确定位

1）要转变观念，对于"体教结合"所具有的重大作用具有明确的认识。2010 年《关于进一步加强运动员文化教育和运动员保障工作的指导意见》颁布；2011 年所颁布的《体育事业发展"十二五"规划》也突出加强运动员文化教育工作。由此可见在我国体育发展规划及政策体系中加强运动员文化教育成为一种共识，为构建青少年运动员文化教育保障体系以及为现役运动员就学、就业创造条件，就必须要实现"体教结合"。另外，我国普通高校办高水平运动队的实践中也涌现出"清华模式""北理工模式"等成功的经验模式。北京理工大学足球队主教练金志扬认为："我们还活着，就证明'体教结合'这种模式有生命力，坚持下去，体育回归教育才有希望。"[②] 因此必须坚定不移地推进实现"体教结合"。

2）对于"体教结合"必须有一个明确的目标定位。"体教结合"首先通过促进学校竞技体育发展即通过学校课余训练以及在实施普适教育基础上，培养适应社会发展需要、全面发展的高水平竞技体育人才，从而形成新型的竞技体育人才培养体制；然后通过学校竞技体育的发展，再促成以夺标育人、健身娱乐育人为目的，以运动训练为主要手段的学校体育的发展；最后以学校体育作为社会体育和竞技体育发展的基础和结合部，全面促进我国体育事业发展，实现体育强国目标。因此"体教结合"应是今后我国竞技体育人才培养的主要趋势和主渠道，进而是引领我国走向体育强国道路的方向指针。

2. 紧密合作，促进发展

"体教结合是体育界和教育部门必须重视和大力推进的带有方向性的一项事业，体育和教育可以双赢。"[③] 由于"体教结合"涉及体育系统与教育系统，对两个系统进行有效整合

① 费瑛，刘静春. 对我国"体教结合"战略中若干问题的探讨［J］体育科技文献通报，2007（12）：72-73.

② 郑轶，李长云. 北理工足球队中甲 4 年一支"学生军"困惑与坚守［EB/OL］.［2011-08-07］http://news.xinhuanet.com/edu/2010-07/29/c_12385281.htm.

③ 冯建中. 大力推进"体教结合"［J］. 体育科学，2005，25（2）：3.

具有复杂性，因此体育系统与教育系统应打破系统封闭和体制封闭，对于两个系统在"体教结合"方面存在的利益纠葛，应以长远的眼光去看待，打破利益短视行为，需避免相互指责、人浮于事的不作为，要在遵循体育与教育的基本规律之上探索新发展路径和组织管理模式。同时对于新的发展路径和组织管理模式的配套制度以及政策体系也需要进行有效的规划与设计。

3. 资源倾斜，多方筹资

世界头号体育强国美国将各项体育经费都主要投入到教育系统，用以支持学校体育的发展，从而确保"体教结合"实施。针对目前我国"体教结合"面临资源缺乏，举步维艰的困境，政府需要加大经费投入。首先，在政府财政预算（体育经费预算与教育经费预算）中，需增加有关专项经费预算，特别是针对高校办高水平运动队，需有计划不断加大投入力度，从而促进高水平运动队的发展；其次，建立"专项财政＋学校投入＋社会融资＋奖励（体育局投入）＋个人有偿训练"的多元经费筹集渠道。再次，学习 NCAA 的成功经验，积极发展高校校级体育竞赛，通过市场化、产业化运作模式，促进自我造血能力。

4. 完善体制，制定模式

首先，需要打破体育系统与教育系统之间的体制障碍，建立有效合作的联席工作制度，在体育系统与教育系统建立有关的组织机构具体实施"体教结合"；其次，需要在遵循体育与教育自身规律之上建立两个系统"利益共享、责任共担"的长效机制；再次，政府需根据"体教结合"现实发展的需要制定相应的政策法规和发展机制，调动和协调体育系统、教育系统以及社会各方面力量支持"体教结合"实施；最后政府可以通过建立、健全相关政策和法规制度建立"体教结合"发展保障机制。

4.2 学校社区体育一体化共享模式

城市学校系统与城市社区体育系统作为现代城市社会重要的子系统，均是具有开放性的系统，它们发展所需的能量、物质、信息需要与社会其他子系统进行交换与共享才能得到。因此学校社区体育一体化共享模式的本质就是城市学校系统与城市社区体育系统打破彼此隔离的状态，实现互相渗透、有机结合，进而共享资源，促进城市学校以及城市社区体育彼此和谐、可持续发展的过程。

4.2.1 实施学校社区体育一体化共享模式的迫切性

1. 打破资源瓶颈，推进城市社会体育发展

和谐社会以人为本，城市社区体育应以促进人的健康与全面发展作为自身存在的根本缘由。但是不容忽视的是，随着我国社会发展，特别是对全民进行体育洗礼的北京奥运会胜利召开之后，我国城市居民的体育需求被进一步的激发出来，然而由于我国用于发展城市社区体育的公共体育资源投入在短时期内难以得到大幅度的提升，因此目前我国城市社区体育发展面临着缺乏运动场地设施，缺少科学的体育健身指导服务等资源瓶颈问题。日本是世界上城市社区体育开展较好的国家之一，总结其经验，其中一个重要的举措就是政府采取各种措施促使公立学校场地设施向社区内居民开放，从而在很大程度上解决了城市社区体育场地设

施缺乏的问题。① 学者卢元镇对北京市住宅小区体育设施状况进行调研后，认为解决城市社区居民体育设施缺乏这一问题最具实效的方法，就是将社区内的学校体育设施向社区居民进行开放。② 我国城市社区体育发展可资利用的学校体育资源较为丰富，但是目前尚未形成资源平衡互动、相互补充的共享渠道。例如学者任海认为，我国用于群众体育的资源主要分布在学校系统和企事业系统，体育系统的场地占有量仅为全部场地总数的 2.34％，而学校系统占有 65％左右，其他系统占有 16.56％。③ 根据第二届全国学校体育场馆向社会开放试点工作会议所公布的有关数据显示：从全国范围来看，向社会开放、居民能共享体育设施资源的学校所占比例还很低，巨大的学校体育设施资源的潜能还未能充分释放出来。④ 城市学校的体育场馆设施资源较为丰富，然而这些学校体育场馆设施资源主要用于学校平时的教学训练，双休与寒暑假等时段基本上都是锁上大门闲置起来。与之相比，日本 99％的公立中、小学对外开放体育设施，其中开放率最高的是体育馆（约 80％）和运动场（约 80％）。在东京学校体育场地已做到 100％向社会开放。统计还表明：日本学校体育场地设施对外开放的天数多为 2 天以上。也有昼夜对外开放的。台北市 2008 年统计表明，对外开放率也达到了97.8％。⑤ 另一方面，我国城市居民接受社会体育指导员的健身指导的情况堪忧。根据有关数据显示目前上海社会体育指导员数量仅占上海居民总数的 1.90％，社会体育指导员在数量上较缺乏，不能够满足广大居民的需求⑥。北京市截止至 2010 年社会体育指导员总数为25 584人，约占全市 1755 万常驻人口的 1.46％⑦。与之相对应的是我国学校体育领域内赋存着丰富的体育人力资源，据资料显示，截止至 2003 年底，我国城市体育教师人数达到182 419人⑧，城市体育教师大多具有大专以上文化程度，具有较为丰富的体育专业知识，同时也具有组织开展包括社区体育活动与赛事的经验与专业知识技能。

由于城市学校具有相对丰富的体育场馆设施与人力资源，城市社区体育相对处于弱势，加之城市社区体育的活动空间半径较小，基本以所在社区为地域界限。而城市学校与城市社区都处于同一地域范围之内，存在地域交互性，因此城市学校与城市社区体育应建立一种体育资源共享机制，提高城市学校与城市社区体育之间的关联度，促进两者互惠共生发展。学校应在双休日、假期以及晨间、傍晚等学生使用体育场馆设施频率较少的时段，向城市居民开放体育场馆设施，从而提高体育场馆资源的使用效率。同时学校体育教师也可以通过短期

① 苏连勇．日本社会体育场地设施概述 [J]．天津体育学院学报，1994，9（2）：22-30.

② 卢元镇，于永慧．北京市住宅小区体育设施状况调查报告 [J]．体育科研，2005，26（5）：34.

③ 李骁天，王凯珍，毛振明．城市社区与学校体育设施资源共享研究的回顾与展望——中外对比[J]．天津体育学院学报，2009，24（6）：504-509.

④ 梁慧超，等．学校体育设施资源与社区共享的经济学分析 [J]．山西高等学校社会科学学报，2009，21（8）：50-53.

⑤ 徐本力，顾爱斌．上海市体育场地系统的现状研究 [J]．体育科研，2003，24（5）：8-15.

⑥ 张丽．上海市社会体育指导员现状调查与分析——以普陀区为例 [J]．体育科研，2010，31（2）：51-54.

⑦ 阎守扶，李思琪，赵立．北京市社会体育指导员发展现状与对策研究 [J]．中国体育科技，2010，46（6）：103-108.

⑧ 冯永．实现学校体育与城市社区体育和谐发展的研究 [J]．内蒙古民族大学学报，2008，14（2）：152-153.

培训等手段，学习和掌握社会体育指导员应具有的知识和技能，在工作之余指导城市居民开展社区体育活动。由于部分学校开放体育场馆设施采取有偿使用的方式，因此有利于学校引入社会资源，对学校场馆设施进行建设与维护，从而进一步推进学校体育的发展。部分学校体育教师也可以以有偿方式进行社会体育指导，获得一定报酬从而产生激励作用，促进其提高自身体育知识与技能，积累有益经验，提供更好的社会体育指导服务，也有利于提高其本职工作的效率，进而推进学校体育的发展。

2. 促进城市学校体育社会化与终身化

长期以来我国城市学校体育发展局限于教育系统之内，较少与社会大系统中的其他子系统如体育系统进行物质、信息和能量的交换，导致城市学校体育发展存在许多问题。一是城市学校体育发展资源投入渠道狭窄，仅局限于国家投入，社会资源渠道不畅，导致学校体育发展速度和规模受限；二是城市学校体育教学内容范围狭小，许多学生感兴趣的社区体育项目、民族传统体育项目未能引入学校，导致学生体育兴趣下降。三是目前城市学校体育仍然是以课堂教学作为主要形式，由于受到内容、场地和指导人员等资源条件限制，课余活动和课外训练开展较少。

城市学校如果能够与城市社区体育广泛进行物质、人才、信息的平衡互动与相互补益，则能够在一定程度上解决上述问题，促进自身发展。城市社区体育与城市学校体育形成互动，一方面有利于打破城市学校体育系统封闭发展的格局，带来城市学校体育发展所需要的各种资源，从而有利于学校体育场馆设施的维护和建设。同时也有利于引入社区体育人才和相关教学内容，从而丰富和拓展学校体育，使得学校体育能够与社会接轨，实现社会化。另一方面，从时序和逻辑的角度来看，城市社区体育是城市学校的自然延续，二者有序叠加，方构成终身体育。[①] 城市社区体育与城市学校形成互动，有利于促进青少年形成终身体育，城市社区体育可以为青少年提供课外、校外学习体育知识、参与体育运动的各项条件和活动内容，有助于青少年接受体育教育的连贯性，从而促进其提高体育运动技能，培养和激发体育兴趣，并有利于良好的体育习惯的养成，最终形成终身体育能力，实现人生健康与和谐。

此外，我国全民健身计划面向全体大众并以青少年作为重点实施对象，城市社区体育与城市学校形成互动，有利于形成以学校为中心，以社区为网点，以家庭为基础的围绕青少年这一重点，并面向家长和城市社区居民的一体化体育教育网络，促进青少年、家长、城市社区居民共同参与体育活动，推进全民健身计划落实到实处，并促进社会和谐发展。

4.2.2　学校社区体育一体化共享模式的概念及含义

根据相关研究[②③]，学校社区体育一体化共享模式的概念是：城市学校与城市社区体育通过一定的制度环境以及组织、保障措施，打破彼此隔离的状态，实现互相渗透、有机结合，进而共享资源，促进城市学校以及城市社区体育可持续发展的过程。

---

① 张洪潭. 试论学校体育与社区体育的关联互动 [J]. 体育与科学，2004，25（5）：64-68.

② 沈建华. 学校、家庭、社区一体化体育发展的基本含义、基本要素和基本特征 [J]. 上海体育学院学报，2001，25（3）：81-85.

③ 肖焕禹，金德强. 构建学校与社区相结合的体育教育网络体系 [J]. 体育科研，2006，27（1）：77-80.

这一模式的基本含义是：第一，城市学生体育活动与城市社区体育活动打破彼此隔离的状态，促进两者在彼此空间范围内持续进行体育活动。第二，学校社区体育一体化共享模式是城市学校系统与城市社区体育系统互相渗透、有机结合进而共享资源的发展过程。既可以借助学校体育设施等资源来促进城市社区体育发展；又能为学生扩展体育活动空间、延长体育活动时间进而形成终身体育打下坚实基础。第三，学校社区体育一体化共享模式是有赖于一定的制度环境以及组织、保障措施。

4.2.3　学校社区体育一体化共享模式的目标

学校社区体育一体化共享模式以促进城市学校与城市社区体育和谐、可持续发展为目标。城市学校系统与城市社区体育系统作为现代城市社会重要的子系统，均是具有开放性的系统，它们发展所需的能量、物质、信息需要与社会其他子系统进行交换与共享才能得到，因此学校社区体育一体化共享模式的本质就是城市学校系统与城市社区体育系统打破彼此隔离的状态，实现互相渗透、有机结合，进而共享资源，促进城市学校以及城市社区体育彼此和谐、可持续发展的过程。

4.2.4　学校社区体育一体化共享模式的基本特征

1. 参与的全员性

学校社区体育一体化共享模式以促进学校体育社会化、社区体育学校化为根本宗旨，通过开放学校与社区的体育场馆、健身苑、健身点等体育设施，利用体育教师、社会体育指导人员等体育人力资源以及学校与社区之间的体育经费资源的流动，覆盖社区所辖范围内所有在校学生以及全体社区居民，从而最大限度的满足学生以及社区居民的体育需求。在这一过程中，一方面，学校师生能够打破学校体育只在校园内进行的限制，走向更为广阔的社区天地，从而实现学校体育社会化。另一方面，社区成员可以从学校获得体育锻炼所需体育场地设施，学习到体育锻炼的知识与技能，从而实现社区体育学校化。此外，学校社区体育一体化共享模式促进社区成员与学校师生共同参与学校体育与社区体育的组织管理，实现组织管理的全员化。

2. 教育过程的连续性

学校社区体育一体化共享模式能够促进促进城市学校体育社会化与终身化，社会化从空间连续性角度来看，就是通过城市学校社区体育一体化，使城市学校的学生参与体育活动的空间范围将由学校这一封闭的空间范围，扩展至社区这一更为广阔的空间范围，容易使学生课余、课外能够在社区的环境里仍然从事体育锻炼。终身化主要是从时间连续性角度来看，就是需要尊重体育教育规律，为学校学生在时间上创造一个连续不断的体育学习和发展过程，促进学生终身体育的形成。

3. 资源的共享性

从资源的角度而言，学校社区体育一体化共享模式就是基于目前我国城市学校体育以及城市社区体育发展面临着资源短缺的现实国情，力求城市学校体育系统与城市社区体育系统互动打破彼此隔离的状态，实现互相渗透、有机结合，进而共享资源，促进城市学校体育以及城市社区体育获得自身发展所需的各种资源。

4.2.5　实施学校社区体育一体化共享模式的阻碍因素

学校社区体育一体化共享模式的主要表现就是：学校应对城市居民开放体育场馆设施。我国的许多体育政策法规都对学校体育场馆开放体育场馆设施做出了明确规定，但就目前来看，学校开放体育场馆设施由于尚未明确各方主体的责权利，导致学校体育设施的开放存在许多问题。学者李捷认为，中小学学校体育场馆开放举步维艰的原因主要有：① 学生及社区居民的伤害事故问题。近两年由于全民健身路径的安装问题、无人管理和管理不善等造成伤害事故的责任纠纷问题，在社会上已引起了普遍关注，而且体育场馆向社会开放的相关法律政策不健全，造成学校领导不支持。② 学校的防盗、防火等安全问题。学校开放后进出人员庞杂，或多或少给学校安全带来隐患等问题。③ 教职员工的工作量和劳务费等问题。学校基本是在节假日和学校法定工作时间以外的时间开放。因此，参加组织管理工作的教职员工的工作量如何计算？劳务费从哪支出？这些问题不解决，教职人员没有积极性，开放工作也无法得到实施。④ 体育场地设施维修等所需的经费问题。学校体育场地设施的维修建造需要申请、审批等一系列的手续。[①]

4.2.6　学校社区体育一体化共享模式的构建

1. 转变观念，理顺条块

纵观国内外，城市学校社区体育一体化发展已经成为一种共识和必然的趋势。因此我国城市政府树立大局观，以服务性政府的执政理念为出发点，在构建和谐社会的进程中真正的以人为本，以服务公众作为政府有关工作的主要目标，从资源共享、提高资源效率的角度出发，建立有关的联席工作机制与职能部门，共同制定决策规划、协调部门工作计划，促进城市社区体育与城市学校互动合作、和谐发展。例如上海市卢湾区政府非常重视城市学校社区体育一体化工作，在具体实施中采取了以下三方面有效措施：一是广泛深入调研市民体育需求，细分人群，细分时段，全面掌握辖区内的运动场地、设施的布局和运行现状，为城市学校社区体育一体化打好基础；二是协调教育和体育等相关行政部门工作，将学校体育场地开放工作纳入市民终身教育体系，加强对学校体育场地开放工作的管理、考核，落实经费支持；三是在实际运行中积极进行经验总结，坚持好的制度、做法，适时调整开放时间，完善市民入校方式，使开放工作取得更好的社会效益。[②]

2. 构建保障体系

(1) 体育制度保障体系

良好的制度环境是实施学校社区体育一体化共享模式的重要保障。城市政府应牵头总协调，制定学校与社区体育场地设施资源共享协议和制度：有关学校体育场地开放的管理人员及其经费的规定，有关学校体育场地配置、维修和更新资金的规定，有关统一组织居民进校公众健身责任保险的规定，有关群众监督和政府抽查制度的建立。

---

① 李捷，宋勤. 关于学校体育与社区体育融合和学校开放的意义的研究 [J]. 北京体育大学学报，2003，26 (5)：652－653.

② 卢湾区委宣传部卢湾区召开学校体育场地向社区开放工作推进会 [EB/OL]. [2011－08－08] http://shzw. eastday. com/shzw/G/20110125/userobject1ai32528. html.

（2）体育服务保障系统

体育服务保障系统主要涵盖体育组织服务、体育指导服务、体育信息服务。其中体育组织服务主要是针对目前学校社区体育一体化共享模式尚处于摸索阶段，各种组织不健全、功能不完善的现状，强化对基层社区体育组织、学校体育组织的培育与功能指导，促进其切实发挥组织社区居民、学校学生融入城市学校社区体育一体化进程之中，积极参与各项体育活动的组织与连接功能。体育指导服务是一方面要组织学校体育教师等人员对社区居民进行科学的健身指导服务，另一方面也需要社区体育指导员或体育爱好者等人员将社区流行的体育活动项目或民族体育项目传授给学校学生，使学生在获得学校体育课学不到的体育知识与技能甚而传承民族传统体育。体育信息服务主要针对城市学校社区体育一体化需要，强化城市学校与城市社区体育两个系统之间的信息流动，并为两个系统的互动合作提供体育活动情报和咨询服务等。

（3）体育设施保障体系

实施学校社区体育一体化共享模式的物质保障是体育设施。由于城市学校与城市社区存在类型多样、功能不一的各种体育设施，因此体育设施保障系统的目标就是对学校体育设施、社区体育设施进行充分的整合和共享，建立以社区体育中心或以辖区内校园体育设施为核心，各类体育指导站、健身苑、健身点为网点的多层次体育设施服务网络。通过积极优化体育设施的配置，加强对体育设施管理的维护，努力提高体育设施的利用率，继而为学校以及社区体育活动的开展提供布局合理、配置齐全、就近便利、多元化的体育设施服务。[①]

（4）体育人才保障系统

体育人才保障系统包括体育管理人才和体育科研人才、体育指导人才、体育志愿服务人才。其中体育管理人才主要对实施学校社区体育一体化共享模式中所涉及各类体育人才进行有效的组织、领导和管理，提高人才使用效率。体育科研人才主要由社区体育科研工作者以及学校体育科研工作者组成，他们主要对学校社区体育一体化共享模式中的实践活动进行探索，并加以理论升华，从而促进城市学校社区体育一体化发展。体育指导人才、体育志愿服务人才作为推进城市社区体育和城市学校体育的互动合作的人力资源，需要由学校体育教师、社区委员会、校体委、社区居民中的体育爱好者、学生家长、学生等人员组成。

（5）体育经费保障系统

学校社区体育一体化共享模式的经费保障体系目标一是多渠道的筹集资金。由于学校社区体育一体化共享模式涉及学校以及城市社区，因此其主要筹集渠道为社区体育经费、学校体育经费以及全民健身基金及专项拨款，同时可以吸引社会企业、个人以及组织进行捐助。例如早在1998年，上海市浦东新区的中小学体育设施开始向市民免费开放，但因开放过程中遇到设施受破坏、资金不到位等问题，最后不得不关上校门。对此，浦东新区在2004年采取了多种"配套措施"，解除开放场地学校的后顾之忧，由浦东新区体育事业发展指导中心牵头，区内的临川中学、文建中学等10所学校分别与对口的9个街道社区达成协议，在双休日和每天早晨、傍晚，向市民免费开放校内体育场馆和设施。对此，浦东新区社会发展

---

① 姜海银．对我国学校社区体育一体化发展的研究［D］．合肥：安徽师范大学，2006．

局拨款 100 万元，补偿学校因开放场地造成的设施损耗和管理费用。[①] 二是为促进城市学校社区体育一体化可持续发展，必须通过提高体育服务水平，供给多样化的体育服务来满足社区居民以及学生多样化、个性化的体育需求，来获得一定的收益，从而增强自身造血功能。

4.3 健康管理与社区体育共享模式

4.3.1 实施健康管理与社区体育共享模式的迫切性

1. 实践"以人为本"的科学发展观的需要

党的十六大报告明确将"全民族健康素质明显提高"列为全面建设小康社会的目标之一；胡锦涛同志在党的十七大报告中指出，"健康是人全面发展的基础，关系千家万户幸福"，因而党的十七大将实现人人享有健康作为今后党和国家工作的战略目标之一；同时我国也制定了《"健康中国 2020"战略研究报告》，党和国家就是要确保人的健康权利得以尊重和维护。因此以实现人的健康为目标的社区卫生服务与社区体育服务相结合，以健康管理的理论和方法来指导社区体育的组织、实施，将更利于实现人人享有健康的目标。另外，对于城市社区体育而言，实践"以人为本"的科学发展观就是要以形式多样、丰富多彩的社区体育活动，满足不同健康状况的广大社区居民的多样化的体育需求，这是社区体育实践"以人为本"的科学发展观的表现。当前我国城市社区体育的主要参与主体是老年人群体，他们参与社区体育活动的主要目的之一还是在于促进健康、实现长寿，因此针对社区体育主要参与主体及其主要目的，将健康管理的理论和方法引入进社区体育服务之中，将更有利于促进参与主体的健康，真正地实现"以人为本"。满足不同健康状况居民多样化的体育需求，进而维护和促进其健康水平的提升。

2. 构建和谐社会的时代要求

社区体育不仅是构建和谐社会的重要组成部分，还能够担负在这一进程中应有的时代责任。[②] 因此加强社区体育发展已经成为构建和谐社会面临的一项重要任务。在当前建设和谐社会的进程中，必须要不断提高居民健康水平，这是建设好和谐社会的基础。纵观国内外城市健康管理的实施状况，其主要针对如冠心病、高血压病、肥胖等"慢性非传染性疾病"，主要以非药物方式结合健康干预手段进行干预。研究证明，诸如冠心病、高血压病、肥胖、腰背痛、骨质疏松症、肿瘤等现代"慢性非传染性疾病"的发生都与缺乏运动锻炼密切相关。[③] 从医学的角度来看，以上这些"慢性非传染性疾病"的高发人群是老年人群体，这一群体的健康不仅关系到其生命后期阶段生活质量，也因这些疾病给社会、家庭和个人带来沉重的经济负担，从而形成构建和谐社会进程一个不可忽视的问题。统计显示，截止 2014 年，我国 60 岁以上老年人口已超过 2 亿，占总人口的 14.9%，这一比例明显高于 10%的联合国

① 冯火红. 地方政府群众体育行政变迁与发展研究 [J]. 沈阳体育学院学报，2010，29（4）：10 - 13，17.

② 陈玉忠. 论构建和谐社会与当代中国体育的价值目标 [J]. 体育科学，2005，25（9）：20 - 23.

③ 孙飙. 以身体活动为核心的学校"健康管理"模式研究 [J]. 南京体育学院学报（社会科学版），2009，23（1）：13 - 20.

传统老龄社会标准，未来 20 年中国将进入老龄化高峰，"未富先老"将成为中国越来越突出的问题。社区体育融入健康管理的理念，通过对社区居民特别是老年人群体进行运动干预，将有效的预防和治疗这些"慢性非传染性疾病"，从而促进社会和谐发展。社区体育发展注入健康管理的先进理念，是对构建和谐社会做出实质性的回应。

同时从人力资源的角度来看，人作为社会发展不可或缺的资源，只有在身心健康的基础上才能发挥最大的资源效用，才能创造社会财富和发展社会生产力，如图 4-1 所示，即"身体是本钱，健康是生产力"。可以说在构建和谐社会的今天，健康的人是和谐社会发展的基本保证和不竭动力。2003 年 5 月 3 日，美国《新闻与观察报》披露了一个令人震惊的统计数字："每年全球约 80% 的医疗支出用在了治疗那些可以预防的疾病上。"[①] 健康管理强调对疾病进行预防与干预，"防未病之病"，追求的是以最少的健康资源投入获得最大的健康收益。城市社区体育以推动和实现人的健康作为己任，城市社区体育组织运用健康管理理论和方法，可以以更少的资源来更好的促进人的健康，因此实施健康管理与社区体育共享模式具有时代紧迫性。

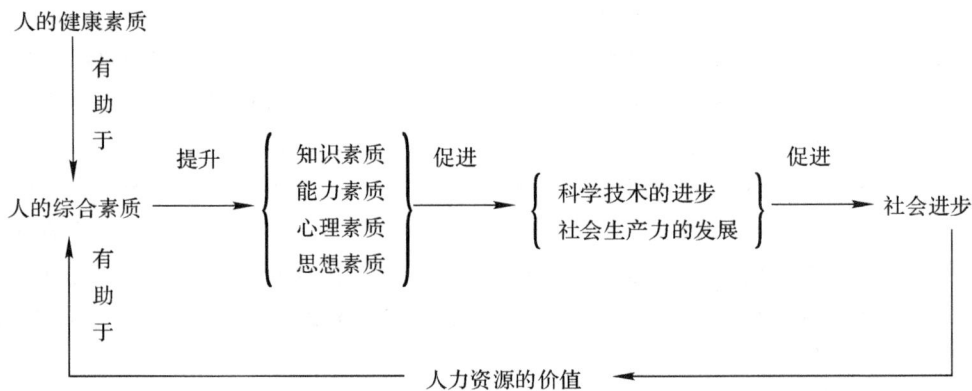

图 4-1　人的健康素质与人力资源价值的关系[②]

3. 建设健康城市的需要

21 世纪是城市世纪，伴随全球城市化进程加速，导致城市健康问题大量出现。为应对这一全球化的问题，世界卫生组织（World Health Organization，WHO）于 1986 年开始设立"健康城市规划"（Healthy City Project，HCP）项目以来，"健康城市"已发展成为一项全球性行动战略。全球许多国家的城市加入其中，截至 1996 年世界卫生日（4 月 8 日），全球大约有 3 000 个城市通过各种途径加入了国际健康城市协作网络。到 2005 年，这个数可以达到 4 000 个[③]。1994 年 8 月，在卫生部、世界卫生组织的帮助下，北京东城区、上海嘉定区在全国率先开展健康城市的建设工作。其后，重庆渝中区、海口、苏州、日照、保定、张家港、南通、淮安、克拉玛依、深圳罗湖区等城市和地区加入建设健康城市的行列。其中

---

①　刘庆. 健康管理——人类生活新时尚 [J]. 企业导报，2005 (6)：28-29.

②　付志华. 实施"全民健康工程"的社会价值研究 [J]. 武汉体育学院学报，2009，43 (6)：81-83.

③　Evelyne de Leeuw. 健康城市——发展历程、建设方法和评估机制 [J]. 医学与哲学，2006，27 (1)：8-11.

苏州获得了 2006 年 WHO 西太区健康城市联盟大会的承办权，并担任健康城市联盟执行委员和联盟成员事务委员会主席城市。2007 年，杭州被列为全国首批建设健康城市试点城市之一，其上城、下城、拱墅区率先开展建设"健康城市"试点工作。2010 年世界卫生组织将世界卫生日主题确定为"城市化与健康"，中国 460 多个城市开展了一系列活动，签署了倡议书，积极推进健康城市建设。世界卫生组织对健康城市的定义："健康城市是一个不断开发、发展自然和社会环境并扩大社会资源、使人们能够在享受生命和充分发挥潜能方面互相帮助的城市。"①

世界卫生组织神户中心主任 Wilfried Kreisel 博士认为：健康城市必须继续体现所有部门的合作（engagement with all sectors）。② 健康城市的出现使得卫生医疗服务结构、卫生医务人员从过去的对城市健康负责的唯一主体，转变为对城市健康负有责任和控制力的多元主体之一。城市中体育等相关部门也开始逐步成为建设健康城市的主体。可以说，实施健康城市建设工作，正是着眼于创造一个城市多个部门之间协调合作、资源共享的机制，通过互动合作、资源共享，改善和提高城市健康状况。例如 2003 年上海市开始进行建设健康城市3 年行动计划（2003—2005 年），为推进行动计划开展，上海市相关职能部门牵头，举办了各种活动，其中上海市体育局开展了"人人运动"活动，建立各种社区小型健身点、健康体质监测站等。③ 又如，2008 年 7 月重庆市提出了建设包括"健康重庆"在内的"五个重庆"的战略决策。同年底，《关于建设"健康重庆"的决定》正式颁布。2009 年 2 月 19 日，"健康重庆"建设 2009 年工作会，体育、卫生、教育等 29 个相关部门聚集一堂，亮出各自的具体建设目标、工作措施。作为"健康重庆"建设主要责任部门，市体育局牵头完成的工作任务 21 项，为确保任务完成，他们将任务按年度进行分解，制定了《2009—2012 年建设"健康重庆"体育目标任务分解表》和《2009 年体育局推进"健康重庆"建设工作进度安排表》。明确了各年度工作目标、重点、措施、资金和要求，同时将每项工作落实到处室、责任人和责任领导。④

各国经验业已表明：健康社区（Health Community）是健康城市在社区的一种实现形式也是实现健康城市的基础平台。健康城市由健康人群、健康环境以及健康的社会三大要素有机结合的一个整体（如图 4 - 2 所示）。实施"健康管理与社区体育"共享模式有助于通过社区普及和传授科学的体育锻炼知识、方法、技能，以及通过对社区居民特别是老年人群体进行运动干预，从而有助于提高城市人群的健康；实施健康管理与社区体育共享模式，将促进健身苑（点）、公共运动场、社区健身中心等各种社区体育设施的建设，由此形成了一个方便社区居民进行体育锻炼的环境，从而有助于形成城市健康环境；实施健康管理与社区体育共享模式，有利于将体育作为促进社区居民沟通的渠道，从而改善社区人际关系环境，使得城市生活变得更加和谐融洽，有助于提高城市社会精神文明。同时社区居民参与具有规则的群体性体育活动，有助于培养居民团结协作精神并形成邻里守望、相互帮助的社会氛围，从而增进社区的凝聚力与和谐。以上种种都有助于和谐社会的建立，同时也有助于形成健康

---

① WHO. 全科医学小词典——健康城市 [J]. 中国全科医学，2007，10（24）：2070.

② Wilfried Kreisel. 21 世纪健康城市展望——上海的挑战 [J]. 医学与哲学，2006，27（1）：1-3.

③ 黄成，等. 国内外健康城市项目传播环境研究 [J]. 医学信息学杂志，2011，32（5）：5-6.

④ 邓红杰. 全力推进健康城市建设步伐 [N]. 中国体育报，2009-03-13.

的社会。

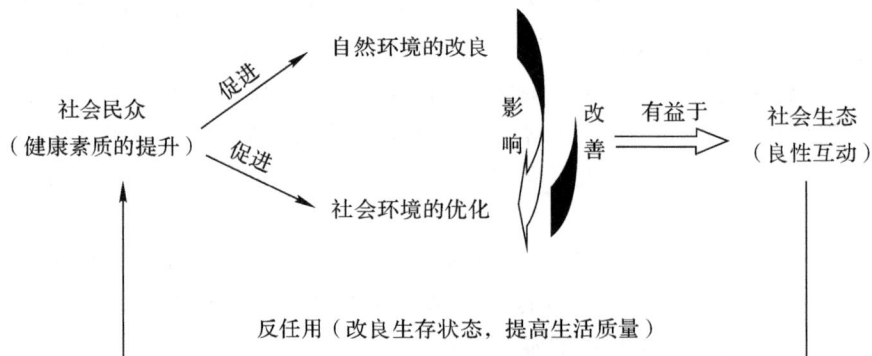

图 4-2　健康素质提升与城市发展相互促进关系①

4. 实现体育强国目标的需要

北京奥运会后，我国进入"由体育大国向体育强国迈进"的战略实施期，"健康、快乐"为主题的群众体育是该战略的核心内容。② 城市社区体育是城市群众体育的基础，进而可以引申为城市社区体育是"由体育大国向体育强国迈进"战略的核心内容之一，因此在"由体育大国向体育强国迈进"进程中，必须要抓好城市社区体育。根据田雨普的研究，目前我国社区体育从健身运动科学化水平上看，绝大多数健身者的运动负荷掌控还只能凭感觉，靠估量，缺乏力量和速度锻炼，运动负荷较低，强身意识较弱，还没有实现向科学评价和医务监督的层次转变。③ 为改变这样的状况，我国《体育事业发展"十二五"规划》明文规定："加强各级体质测定与运动健身指导站建设，开展城乡居民日常体质测定和科学健身指导，宣讲科学健身知识，传授科学健身方法。"④ 实施"健康管理＋社区体育"共享模式正是实现社区体育"健康、快乐"主题的强大抓手，同时也是促进城市社区居民体育锻炼科学化的有效手段之一，从而促进我国"由体育大国向体育强国迈进"。

5. 具有实施的有利条件和环境

目前我国社区体育、健康管理研究都蔚为大观，然而将健康管理的理论、方法注入到城市社区体育发展的相关理论研究近乎为空白，但是实施健康管理＋社区体育共享模式有诸多利好条件因素。

1) 依据我国《体育事业发展"十二五"规划》，在"十二五"期间我国将积极创建科学健身示范区。所谓科学健身示范区指以提高全民健身科学化水平为目标，围绕人民群众科学健身的各种需求，促进人民群众的科学健身意识和科学健身水平的提高，依托社区、乡镇、

---

① 付志华. 实施"全民健康工程"的社会价值研究 [J]. 武汉体育学院学报，2009，43（6）：81-83.

② 杨越. 体育强国未来年中国社会经济发展对体育事业的需求 [J]. 体育科学，2010，30（3）：3-10.

③ 田雨普. 努力实现由体育大国向体育强国的迈进 [J]. 体育科学，2010，29（3）：3-8.

④ 政法司. 体育事业发展"十二五"规划 [EB/OL]. [2011-06-10] http：//www.sport.gov.cn/n16/n1077/n1467/n1843577/1843747.html.

大型企事业单位，集科学健身咨询、知识普及、成果转化为一体的多元化科学健身示范区[①]。实施"健康管理＋社区体育"共享模式将有利于推进创建科学健身示范区工作的进行。

2）目前我国某些先进的城市基层社区卫生服务机构已经逐步开展"慢性非传染性疾病"的规范化管理服务，如提供运动处方等。其实这正是对"慢性非传染性疾病"病人进行健康管理的一种方式，只是限于知识水平、观念意识的制约尚未真正达到健康管理的要求。例如上海已经招募了62名社区健康管理专员，分布在31个社区，主要帮助高血压病人。社区健康管理专员通过对高血压病人采取"人盯人"的工作方式，在工作中通过采取教授自编家居拍手操等适宜的体育活动项目，从而保证高血压病人每周具有一定的运动量，并结合劝诫戒烟等相关方式方法进行服务。

3）《卫生事业发展"十二五"规划》在促进基本公共卫生服务逐步均等化方面，明确要高度重视进展不平衡的问题。因为从监测情况看，公共卫生服务项目存在进展不平衡的问题，且差异较大，老年人保健、慢性病管理等新增项目进展缓慢，有的甚至尚未普遍开展。对老年人保健、慢性病管理具有预防和治疗价值的运动干预必然属于这些重大干预措施之列。

4）我国体育行政系统中的群体职能部门、社会体育指导员培训管理机构如社体中心等都已认识到健康管理理论、方法对于社区体育发展，社会体育指导员职业生涯设计规划及其职业专长发挥具有重大意义，并认识到社会体育指导员需要向更为专业的社区健康管理师的这一职业转化。

5）体育教育领域的有关学者也已敏锐的认识到健康管理不仅是医务工作者的责任，其内容之一"运动干预"与体育工作者有密切关系，其中存在着巨大的就业商机。[②] 体育高校或高师社体专业以及运科专业的学生具有成为健康管理师的专业知识背景与潜质。[③]

4.3.2　健康管理与社区体育共享模式的概念及含义

城市社区体育是城市实施"全民健身计划"的具体承载形式，检验"全民健身计划"成效的标准主要是《第一次国民体质监测报告》《第二次国民体质监测报告》。根据两次检测报告数据显示我国国民健康状况仍令人担忧，一些危害身体健康的常见"慢性非传染性疾病"的发病率呈逐年上升趋势，且发病人群呈现年轻化趋势，由此可见"健身"≠"健康"，健身与健康是存在紧密联系，但健身并不一定会得到健康的结果。另外，为实现"全民健康"有必要对民众进行有效地"健康管理"。目前有关于"健康管理"的研究大都是从卫生管理的层面和教育管理的层面来展开的。将健康管理的理论、方法注入到城市社区体育发展，从而实现"全民健康"，对于促进和谐社会背景下我国社区体育纵深发展具有一定的意义。

所谓健康管理是：对个体或群体的健康状态以及危险因素进行全面监测、分析、评估，

---

①　杨越．体育强国未来年中国社会经济发展对体育事业的需求 [J]．体育科学，2010，30（3）：3-10.

②　许之屏，金育强．健康管理与运动干预——从全国首届健康管理师和考评员学习班看体育工作者新的就业岗位 [J]．吉林体育学院学报，2008，24（2）：18-19，78.

③　刘鹏．健康管理师的人才模式初探 [D]．武汉：武汉体育学院，2006.

提供健康咨询和指导以及对健康危险因素进行干预的全过程。① 健康管理（health care management）理念源自美国。2003 年 12 月 25 日卫生部、劳动社会保障部和中国保险监督委员会在北京召开了《健康管理与医疗保障（险）高层论坛会》，在此次会议上与会专家一致发出了尽快在我国引入健康管理理念的倡议，从而使健康管理受到了广泛重视、并取得了普遍共识。目前我国健康管理研究主要集中于医学领域，该领域的专家均认为体育是实现健康管理的重要手段和内容。曾友燕（2009）认为："在社区健康管理模式中健康管理者可以为每个病人量身订制适合自身特点的运动量，提高有效运动量，解决'动多少、动什么、怎么动'的问题。"② 本书根据资料检索发现，目前社区体育与健康管理相联系的直接相关研究较少，但是与其相关的旁支研究却不乏实例，徐峰（2006）认为："社区体育指导员只有通过对社区体育人口的健康管理，才能使社区体育人口实现真正意义上的健康，起到一个社区体育指导员应有的作用。"③ 杨勇（2009）认为："社区体育是一种整体干预的社区健康促进方式，社区体育是一种以人为本的社区健康促进方式，社区体育是一种经济高效的社区健康促进方式。"④

综上所述，健康管理与社区体育共享模式的概念是：通过对城市社区体育和城市社区卫生组织、资源进行有效整合和共享，依托社区体育在线健康管理系统、社区体育俱乐部、社区卫生服务中心等平台，注重发挥社区体育指导员的主导作用，在政策法律的保障和经费及各种资源的支持下，运用健康管理理论、方法，以普及体育健康知识与技能、提高居民的健康素质为宗旨，提高居民健康素质和生活质量为目标，通过各种方式达到宣传体育健康知识、进行体育健康行为（参与）干预的运作机制、体制及全过程。

这一概念的含义包括三方面：一是从谋求服务效率以及公平性的角度出发，将该模式的空间范围和实施对象限定为城市社区及其居民。有关研究表明：社区卫生服务是满足居民基本卫生服务需求的最佳方式，对提高卫生服务的公平性和服务效率具有卓有成效的作用。⑤ 社区也是强化公共体育服务职能、建立完善全民健身公共服务体系、促进城市社会体育发展的基础平台。根据我国《体育事业发展"十二五"规划》，在"十二五"时期，80％以上的城市街道建有体育组织，城市社区普遍建有体育健身站（点）形成规范有序、富有活力的社会化全民健身组织网络。⑥ 二是该模式的实施基础是城市社区体育和城市社区卫生组织、资源进行有效整合和共享。三是"健康管理＋社区体育"共享模式可以理解为城市社区体育和城市社区卫生两个系统紧密合作，运用健康管理理论和方法进行健康宣传、咨询、指导并进行运动干预，从而提高社区居民健康意识，改善社区居民健康行为，提高社区居民个体生活

---

① 王家骥．健康管理的内涵及实施步骤 [J]．中国社区医师，2007，23（23）：1－2.

② 曾友燕，王志红，沈燕．社区化健康管理服务模式的探讨 [J]．护理研究，2009，23（4）：1014－1016.

③ 徐峰．浅谈社区体育指导员对社区体育人口的健康管理 [J]．大学时代（B版），2006（11）：15－16.

④ 杨勇．社区健康促进中体育促进研究 [D]．苏州：苏州大学，2006.

⑤ 严非，等．社区卫生服务在城市医疗救助中的作用分析 [J]．中国卫生经济，2003，22（5）：21－22.

⑥ 政法司．体育事业发展"十二五"规划 [EB/OL]．[2011－06－10] http://www.sport.gov.cn/n16/n1077/n1467/n1843577/1843747.html.

质量的有计划、有组织的系统。

4.3.3　健康管理与社区体育共享模式的目标

首先，健康管理与社区体育共享模式的目标为提高和改善城市社区居民的生活质量和健康水平。其次，影响人的健康的因素多种多样（如图 4-3 所示），"健康管理＋社区体育"共享模式不可能对所有这些影响因子进行有效的干预，只可能有所取舍，因此"健康管理＋社区体育"共享模式的目标具有体系特征，可以分解为社区体育健康传播、社区体育健康行为（参与）干预和社区体育健康环境支持 3 个具体目标。社区体育健康传播抓住信息时代信息传播的网络化特征，以社区体育在线健康管理系统为传播的载体，结合社区体育指导员以及社区医务人员的人际传播，针对社区居民进行体育健康知识和技能传播；社区体育行为（参与）干预包括建立社区体育的居民健康档案、居民健康评估、居民健康体育行为（参与）干预等 3 个基本步骤，突出协调不同的体育健康管理策略来对居民个体进行更为全面的健康管理；社区体育健康环境支持对以上步骤、环节进行全方位的支持，并突出社区体育指导员转变为社区健康管理师的技能习得和实践指导。

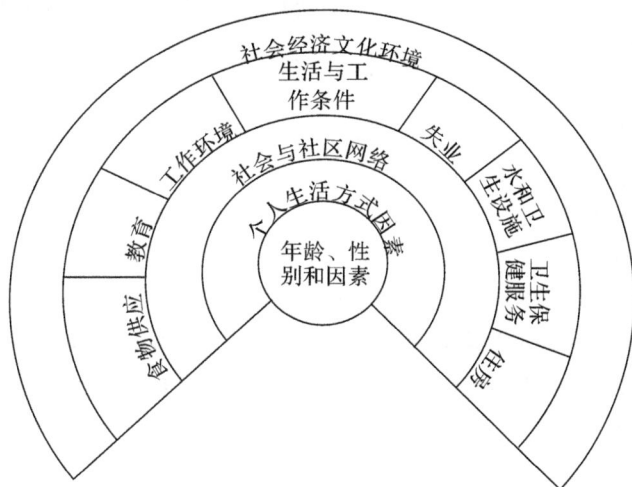

图 4-3　影响健康的诸多因素示意图[①]

4.3.4　健康管理式社区体育共享模式的基本特征

1. 交叉综合性

健康管理与社区体育共享模式是指以促进"全民族健康素质明显提高"和"健康、快乐"为主题，以我国由体育大国向体育强国迈进的核心内容为环境背景，以健康管理的理论、方法为依据，以体育促进人的健康素质提高为先导，以社区体育行为干预为手段，以环境支持为保障，以社会体育指导员为人力资源保障，以提高和改善居民的健康水平和生活质量为目标的理论完善及组织建构过程。健康管理与社区体育共享模式交叉综合性还体现于：① 该模式的实施主体为城市社区体育和城市社区卫生组织；② 社区体育中的体育健康教育

---

① 许从宝，仲德崑. 健康城市：城市规划的重新定向 [J]. 城市管理，2005（4）：33-38.

以倡导和追求体育生活方式为目标，与社区卫生组织倡导的全民健康教育中的健康有益的生活方式存在交叉；③ 社区体育中针对某些人群，如老年人群体的一些运动保健方法、运动处方及运动技能与社区卫生组织所进行的老年人保健、慢性病管理方式方法具有交叉性。以上这些交叉综合性的存在也是城市体育系统与城市卫生系统共享的基础所在。

2. 时代进步性

进入 21 世纪，人类进入到一个以城市化、工业化、人口老龄化为特征的社会，这样的社会一方面给人类带来了丰富的物质享受，同时也以其快节奏、高压力的生活、工作节奏为人类健康带来了许多新的问题。既往流行性、暴发性疾病是影响人类健康的主要威胁，进入 21 世纪由于运动缺乏、不良生活方式、工作压力、环境污染导致人类身体机能普遍下降进入一种亚健康状态，亚健康及其诱发的各种慢性非传染性疾病成为人类健康的主要威胁。本书认为在新的历史条件下，城市社区体育共享依托健康管理的理念、要求对社区体育服务体系进行重构，满足不同健康状况居民多样化的体育需求，进而维护和促进其健康水平的提升。基于健康管理的社区体育发展突出协调体育和卫生部门的力量，为实现体育、卫生等社会资源的整合共享提供了前提；有利于在不断提高居民健康素质这一长期的事业发展进程中，进一步拓展和开发体育功能，促进体育生活化，推进大众健康并实现健康公平性。

4.3.5 健康管理与社区体育共享模式的阻碍因素

首先，作为从国外引入的新概念，健康管理目前在我国还未受到广泛关注和普遍接受，因而将健康管理的理论、方法用于社区体育发展，显然会受到观念及认识上的束缚，导致实践人员对健康管理与社区体育两者内在联系缺乏整体和全面认识、理解；其次，由于医学和体育两大领域相隔所造成的学术范式不通融、理念差异，并且体育领域内的既有研究零星分散，尚未形成完整的理论系统，导致理论指导实践的效果较差；最后，健康管理与社区体育共享模式作为惠及全民的一项公益事业，需要政府将其作为公共服务来加以供给，也就是说推行健康管理与社区体育发展模式的主导力量在于政府，但目前无论是人力资源、财政投入还是政策引导均显得不够。

4.3.6 健康管理社区体育共享模式的构建

1. 构建健康管理社区体育体系

"健康管理＋社区体育"共享模式是一个系统、协同、一体化的模式，该模式的具体思路和步骤如图 4-4 所示。该模式首先以城市社区体育指导员和社区医务人员作为实施主体进行人际传播，结合城市社区体育在线健康管理系统进行网络传播，科学制定体育健康知识传播与体育健康技能掌握策略，对城市社区居民进行体育健康知识、体育健康技能传播，从而提高社区居民的健康和科学锻炼的素养，促进城市社区居民体育锻炼科学化，同时倡导和促进社区居民形成健康科学的体育生活方式。在此基础之上进行城市社区体育健康行为（参与）干预，包括建立社区体育的居民健康档案、居民健康评估、居民健康运动干预等三个基本步骤。通过调查、健康体检和周期性健康检查等方法，收集个人或人群的健康危险因素等有关健康信息。

1) 为了清楚地了解社区居民体质与健康状况及其动态变化，社区体育指导员可会同社区医务人员建立社区居民体质与健康状况档案。档案获取的具体操作方法是对社区居民进行体质与健康状况的调查问卷，同时结合现场体质与健康状况测试。然后以社区卫生服务中心及在线健康管理系统为主建立和完善所辖居民的健康档案及社区体育在线健康管理系统，并定期进行动态变化的数据更新，这样既便于进行数据统计分析，也便于社区体育指导员、社区医务人员、社区居民通过密码登录查看有关信息。对于社区居民而言，健康档案录入社区体育在线健康管理系统有利于提高社区居民健康意识，促进其更加积极地参与健康档案调查和采集工作；对于社区体育指导员、社区医务人员而言，健康档案录入社区体育在线健康管理系统有利于他们对健康危险人群进行有效监控。社区体育在线健康管理系统在某种程度上是一种具有公益性的基本公共体育/卫生服务。

2）根据社区居民体质与健康状况档案数据，结合标准数据进行评价，总结出社区居民体质与健康状况风险评估的结果。根据结果，结合居民具体情况给出相关健康教育信息以及运动干预的处方。

3）居民健康运动干预是指社区体育指导员、社区医务人员采取"一对一"服务的形式，将相关健康教育信息以及运动干预的处方传达给社区居民并监督其执行。

社区体育健康环境支持主要包括两方面：组织环境由城市社区体育组织和城市社区卫生组织组成，制度环境包括有关资源进行有效整合和共享内容的制度。健康管理与社区体育共享模式成功与否，关键在于社区体育指导员转变为社区健康管理师的技能习得，以及对社区体育指导员进行实践指导的环境构建。

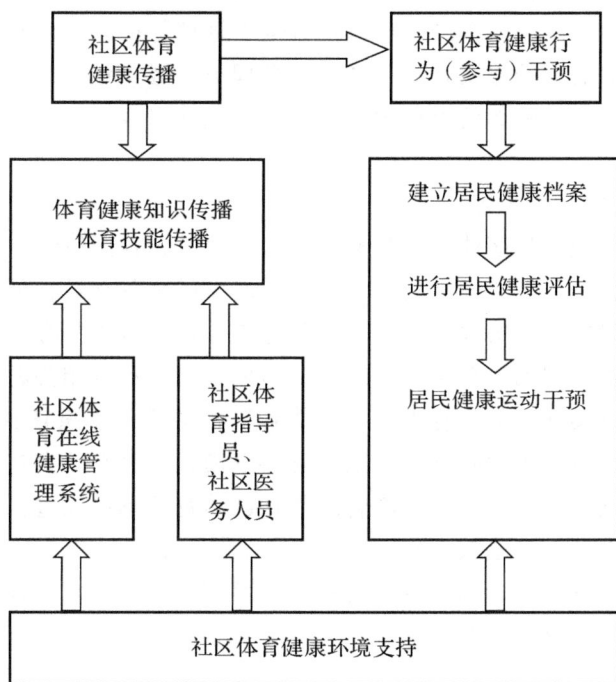

图 4-4　健康管理社区体育体系示意图

2. 以政府作为推进实施的主导力量

健康管理与社区体育共享模式融合社区卫生服务与社区体育服务为一体，以广大基层社区居民为服务对象，以提供健康服务促进社区居民健康为目的，因此，从经济学上的公共产品理论角度来看，其服务具有社会公益性的特征，符合公共产品的消费的特征，即使用的主体是绝大多数人，消费或使用具有非排他性（non-excludability）和非竞争性（non-rivalrous），属于政府基本公共服务范畴。基于此，对于健康管理与社区体育共享模式，政府具有不可推卸的促进和保障责任。

1）政府需要重视"健康管理＋社区体育"共享模式对实践"以人为本"的科学发展观、构建和谐社会、实现体育强国目标所具有的重要作用。同时也需要认识到具有全民意义的健康管理社区体育是惠及全民的公共服务，因此需要政府履行提供公共服务这一应尽职责。

2）政府应为健康管理与社区体育共享模式提供完善的制度和硬件设施保障。社区所在地政府应当根据社区居民的健康需求状况，制定一套对社区居民亚健康及各类疾病进行健康管理（包括运动干预）工作具有实际操作性的方针政策。强调政府应履行的职责，强化政府的统合引导作用，要以行政手段、经济手段做好社区中的体育组织机构与卫生机构之间的整合、协调工作。形成以社区所辖的社区体育指导员与社区医务人员为核心、以健康志愿者为支撑、以辖区内相关专家学者为后盾的健康管理服务队伍。同时以社区卫生服务中心及在线健康管理系统为主，建立和完善所辖居民的健康档案及社区体育在线健康管理系统。

由于建立社区居民体质与健康状况档案，需要一定设施进行体质与健康状况测试，建立社区体育在线健康管理系统需要电子网络设施，因此社区所在政府也需要提供完善的硬件设施。由于现阶段健康管理与社区体育共享模式应用较少，社区所在政府可以增加部分社区体育经费以及社区公共卫生健康教育经费用以推进健康管理与社区体育共享模式实现。或者社区所在政府也可以采取购买的方式，对于"健康管理＋社区体育"共享模式所提供的服务进行补贴。另外，社会医疗保障部门也可把包含运动干预等内容的"健康管理服务包"纳入社会医疗保障的范围。

3. 建立利益相关者合作制度

推进实施"健康管理与社区体育"共享模式需要政府、社区组织、社会团体、企业、居民、学术机构等各利益相关者共同参与和互动。政府应鼓励各利益相关者参与到健康管理与社区体育共享模式建设中来，搭建各方参与尤其是广大社区居民的参与平台。需要强化社区各部门、组织以及人群之间的信息和工作交流，需要建立各利益相关者合作制度，完善协作网络，构建能承担推进实施"健康管理＋社区体育"共享模式多重任务的网络式组织单元，以使涉及多个部门和领域的健康管理与社区体育共享模式得以有效实施，实现政府推动、社会协作、居民参与。同时在推进实施健康管理与社区体育共享模式过程中，需要注重发挥社区的主观能动性和创造性，从基层做起，逐步发展成片。此外，推进实施"健康管理＋社区体育"共享模式要注重有关经验的总结和交流，从而使得各个社区、各个城市能够进行经验分享，相互激励，并形成良性的竞争态势。

4. 实施重点突破

1）推进实施健康管理与社区体育共享模式需要在资源募集机制上做好工作。虽然从公共产品角度来看政府是推进实施"健康管理＋社区体育"共享模式的资源来源主渠道，但是为促进"健康管理＋社区体育"共享模式可持续发展，政府必须引导体育部门、卫生部门、疾控中心、民政部门、老年人协会、青妇组织等社区所辖部门进行资源整合并进行适度调控和干预，从而最大限度地发挥资源的功能和效率。

2）在线体育健康知识传播、技能传授、运动干预作为实施机制实行的行动策略，是整个"健康管理＋社区体育"共享模式推行成功与否的关键。一方面需要以社区卫生服务中心及在线健康管理系统为主，建立和完善所辖居民的健康档案及社区体育在线健康管理系统。另一方面也需要研究由社区不同组织主导建立的各类社区居民健康档案之间的相互关系，使得这些健康档案真正成为对社区居民进行健康管理的信息平台。

3）为促进健康管理与社区体育共享模式能够惠及全民，实现均等化，同时也为了实现资源效率最大化，"健康管理＋社区体育"共享模式应促进社区居民广泛参与，重点帮助体育弱势群体开展各种体育行为干预，从而实现居民健康素质提高。

4）推进有关职业培训和教育。在 2005 年，我国劳动和社会保障部正式将健康管理师列为新职业。推进实施"健康管理＋社区体育"共享模式需要在社区体育指导员转变为社区健康管理师的技能习得和实践指导方面进行有效工作。由于我国的社区体育指导员对于体育领域内的知识、技能相对较为熟悉，而对医学领域内的有关知识、技能存在盲区，因此需要对其进行有效的在职培训。例如上海对其所招募的社区健康管理专员，经常委托上海中医药大学、市区两级疾控部门进行相关培训，提高其专业知识与技能。对于社体专业以及运科专业学生而言，需要学校在培养目标、培养方案以及培养方式上进行一定的改革，以适应健康管理师的职业要求。

4.4　"多元结合"共享模式

城市体育的本源是城市文化，因此，城市体育与城市文化的各个组成部分有着千丝万缕的联系，它们可以在各个领域进行资源共享。本书将其概括为"多元结合"共享模式。该模式以推动城市体育与城市文化共同发展为目标。城市体育与城市文化中的行为文化共享追求培养文明市民，提高市民的素质、品味，形成良好生活方式；城市体育与城市文化中的商业文化共享追求将体育融入到城市文化产业发展之中，促进城市文化产业的整体发展；城市体育与城市文化中的人文景观文化共享追求用体育展示城市形象、城市个性；城市体育与城市文化中的自然景观文化共享追求发展城市休闲。

4.4.1　实施"多元结合"共享模式在我国发展的迫切性

1."和谐城市"的理念文化的驱动

城市文化体系中的理念文化是该城市核心价值观的高度浓缩和概括，同时理念文化也是一个城市发展过程中始终占据主导地位，并被城市政府倡导、城市居民所认同的文化。构建社会主义和谐社会，是我们党从全面建设小康社会，开创有中国特色社会主义事业新局面的全局出发提出的一项重大任务。实现这一目标，城市，特别是中心城市具有举足轻重的带动作用，因此各地纷纷响应并积极创建"和谐城市"。

"和谐城市"是"和谐社会"的重要组成部分，既是具体承载"和谐社会"的空间地域，也是"和谐社会"中城市文化体系中的理念文化。"和谐城市"的"共建共享"的主体应该是广大城市居民，建设"和谐城市"就是要使每一位城市居民成为城市发展的中心和根本目的。实现作为自然个体及社会群体的人的和谐发展，首要追求的是人的健康发展。"健康是

1，事业、财富、婚姻、名利等等都是后面的 0，由 1 和 0 可以组成 10、100 等 N 种不同大小的值，成就人类与社会的和谐旋律。"[①] 既往流行性、暴发性疾病是影响人类健康的主要威胁，进入 21 世纪由于运动缺乏、不良生活方式、工作压力、环境污染导致人类身体机能普遍下降进入一种亚健康状态，亚健康及其诱发的各种慢性非传染性疾病成为人类健康的主要威胁。诸多实践业已证明：体育在增强城市居民体质、实现健康方面具有实效。同时实现作为社会群体的人的和谐发展也离不开体育。

体育除具有健身效果之外，在"健心、乐群、睦邻"方面具有不可比拟的效用。体育能够使得参与其中的城市居民获得乐趣、减轻心理压力促成心理放松。体育也能够作为促进城市居民沟通的渠道，从而改善城市人际关系，使得城市生活变得更加和谐融洽，有助于提高城市社会精神文明，形成良好的社会文化风气。同时城市居民参与具有规则的群体性体育活动，有助于培养居民团结协作精神并形成邻里守望、相互帮助的社会氛围，从而增进社区的凝聚力与和谐。以上种种都有助于和谐社会的建立，同时也有助于形成健康的社会。因而在"和谐城市"的理念文化的驱动下，城市体育与城市文化相结合具有迫切性。

2. 培养文明市民的行为文化驱动

城市的行为文化主要由市民的素质、品味、生活方式等体现出来。毋庸置疑，市民的素质有高低之分，品味有雅俗之分，生活方式也有好坏之分。现代城市发展总是在追求培养高素质、具有品味和良好生活方式的文明市民，城市体育与城市文化共享有利于通过体育培养具有以上特征的文明市民。

1）体育活动能促进城市市民素质的提高。有研究表明，体育活动对城市市民的科学文化素质、思想道德素质、创新素质、心理素质、身体（健康）素质、审美素质等发展，具有积极的促进作用。[②] 由于参与一定的体育活动需要掌握和运用一定的科学知识，如打台球就需要掌握一定的力学知识和几何知识，又如进行航模运动就需要无线电知识，因此市民从事体育运动可以提高科学文化素质。参加体育活动可以通过促成城市居民习得现代城市生存、发展所必须的自尊、尊敬他人和遵守规则等道德规范，同时也需要公平竞争、严格自律、团队协作。此外城市市民购买体育彩票进行微笑纳税，争当大型体育赛事志愿者等行为均可以提高人的社会责任感和道德价值观，从而促进市民思想道德素质提升。市民参与体育运动时有可能创造适合自身情况的各种健身动作和项目，同时也能就地取材，自己制作各类健身器材，从而培养了市民创新素质。现代心理科学业已证明经常参加体育活动能够培养人的意志力、提高人的毅力，因而能够促进人的心理素质的发展，同时通过参加体育活动，城市居民能够进行沟通交流，从而增进居民之间的相互理解，促进交流与合作，也可以间接减轻现代城市给人们所带来的心灵荒漠化。

2）参加体育活动同样能够培养市民的品味。有人考证 Golf 运动中的 G 代表绿色（Green），O 代表氧气（Oxygen），L 代表阳光（Light），F 代表步履（Foot）。打 Golf 意味

---

① 周婷玉．"健康是 1，其余都是 0" ［EB/OL］．http：//news. sina. com. cn/o/2007－06－11/033811995537s. shtml.

② 韩冬．体育促进我国大城市市民素质提高的实证研究——以北京、上海和沈阳为例［J］．体育科学，2005，25（6）：87－93.

着在绿草如茵的球道上从第一洞走向第十八洞，自由自在地呼吸着郊野树林草地上充满的新鲜空气，沐浴着温暖的阳光，健步迈向目标。有的 Golf 球迷把 Golf 各个单字母的意思说成"迈步走向锦绣前程"（Go to the light future）。不论如何解释，都能从中看出 Golf 运动对于培养人的品味具有正面和积极的意义。又如网球运动蕴涵着丰富的人文精神，网球运动的根本主旨是网球的存在是为了培养文明、高雅、礼仪的人。① 中国的弈棋、投壶、剑舞等传统体育活动在历史上就深受文人墨客的喜爱，这些也是能够培养人的品味的体育活动。

3）体育不仅具有强身健体的作用，它还是一种"文化生活方式"，成为现代城市生活方式的一个重要组成部分，同时也成为建设社会精神文明的一种方式和内容。2005 年第一批全国文明城市：厦门市、青岛市、大连市、宁波市、深圳市、包头市、中山市、烟台市、张家港市。它们都属于体育人口比率较高，体育业已成为市民生活方式的城市，因此体育在促进城市市民文明方面具有不可估量的作用。

3. 促进文化产业发展的商业文化驱动

城市文化在其发展的历程中不仅具有意识形态与组织行为功能，也具有产业属性，即以城市文化的发掘和创造为核心，通过产业化的组织形式，大规模提供文化产品和文化服务的经济形态。城市文化产业中的各行业部门都具有高收入弹性、高增值、强辐射、资源节约、环境友好的产业特性。发展城市文化产业不仅可以创造大量的文化产品和服务，满足城市市民不断增长的文化消费需求，而且文化产业还有助于城市对外传播自己的理念文化、提升自身形象以及争取广泛的认同和合作。② 作为城市体育与城市文化共享而形成的城市体育文化产业，其繁荣与发展能够促进城市文化产业的发展，主要有下述原因。

1）从形式上来看，城市体育文化的产业化发展能够丰富城市文化产业发展的多元化，能够以自身作为路径和场所促进各种文化的交流与积淀，从而为城市文化产业的发展提供新的动力机制。

2）城市体育文化产业作为新的文化产业增长点，是能够进一步促进城市文化产业发展的活力要素。城市体育文化产业大致包括：体育竞赛表演产业、运动休闲与健身产业、体育影视文化产业、体育文化传播产业等。目前我国许多城市中这些产业正在蓬勃发展，也成为政府积极扶持的新型产业。城市体育文化产业蓬勃发展必然带来城市文化产业总体规模和社会经济影响力的提高，从而使其在整个国民经济体系中逐渐向支柱型产业方向靠拢。

3）某些城市的体育文化产业发展已经成为该城市商业文化的代表。例如浙江富阳市积极发展运动休闲产业，通过强化运动休闲产业所具有的产业拉动力、辐射性、关联度，不断增强富阳运动休闲经济的市场竞争力和可持续发展力，并取得了丰硕的成果：在 2007 年首届中国休闲产业经济论坛上，富阳荣获"中国十大特色休闲基地"称号；2008 年，富阳进一步升级成为全国首个"运动休闲之城"；2009 年，富阳被国家体育总局授予"国家运动休闲示范区"。

4. 展示城市形象的人文景观文化驱动

城市对外展现自身形象需要城市建筑，城市建筑已经成为城市形象视觉识别（Visual I-

① 王凯军，董取胜. 四大网球公开赛的文化解析 [J]. 西安体育学院学报，2008，25（6）：27-30.
② 顾乃华，夏杰长. 我国主要城市文化产业竞争力比较研究 [J]. 商业经济与管理，2007（12）：52-57，68.

dentity of City）系统的重要组成部分。城市体育建筑以物质载体的形象综合反映出体育活动的文化内涵和社会文化心理，同时也以一种意义独特的文化形式存在于城市社会生活之中。[①]

1）城市体育与城市文化共享，可以以城市体育建筑作为城市的人文景观文化，展现城市独特的文化个性和形象。例如坐落于英国曼彻斯特具有 100 年历史的老特拉福德球场（Old Trafford）是世界知名的曼联足球队的主场，它有一个响亮的昵称——"梦剧场"（The Theatre of Dreams）。老特拉福德球场在色彩运用上追求庄严而又瑰丽的视觉效果，看台采用与曼联球衣一样美丽的红色。自 1910 年老特拉福德开始启用后，这里便成为了曼联队的福地。虽然经历被德军轰炸，造成球场在 1941—1949 年间停止使用，虽然"红魔"也曾经降级，虽然 1958 年 2 月 6 日 8 时 15 分的慕尼黑空难使当时的曼联队的天才早早离去，但这里是梦剧场，"只要你有梦，就可以在这里得以延续"。一百年来，上述的种种困难并没有将曼联队击垮，相反却衬托出"红魔"那坚韧的意志和独特的风骨，这也是曼彻斯特的独特文化个性和形象。世界各地的游客和球迷来到曼彻斯特必然会去游览老特拉福德球场。

2）城市体育建筑可以作为城市的标志性建筑，成为城市形象视觉识别系统的重要组成部分。标志性建筑，也称地标建筑，其基本特征就是人们可以用最简单的形态和最少的笔画来唤起对于它的记忆，标志性建筑是一个城市的名片。标志性建筑与普通建筑的不同之处在于，标志建筑是整个城市中所有建筑的主角。例如为承办第十一届全运会，济南新建了以"东荷西柳"为代表的众多场馆。西柳是指西区的体育场，以济南的"市树"——柳树为母题，将垂柳柔美飘逸的形态固化为建筑语言。以柳叶为母题的结构单元，成组序列布置，韵律中富有变化。东区的体育馆称之为东荷，以济南的"市花"——荷花为母题，外观上由大小各 36 片荷花瓣围合而成，呈荷花造型，在它的两侧是游泳馆和网球中心。如果说体育馆像绽放的荷花，游泳馆和网球中心则像两片荷叶，将荷花托起，把荷花绽放的瞬间完美呈现。

3）景观体育与城市建筑相结合，更能凸显城市形象。所谓城市景观体育，就是以城市景观为背景或场地开展的、有组织的体育活动。[②] 每年北京八达岭长城元旦登高活动，上海东方明珠电视塔元旦登高活动，早已成为这两个城市的品牌景观体育，参与人群涉及中外人士，具有很大的国际影响力，宣传了北京与上海。在今天，主动营销自身，传播自身形象成为我国许多城市推进自身发展的理性选择，城市体育与城市文化共享无疑成为实现这一目标的有效手段之一。

5. 促进城市休闲发展的自然景观文化驱动

城市体育与城市文化共享也可以在自然景观文化方面进行有所建树。目前我国许多城市，依据自身自然景观情况，构建休闲体育带、休闲体育圈、度假体育区等。这些休闲体育带、休闲体育圈、度假体育区不仅与这些城市的自然景观紧密相连，同时也因为休闲体育的融入，赋予这些自然景观更多的文化资源存量，增添了更为丰富的文化风格。

---

① 郭红雨，张力. 体育建筑文化谈 [J]. 新建筑，2002 (2)：62 - 64.
② 周细琴. 城市新形态：景观体育 [J]. 体育文化导刊，2006，(4)：14 - 16.

4.4.2　"多元结合"共享模式的概念及含义

城市文化是指城市在其长期发展过程中所创造和形成的具有自身特色的价值观念、精神风貌、行为规范等精神积累和意义体系的总和。城市文化作为一个体系，包括以人脑为载体的理念文化，以人的行为为载体的行为文化，以产业和产品为载体的商业文化，以城市建筑为载体的人文景观文化和以城市所在的自然环境为载体的自然景观文化。[①] 在当前，城市文化已经成为构建和谐社会的重要内容和有机组成部分。城市文化以和谐作为思想理念的内核，以文化作为外在表现形式，融合思想理念、行为规范、价值取向、产业追求、生态环境诸多内容，包含着城市市民对和谐社会的总体认识和评价。城市体育作为伴随城市的发展而发展的一种文化现象，必然与城市文化体系的各个组成部分有着千丝万缕的联系。基于这些联系，城市体育与城市文化可以在诸多方面实现共享。

本书认为城市体育与城市文化的"多元结合"共享模式是指推动城市体育与城市文化体系各个组成部分和谐互动、资源共享，从而促进城市体育与城市文化共同发展而构建的体系及其运行过程。这一定义的含义包含三方面：一是该模式依托城市体育与城市文化体系的各个组成部分有着千丝万缕的联系。基于这些联系，城市体育与城市文化可以在诸多方面实现共享。二是作为一个复杂的、多层次的统一体，城市文化既是人们对城市的综合识别体系，同时城市文化也是城市市民所创造出来的具有城市本身特质的文化模式，此外城市文化也是一个受到自然因素、人文因素、社会因素影响的动态体系。因此城市体育与城市文化关系复杂，促成共享模式形成的因素是多种多样的，本书以"多元结合"共享模式来对这种复杂性进行总括。三是城市体育与城市文化的"多元结合"共享模式的目的是在构建和谐社会的过程中推动城市体育与城市文化共同发展。

4.4.3　"多元结合"共享模式的目标

其一，"多元结合"共享模式的目标是在构建和谐社会的过程中推动城市体育与城市文化共同发展。其二，城市体育与城市文化中的理念文化共享，追求构建"和谐城市"的目标；城市体育与城市文化中的行为文化共享追求培养文明市民，提高市民的素质、品味，形成良好生活方式；城市体育与城市文化中的商业文化共享追求将体育融入到城市文化产业发展之中，促进城市文化产业的整体发展；城市体育与城市文化中的人文景观文化共享，追求用体育展示城市形象、城市个性；城市体育与城市文化中的自然景观文化共享，追求发展城市休闲。

4.4.4　"多元结合"共享模式的基本特征

1) 层次性特征。作为一个多层次、综合性的复杂统一体，城市文化体系从精神和物质的表现形式及关系上大致可以分为3层次：一是理念文化；二是行为文化；三是前两者物化的商品文化以及人文景观文化，以及前两者所依托自然景观文化。由于城市文化的不同层次具有不同的功能，因而整个城市文化体系呈现动态关联的特点。城市体育与城市文化共享也

---

① 梁玉芬. 城市文化体系与价值的思考 [J]. 海淀走读大学学报，2004 (2)：35-38.

会受到这种层次性的影响，导致"多元结合"共享模式也呈现出层次性的特征。

2）多元性特征。城市文化体系具有多元内容，每一方面的内容都在展示和体现城市文化的某一方面。城市体育与城市文化共享，也会涉及这些多元内容，其共享模式与共享结果具有不同的特色，也会产生不同的融合效应。

3）地域性特征。城市文化的产生是一个长期的历史过程，受到地理环境、气候条件、资源禀赋等条件限制，由于这些条件存在差异性，导致城市文化呈现出地域性特征，具有不同的地域特色。城市文化的地域性特征是城市个性形成的根本原因，虽然由于现代大众传播手段和方法带来城市文化在更大范围乃至全球范围内的交流与融合，但是在这种交流与融合过程中，城市文化的独特个性反而愈磨砺愈璀璨。城市体育与城市文化一样也因其产生的条件差异性而产生地域性特征。城市体育与城市文化的"多元结合"共享模式也因此也具有地域性特征。例如舟山是我国知名的海洋城市，拥有浓厚的海洋城市文化特色，城市体育与城市文化共享适宜发展滨海休闲体育产业，如果发展山水休闲体育产业就显然不符合舟山城市文化的个性。

4.4.5　"多元结合"共享模式的构建障碍

1）缺乏意识与观念。在我国城市文化还是一个新生事物，在理论研究上尚处于起步阶段，在实践中也存在许多误区和偏差。例如许多城市将城市文化简单的理解为城市口号标语，城市雕塑、地标建筑等视觉形象，城市知名展会或赛事活动等。城市体育与城市文化共享对于城市管理者、市民而言更是新鲜事物，所以普遍存在缺乏意识与观念的现象。

2）推进城市体育与城市文化共享一般选择的是"从上至下"的路径，导致普通市民难以理解和参与其中。

3）推进城市体育与城市文化共享的组织机构不健全。城市体育与城市文化共享工作内容繁复、周期漫长、牵涉机构组织众多，为加强领导与协调工作需要一个高效、专业的组织来进行工作。仅就目前而言，许多城市还是缺乏这样的组织。

4）推进城市体育与城市文化共享在实践中容易片面理解为促进城市体育文化产业发展。城市发展需要经济的强力推动，出于经济目的，城市体育与城市文化共享容易在城市体育文化产业领域率先得以突破，对于不容易产生经济效益的其他共享领域，容易被忽视。

4.4.6　"多元结合"共享模式的构建

1. 理念与意识是先导

城市管理者必须认识到城市文化对于城市可持续发展所具有的重要性，需要认识到在突出城市竞争力的今天，城市文化是构成城市竞争力的主要因素之一，同时也要认识到城市文化对于构建和谐社会、和谐城市所具有的重大作用与功能。体育对于城市文化发展所具有巨大作用已经被国外许多城市所证明，当今的我国城市管理者需要树立超前的意识与观念，促进城市体育与城市文化结合。

市民是城市建设的主体，在推进城市体育与城市文化共享的过程中必须提高市民的意识，这是城市体育与城市文化共享成功与否的关键。要通过各种媒体渠道，开展各种形式的教育活动。各类体育组织特别是社区体育组织开展体育活动时，应有意识的融入进城市文化的有关内容，通过体育活动提高市民的素质、品味，促进市民形成健康的体育生活方式。同时针对市民所开展的各项体育活动应注意积极传承中国传统民族体育文化。如湖北宜昌、湖南岳阳在每年端午节举行的龙舟大赛等活动，吸引了大量的市民参与，同时也促进了龙舟运动的传承，更是因为龙舟大赛影响巨大，逐渐发展成为城市的文化品牌与名片，受到世界的瞩目。针对市民的体育活动也需要不断学习、借鉴、吸纳一切优秀的外来文化，从而使城市文化能够海纳百川，具有国际性。例如桂林作为我国少数民族聚居地和世界知名的旅游城市，近年来逐步引入攀岩、徒步等国际流行的户外体育运动，吸引了大量的市民参与，从而给这座城市增添了国际化的色彩和文化氛围。

2. 与城市理念文化相结合是基础

由于一个城市理念文化的载体通常是文字和人脑，因此一个城市的理念文化往往通过简洁但又意蕴丰厚的口号表征出来。"海纳百川、追求卓越、开明睿智、大气谦和"是上海的城市理念文化的表征，2011年上海世游赛，让全世界领略了这种城市理念文化。精彩的比赛不仅需要世界一流的运动员，还需要世界一流的观众。每个晚上，当泳池边的"星光大道"徐徐打开，选手们鱼贯入场，全场观众的欢呼声震耳欲聋，却又能在哨声响前突然静默。"那天比赛结束后离场，看到大家都把身边的垃圾收拾起来，周围没有留一张纸片，心里特别自豪。"观众马骏感触良深。文明热情的观众，成了上海递给世界的又一张名片。[①]因此推进城市体育与城市文化共享首要的是与城市理念文化相结合。

3. 培养文明市民是目标

1) 要提倡在市民中开展进行文明高雅的体育活动。一些体育活动具有符合城市精神文明建设、文明高雅的特征，一些体育活动则不具备这样的特征，甚至有破坏城市精神文明、毒害社会风气的负面作用。例如麻将，作为国家体育总局认可的体育项目，在我国有很大的参与面和参与人群，但是不可否认的是麻将主要参与者是老年人，当这些老年人经常为打麻将而通宵达旦不眠不休时，很容易影响身体健康，加之打麻将经常涉及赌博，因此也危害社会和谐和精神文明。我国城市社区体育活动项目如太极拳、扭秧歌等都具有促进身心健康的益处，许多新闻报道中都有城市社区用文明高雅的体育活动项目吸引居民，摆脱麻将的诱惑的报道。

2) 要注重吸引城市青少年参与健康文明的体育活动。此举一方面能够将青少年从电脑、网络前吸引至阳光下进行体育活动，促进城市青少年身体发育、促进身体健康。另一方面通过体育促进人的社会化，对青少年从小就进行社会规范和城市礼仪文明的教化，使其长大之后成为文明的市民。

4. 融入城市文化产业发展是关键

当代各国城市文化经济的发展业已证明，为实现城市文化的繁荣与发展，必须要大力发展文化产业。文化产业以其巨大的产业价值和富有创造性的产业特性激发了城市活力，并成为城市发展的助推器。当今城市文化产业包含众多产业部门，形成了一个文化产业体系，其中一个重要组成部分是体育文化产业。由于我国具有丰富的体育文化产业资源，改革开放以

① 新华社. 体育，让城市更精彩——写在第14届国际泳联世界锦标赛闭幕之际 [EB/OL]. [2011-08-13] http://www.shanghai.gov.cn/shanghai/node2314/node2315/node4411/u21ai527856.html.

来我国城市居民收入增幅较快，城市居民消费由生存型消费向发展型消费转变，使得"花钱买健康"成为城市居民普遍认同的消费观念。加之北京奥运会后，我国城市居民的体育意识普遍得到提高，因此我国体育文化产业发展具有广阔的前景。为融入城市文化产业发展，我国体育文化产业需要做好以下几点。

1）是本着"有所为有所不为"的原则，根据城市自身所具有的资源禀赋条件，做出合理定位，选择适宜的体育文化产业类别和项目。体育文化产业的定位正确与否直接影响到体育文化产业发展的成败。由于一个城市所具有的用以发展体育文化产业的资源禀赋各不相同，因此一个城市不可能在所有体育文化产业领域内拥有竞争优势。一个城市如果做出合理定位，依托自身优势资源，选择适宜的体育文化产业类别和项目，就有可能快速发展该体育文化产业项目，并易于形成一定的竞争优势。

2）城市发展体育文化产业应当注重形成产业集群。城市体育文化产业大致包括：体育竞赛表演产业、运动休闲与健身产业、体育影视文化产业、体育文化传播产业等。这些产业之间存在密切的产业链关系，容易在城市这一空间范围内形成产业聚集甚而产生产业集群，当体育文化产业产生产业集群后，又因产业集群所具有的规模经济、范围经济、知识溢出效应等促进产业集群扩展和发展，形成更大规模的产业集群，从而使体育文化产业在整个城市文化产业体系中的地位不断提升，并促进城市发展。

3）当前我国大部分城市正处于依靠投资驱动促进体育文化产业发展的阶段，北京、上海、广州等发达城市已经进入或者接近技术成熟推进时期的创新阶段。因此政府必须依据这些阶段性特征，建立和完善体育文化产业发展的所需生产要素系统，特别是多渠道投、融资以及创意园区、创意人才培养、流动机制。同时政府需要发挥对经济的宏观调控职能，对于体育文化产业发展做好总体规划工作，特别是根据城市发展规划，做好体育文化产业的时间规划、空间规划和产业类别规划。

5．介入城市文化个性塑造是追求

一是由于城市体育建筑能够成为城市个性塑造的有效手段，因此在规划建设体育场馆设施时，一定要考虑到城市的文化背景、文化个性、文化代表物，将其融入到体育场馆设施的设计之中，从而使得体育建筑成为城市标志性建筑，并成为城市形象视觉识别（Visual Identity of City）系统的有机组成部分。二是从景观体育的理论出发，进行有效的策划与创意，将城市体育活动置于城市代表性景观之中，两者相互借势，形成令人难以忘怀的文化冲击力。

6．结合城市休闲发展是趋势

1）为推进城市体育与城市自然景观文化共享，需要体育与景区管理部门需要加强合作意识。由于体育与景区管理对于各自部门发展负有培育、规划、引导、监督的责任，因此为推进城市体育与城市景区发展，必须建立相应的组织部门，或是成立联席工作会议机制，对推进两者共享的有关事宜进行协调。

2）目前我国城市体育与城市自然景观文化共享在实际运作过程中，主要以体育圈的形式存在，而国家体育总局为适应我国社会体育锻炼和休闲体育的需要，拟在全国规划发展16个"体育圈"，目前许多"体育圈"已经开始投入建设和运营。因此推进城市体育与城市自然景观文化共享可以以"体育圈"作为工作开展的实际依托物，借势发展。

　　3）由于城市自然景观作为相对薄弱的生态体系，需要进行有序开发，因此政府需要对城市体育与城市自然景观文化共享进行规划，在考虑到自然景观的生态可承受性的基础上进行合理的阶段化开发规划。

　　4）由于城市体育与城市自然景观文化共享所形成的产业具有社会公益性与产业经营性的双重属性，因此在城市体育与城市自然景观文化共享过程中，政府应以政策工作进行引导工作，通过制定各种优惠的投资和税收政策，吸引外资、社会资本投入其中，可以运用股份合作制进行联合开发，建立责权利明确的现代企业。同时对于景区经营发展所涉及的土地出让问题，可以考虑减免土地出让金，出于长期经营、避免短期行为的考虑，城市政府可以将土地批租期限延长。

5 城市体育参与模式

体育全方位地融入城市管理、城市规划、城市生态，并发挥自身独特作用，是促进城市和谐发展的有效途径。当前城市和谐发展所涉及的城市管理、城市规划、城市生态等诸多方面内容都可以统属于城市营销这一战略思维之下，因此本书基于城市营销的观点，探究体育参与城市管理、城市规划、城市生态的模式。

5.1 实施基于城市营销的城市体育参与模式的迫切性

5.1.1 体育参与城市管理的迫切性

城市管理就是对城市和谐发展所涉及的各子系统、行动主体、社会要素之间及其内部的协调整合过程，可以分为城市功能性整合、城市制度性整合以及城市认同性整合。城市功能性整合就是将城市和谐发展所需的各种社会资源在遵循客观经济规律和市场营销规律的基础之上，按照效率优先和协同配合原则进行合理化配置，最终体现为城市竞争力提升，城市品牌树立，推进城市建设、扩展城市功能，促进城市产业发展等结果。城市制度性整合是指城市运用各种政策、法规、制度对各种社会关系和城市市民行为进行有效地约束和规范，使其纳入统一管理和控制的轨道的过程。城市认同性整合是指通过对城市市民个体价值观形成的社会化过程，使得城市市民具有相同价值观，避免因价值观的不同而产生行为紧张和冲突，进而促进城市和谐发展。

1. 体育在城市功能性整合中的促进作用

（1）培养城市竞争力

城市竞争力指在社会、经济结构、价值观、文化、制度和政策等多个因素综合作用下创造和维持的，一个城市为其自身发展在其区域中进行资源优化配置的能力。[①] 目前学界大多认同城市竞争力是城市综合能力的系统体现，一般包括经济实力、基础设施、科技创新能力、开放程度、政府效率等几方面的内容。

经济实力是城市竞争力最主要的内容。现代体育产业是现代城市的产物，是后工业化时代满足人类发展需要的产业，具有无限的市场发展潜力和产业生命周期永不衰退的特征，被人誉为永远的"朝阳产业"。美国、英国、意大利等发达国家体育产业已经成为这些国家支柱产业（Pillar Industry），在国民经济中比重高。发展体育产业，一方面能够创造巨大的产值和利润，为城市发展注入不竭的资金流量；另一方面由于体育产业所具有的产业利润空间，能够吸引更多的投资者进入该产业进行更大规模的扩展，从而促进城市人流、资金流、物流和信息流的输入、转换、输出能力和速度的提升，进而促进城市经济实力的提升。同时

---

① 李怀建，刘鸿钧. 城市竞争力的结构与内涵 [J]. 城市问题，2003 (2)：14-21.

由于体育产业市场扩张能力强、需求弹性高，发展快于其他行业，因而能够扩大就业，为城市经济实力的提升奠定良好的基础。不容忽视是现代体育产业具有节约能源和资源的产业特征，符合低碳社会城市经济发展的需要。从更深层次的角度来看，体育产业关注人的发展，能够有效促进城市市民人力资本的价值提升，从而为城市经济发展提供人力资源保障。

城市基础设施是一个城市竞争力的基本承载体，也是保障城市市民生活和城市社会、经济正常运转所必须的物质基础。城市通过体育可以促进城市基础设施发展。例如通过举办大型体育赛事，一方面能够促进城市体育基础设施的发展；另一方面由于举办大型体育赛事，需要交通、通信等基础设施配套，因而许多城市借助举办大型体育赛事的机遇，大力发展城市基础设施。例如为举办 2008 年北京奥运会，北京投资 2 800 多亿元进行基础设施建设，从而使得北京城市基础设施水平大为提升，为北京进入国际化大都市行列奠定了坚实的基础。

发展体育对于城市科技创新能力提升也具有极为重要的作用。例如福建晋江、浙江富阳作为"国家体育产业基地"，积极发展高科技体育用品装备，通过自主创新，制造出"飞鹰"牌等奥运会专用赛艇等高科技产品，填补了我国空白，也促进了城市科技创新能力的发展。

城市竞争力的发展也依赖于对外的人流、资金流、物流和信息流的输入、转换、输出，因而城市的开放程度也决定和影响城市竞争力发展。城市体育特别是大型体育赛事，本身就是一个对外交流的活动，城市通过大型体育赛事可以在国际社会充分展示自身的风貌与文化，城市借助新闻媒体的宣传报道，可以使自身的国际影响力大为增强。

在政府效率方面，为成功举办作为特大型事件活动的大型体育赛事需要在资金筹措、设施建设、人力调配、安保设置、赛事推广等方面进行有效协调和运作，这对于政府效率而言是一项严峻的考验。因此，能够成功举办一项大型体育赛事，对于城市政府效率提升都具有极大的促进作用。同时作为一项新兴产业，体育产业的发展也离不开政府效率的提升，政府为发展体育产业必然涉及产业规划、产业政策设计实施、产业监管等诸多方面的事宜，需要政府在理念、体制、机制方面进行变革，变得更加富有效率。

（2）创建城市品牌

城市品牌是体现城市特色和发展指向的辨识符号，是城市形象的抽象和高度升华。[①] 伴随着全球经济一体化的进程日渐加快，城市之间的竞争也日趋激烈，并逐步聚焦在城市的品牌之争之中。创建城市品牌可以依托多种要素，如政治要素、经济要素、文化要素、自然禀赋要素等。城市品牌的基础在于某一城市区别于其他城市的特色。体育作为人类所创造的独特文化形式，具有鲜明的特色，最容易被城市所利用来创建城市品牌，体育作为创建城市品牌的重要要素之一，越来越受到城市的重视。

1）城市可以利用体育来创建体育赛事型城市品牌。体育赛事特别是大型体育赛事其本质是一种事件（Event），事件在眼球经济时代是一种吸引公众注意力、传播事件所在城市特色的媒介物。城市通过举办大型体育赛事，可以塑造、展示城市自身特色形象。在许多欧美城市，著名赛事和著名职业体育俱乐部是市长手里的政治股票，倘若赛事异地、俱乐部外迁，市长的政治资本就会"一泻千里"，政治生命也会"寿终正寝"。所以，他们珍视体育、钟爱体育，相信只有体育才能把他们所管辖的城市放在全球化地图上（Sports put your city

---

① 黄志华 . 论城市品牌与商品品牌的联系和区别 [J] . 包装工程，2005（4）：209，216.

on the map)。① 例如印第安纳波利斯作为美国一个重要的内陆城市，在 20 世纪 70 年代遭遇到严重的经济衰退，城市发展滞后，被人誉为是一座"昏昏欲睡的城市"（Nap Town）。后来该市通过举办世界篮球锦标赛等大型体育赛事，以及大力发展印第安纳波利斯 500 等职业赛车赛事，为该城市赢得了体育城市的美誉，从而使得整个城市获得了新生。

2）可以通过体育产业发展体育产业型城市品牌。在世界上以及我国某些城市，因为其体育产业发达而塑造了城市鲜明特色。例如福建晋江是我国知名的体育用品制造产业基地，涌现出了安踏、特步、匹克等多个国家驰名商标。2007 年 11 月晋江被国家体育总局命名为国家体育产业基地后，晋江市着手突出体育产业特色发展体育城市。晋江围绕做大做强体育用品业、培育体育健身娱乐业、发展体育竞赛表演业、建设国家级训练基地、规划开发滨海运动休闲产业带等五个发展重点，以优化城市产业结构，促进城市经济转型为目标，积极创建国家体育产业发展的示范基地，打造全球重要的体育用品制造业基地，并努力成为具有国际影响的现代化体育城市。②

3）通过特色体育资源打造特色体育资源型城市品牌。例如富阳市具有山水风光特色，同时也是全国知名的体育用品制造基地，因此富阳市提出了"山水富阳，运动休闲"的城市宣传口号，在全国率先积极创建"运动休闲之城"。因而运动休闲成为了富阳市的城市特色。

4）整合多种体育资源，创建复合型体育城市品牌。为借助体育塑造城市品牌，城市可以将举办大型体育赛事、发展体育产业、突出特色体育资源融为一体，从而创建出复合型体育城市品牌。例如北京举办奥运会，将北京历朝古都的厚重文化与现代都市的时尚前卫有机地融合在一块。广州借助亚运会积极宣传广州的广府文化和国际商贸城市的特色。在亚运会结束后，暨南大学新闻与传播学院舆情研究中心经过调查发现，91.75% 的居民赞同亚运会提高了广州城市的地位和形象。③ 目前北京正在积极创建国际体育中心城市（Global Sports City），上海在《上海市国民经济和社会发展第十二个五年规划纲要》也提出将上海建成"亚洲一流的体育中心城市"，广州也提出要在 2010 年建设成"全国一流体育城市"。北京、上海、广州分处我国不同区域板块，文化底蕴不尽相同，为何都不约而同的都提出要建设体育中心城市的目标？究其原因世界上许多知名城市都把发展体育事业和体育产业、举办大型体育赛事作为塑造城市品牌的重要战略。北京、上海、广州作为我国一线城市，国际化程度日渐提高，为早日进入国际大都市行列，纷纷通过举办大型体育赛事、发展体育产业等举措，强化城市的体育特色，以此来创建城市品牌。

（3）推进城市建设，扩展城市功能

随着城市人口的不断增加，住房紧张、交通拥挤等城市问题逐步涌现，城市需要不断扩大其空间范围，形成新的城市中心。体育对于推进城市建设具有不可低估的作用。例如处于北京市朝阳区西北部的北京亚运村辖区面积 5.6 平方公里，原属于北京东郊区。为举办第 11 届亚运会，1989 年该地区成立亚运村街道办事处，进行撤村建市。亚运村经过 19 年发

---

① 鲍明晓. 论体育在促进城市发展中的作用 [J]. 南京体育学院学报（社会科学版），2010，24（2）：1-8.

② 曹庆荣，齐立斌，雷军蓉. 论体育城市品牌构建 [J]. 体育文化导刊. 2010（1）：18-21.

③ 张美安. 亚运提升广州城市形象超八成居民表归属感增强 [EB/OL]. http://www.gd.chinanews.com/2010/2010-11-29/2/71306.shtml.

展，已成为集文化、教育、娱乐、体育、商贸、旅游、居住等多种功能于一体的综合性城市区域，与北京中关村、北京商务中心区（CBD）并列称为北京三大旺区。又如坐落于广州东部老城区东部的天河区，在举办1987年第六届全运会以及2001年第九届全运会之后，天河区逐步由郊区转变成为广州城市中心。如今广州天河区现已成为广州的新产业中心、技术创新中心、文化创意产业中心、金融中心、信息产业中心，并逐步形成了组团式发展格局，商圈品牌效应日益凸显。① 2010年广州举办第16届亚运会，此次盛会使得广州围绕亚运会主要举办区域——珠江新城，构建广州新的城市中轴线，广州城市空间版图进一步得到扩张，珠江新城作为广州新的城市中心将成为亚洲乃至世界知名的中央商务区（CBD）和中央体育区（CSD）。

现代城市空间需要进行扩展，城市功能也需要不断提升和扩展。体育对于扩展城市功能也具有重要的作用。当前我国广州、上海、北京出现了中央体育商务区这一城市功能中心。所谓中央体育商务区（Center Sports District，CSD），是现代城市体育生活圈形成的产物，是适应城市化进步发展的结果，同时也是一个城市体育发展现代化的象征与标志。中央体育商务区主要由居住、体育、商贸三大职能设施所构成，强调以体育与居住功能为主，以第三产业的复合发展促进城市格局、产业结构得到调整和优化，形成体育居住商贸中心，这里聚集规模宏大的居住人群，覆盖体育产业的硬件及软件资源，还有与其匹配的商贸中心。② 中央体育商务区具有居住、体育、商贸三大职能，同时也集合了现代城市发展所需的金融、地产、旅游、展会、文化表演等多项功能，是集合多种现代城市职能为一体的城市综合性规划区。另外，作为城市职能中心，中央体育商务区是城市发展的增长极，具有集聚和扩散效应。其集聚效应表现为中央体育商务区作为城市中心，吸引城市人流、物流、信息流，通过区域内部的分工协作与知识共享，以及区域外部基础设施等公共产品的有效利用，提高生产、商贸效率与效能，促进城市快速发展。扩散效应则是指中央体育商务区不断与周边区域发生相互联系，通过中央体育商务区与周边区域的产业梯度势能，吸引周边区域承接中央体育商务区的工商业配套项目，从而解决周边区域就业问题，促进周边区域经济发展，从而带动整个城市发展。

（4）促进城市产业发展

城市发展的主要动力在于产业，城市竞争力的主要来源在于产业竞争力，体育在促进城市产业发展方面具有重要作用。首先，形成体育产业集群或聚集区。产业集群作为围绕某一特定产业，由众多企业及关联企业、机构聚集一定的地域范围内的经济集合体，是现代产业经济发展的标志和主流形式。体育产业在城市发展过程中，有可能吸引和聚集产业上下游产品供应商，具有相关技术或共同投入的其它产业的企业③，以及对特定产业提供诸如技术支持服务的各种政府、非政府和行业协会机构，形成一个体育产业集群。除了能够促进自身发展之外，体育产业也能促进提供上下游产品的产业以及相关技术或共同投入的其他产业发

---

① 陈林华. 城市中央体育区（CSD）的特征与开发策略探析［J］. 体育与科学，2008，29（2）：16 - 19.

② 徐向阳，张俊伟. 体育与城市人居环境建设的研究［J］. 山西师大体育学院学报，2006，21（4）：9 - 11.

③ 涂晓春，蔡强. 中小企业集群理论研究综述［J］. 湖南工程学院学报，2003，13（4）：29 - 31.

展。例如美国北卡罗来纳州的夏洛特市有一个被称为"纳斯卡山谷"的赛车产业集群，该产业集群每年都由美国赛车联合会（NASCAR）组织举行各类赛车比赛，其中最出名的是"纳斯卡全美房车大赛"，根据美国《Sports Pro》杂志数据，该赛事品牌价值高达 19 亿美元。围绕赛车赛事，夏洛特市的"纳斯卡山谷"形成了一个赛车产业集群，该集群包括赛车赛事运营这一主营产业，赛车研发、设计、制造、检测等相关支持性产业，以及赛车博物馆、赛车主题旅游、赛车纪念品销售、车手培训等衍生产业。以北卡罗来纳州立大学夏洛特分校的约翰·康诺顿（John Connaughton）教授为首席专家的研究团队，曾对"纳斯卡山谷"赛车产业集群的经济影响力做过专门的研究。该研究发现，2005 年北卡罗来纳州赛车产业对该州总的经济影响主要展现在四方面：一是创造了 58 亿美元的生产总值；二是提供了 27 万多个就业岗位；三是提高雇员薪酬 17 亿美元；四是创造增加值近 28 亿美元。[①]

其次，发挥产业关联效应促进城市相关产业发展。现代体育产业的产业关联度高，例如体育与旅游结合形成的体育旅游产业已经成为旅游产业的重要组成部分，我国许多城市都看到了体育旅游产业发展的巨大潜力，纷纷发展体育旅游产业。又如体育与房地产产业结合也成为城市产业竞技发展的新宠，如我国体育上市企业在全国各地开发的奥林匹克花园房地产项目，为业主提供充满体育体验的生活感受，营造了一种现代的体育人居生活方式，因而在各个城市受到热捧。

2. 体育在城市制度性整合中的促进作用

所谓制度就是依托于一定的社会经济、政治和文化，由具有权力的人或社会集团所建立的行为规范，它被特定或全体社会成员所认可并遵循，促使特定或全体社会成员行为符合某种要求，以求达到社会和谐运行的目的。城市制度性整合是指城市运用各种政策、法规、制度，对各种社会关系和城市市民行为进行有效地约束和规范，使其纳入统一管理和控制的轨道的过程。体育在城市制度性整合中的促进作用主要体现在体育领域内的体育法规、制度的建立、健全，有利于城市和谐发展。既往由于缺乏有关保障人民群众享有公共体育服务权利的体育法规、制度，导致体育促进民生、促进社会和谐的功能未能完全发挥。2009 年《全民健身条例》颁布，该条例明确规定要将全民健身工作"纳入国民经济和社会发展规划、纳入政府工作报告、纳入财政预算"的要求，从而使得城市政府担负起供给公共体育服务的责任，有利于实现城市公共体育服务的均等化，这符合和谐社会努力追求的社会公平正义的目标。同时依靠法治协调利益关系，实现社会和谐持久。从一方面而言，城市体育主要划分为竞技体育、社会体育、学校体育三大块，它们之间关系及各自内部关系是错综复杂，涉及各种利益关系的纠葛，处理不当则会影响整个城市体育的发展并进而影响城市的和谐，因此在这方面也需要进行制度性整合，例如我国颁布的《中华人民共和国体育法》，以及《体育事业发展"十二五"规划》等都是促进体育事业整体和谐发展的法规、制度。

3. 体育在城市认同性整合中的促进作用

城市认同性整合是指通过对城市市民个体价值观形成的社会化过程，使得城市市民具有相同价值观，避免因价值观的不同而产生行为紧张和冲突，进而促进城市和谐发展。体育在城市认同性整合中的促进作用主要体现在以下两方面。

---

① 鲍明晓. 论体育在促进城市发展中的作用 [J]. 南京体育学院学报（社会科学版），2010，24（2）：1-8.

1) 城市市民认同的体育精神能够促进城市和谐发展。城市体育精神是城市的体育文化、城市的体育建筑风格以及城市市民的综合体育素质、体育文明程度、体育价值取向、体育思想情操和体育精神风貌的综合反映，是城市政治、经济、文化和体育在精神领域的集中体现。[①] 例如湖南郴州市自 1979 年起开始作为国家女排训练基地，承担起国家女排的训练及后勤保障工作，也就是从那时起中国女排开始走向世界，获得了"五连冠"，屹立在世界排球领域的巅峰。女排给郴州市留下了拼搏奋斗的女排精神，这种女排精神得到了郴州市民的广泛认同。郴州市民在城市发展过程中，始终坚持这种女排精神，促进了城市的快速和谐发展。又如刘翔是上海培养出来的杰出运动员，他不仅是上海的城市代言人，而且他的"亚洲有我，中国有我"的豪迈进取精神，也得到了上海市民的认同，并激励上海市民在建设国际化大都市的进程中不懈努力。

2) 城市市民认同的体育口号，能够促进城市和谐发展。例如青岛为了迎接 2006 青岛国际帆船赛、2008 奥运帆船赛，推出了"心随帆动，驶向成功"的赛事宣传口号，这一口号体现了青岛市民积极、主动的激情。这不仅有利于推动帆船运动的推广、普及和发展，更将推动青岛朝着和谐、文明、富裕的方向大步迈进。

5.1.2　体育参与城市规划的迫切性

要构建以人为本的和谐城市，必须要通过科学有效的城市规划来提高城市功能、整合城市空间结构。

1) 为构建以人为本的和谐城市，城市规划必须将提高城市市民的生活质量作为规划的目标，城市体育设施建设和布局就必须要考虑到城市市民的需求。现代城市市民特别是大城市市民一般将体育作为其生活的有机组成部分，通过参与体育活动来丰富文化生活，提高生活质量，其特征主要是体育与生活圈密切相关。由于市民有日常生活圈、周末生活圈和节假日生活圈，因此城市体育设施的建设也必须按照生活圈来加以规划布局。

2) 城市规划必须考虑到体育场馆设施后续利用问题。为了举办体育赛事，城市需要建设各类体育场馆设施，一般而言，如果城市没有对体育场馆设施建设进行有效的规划，经常会因体育场馆设施投入多，赛后经营开发不力，场馆设施维护投入大而容易陷于困境之中，成为拖累城市发展的累赘，对构建和谐城市不利。例如 2004 年雅典奥运会投入 30 多亿欧元建设的 30 多个奥运场馆，赛后绝大多数无人问津，每年还要承担 1 亿多欧元高昂的养护成本。雅典市副市长说："雅典奥运会的债务需要希腊未来几代人来偿还。"[②] 对于这样的难题，有些城市给出了比较令人满意的答案。一是这些城市在建设体育场馆设施之前就进行了合理规划，将体育场馆设施建设与城市扩展相结合。一些城市将体育场馆设施建于市郊，将体育场馆设施作为核心吸引物，吸引人流、物流、信息流，以此带动城市向周边扩展，形成富有活力和发展潜力的新城区。例如广州天河区以及北京亚运村都是通过全运会、亚运会的体育场馆设施建设带动这些原属郊区的地区成为城市新的中心。另有一些城市将体育场馆设施建设与城市更新相结合。例如以英国谢菲尔德市为代表的一些欧美城市在旧城区积极建设

---

① 吴亚东.试论现代城市体育精神 [J].体育与科学，2005，26（2）：29-32.

② 王晓洁.体育场馆直面奥运后挑战 [EB/OL].http：//news.xinhuanet.com/world/2008-08/27/content_9722885.htm.

体育场馆设施，从而为旧城区增添新的活力、培育新的功能、塑造新的魅力，同时也为体育融入城市社会经济生活，提高市民生活质量、创造和谐城市奠定了基础。

5.1.3　体育参与城市生态的迫切性

从城市营销的角度来看，城市和谐发展依托于一定的自然生态环境，将城市打造成为高效、和谐、健康、可持续发展的人类聚居环境，必然追求城市与自然生态环境的和谐。通过体育构建良好的城市生态环境已成为许多城市和谐发展的有益经验。

1) 举办大型体育赛事能够促进城市生态环境的优化。为了举办大型体育赛事，许多城市都将生态环境治理作为一项重要工作，例如澳大利亚的悉尼明确提出要举办一届"绿色的奥运会"，因此悉尼市政府将 2000 年悉尼奥运会主会场安排在大约距离悉尼港 15 公里的霍姆布什湾，该湾是悉尼市生态环境恶化的一块区域，作为一片被遗弃的城市荒地，霍姆布什湾是悉尼城市工业废料和有毒垃圾的填埋场，也是一片荒芜的沼泽地。悉尼市对霍姆布什湾进行环境修复和改造，兴建了 14 个大型体育场馆，这些体育场馆采用了绿色、可更新的能源，特别是应用了太阳能电池面板，实现了整个奥林匹克会场和运动员村生态环境绿色化。这些绿色环保之举使得悉尼获益匪浅，它连续 3 年被世界旅游组织（World Tourism Organization，WTO）评为"世界最佳旅游城市"。又如广州为承办好第 16 届亚运会，积极进行城市水环境治理工作，取得卓越成效，珠江及新河埔涌、大沙河、黄浦涌等河流水质已有明显改善，环境得到优化，生态逐步恢复，珠江两岸已成为一道亮丽的风景线。因此广州荣获"第五届世界水论坛水治理奖"第一名、"中国人居环境奖"（水环境治理优秀范例城市）。

2) 通过发展体育旅游等体育休闲产业项目，能够促进城市生态环境优化。例如海南三亚、广西桂林不仅是我国的旅游度假胜地，也是体育旅游、户外活动、度假体育的圣地。为了促进体育旅游等休闲体育产业项目可持续发展，三亚、桂林十分重视城市生态环境的建设与保护，同时三亚、桂林也注意引导开发休闲体育项目的企业进行城市生态环境的修复与改造。例如三亚、桂林的许多高尔夫球场都是在以前的滩涂、荒山上进行环境修复和改造的基础之上兴建的，既没有侵占耕地，同时也对既往较为恶劣的生态环境进行了修改和改造。

3) 城市公共体育设施建设有助于优化城市生态环境。目前我国许多城市开始在城市公园、绿化地带以及江滩、海滩、湖岸内建设多种多样的公共体育设施。为了吸引更多市民利用这些公共体育设施进行体育锻炼，城市往往对城市公园、绿化地带以及江滩、海滩、湖岸进行扩大绿化面积、增加绿色植被等举措，从而优化了城市生态环境。

5.2　基于城市营销的城市体育参与模式的概念及含义

本书认为基于城市营销的城市体育参与模式是指将体育作为营销城市的手段和途径之一，以此来提升城市管理水平，促进城市规划，优化城市生态，从而吸引和获得更多的推动城市和谐发展的资源，满足城市市民物质文化生活需求的体系及其运行过程。这一定义的含义包括以下三方面。

1) 体育是城市营销的有效手段和途径之一。城市营销的兴起的一个主要原因是目前全球城市发展走上了同质化、趋同化的歧途，许多城市为了实现快速发展纷纷仿效和采纳世界知名城市及大城市的发展模式，造成千城一面，特色危机越来越严峻。因而城市营销的一个核心战略就是打造城市自身特色的差异化营销，体育业已被许多城市证明为差异化营销战略中最具代表性和实效的策略之一。

2）城市通过体育进行城市营销，一方面能够促进城市的发展，另一方面作为营销手段和途径的体育也能在城市营销过程中获得自身发展。体现于以下几方面：① 由于城市吸引力增加与辐射力的扩散，从而吸引城市体育发展所需的各种资源集聚，同时也能形成一个增长极，将城市体育影响扩散至城市所在区域，从而带动整个区域体育的发展；② 有利于城市公共体育服务设施与服务功能的完善，同时也有利于商业体育设施和服务功能的完善；③ 有利于城市体育产业发展所需的要素市场的完善；④ 有利于政府组织重视和发展城市体育，通过进行有效的整体规划，从而促进城市体育可持续发展。

3）通过体育进行城市营销，其核心内容主要包括体育参与城市管理、城市规划、城市生态三方面。

5.3 基于城市营销的城市体育参与模式的目标

1）基于城市营销的城市体育参与模式的目标是将体育作为城市营销的手段和途径之一，在培养城市竞争力，创建城市品牌，推进城市建设，扩展城市功能，促进城市产业发展，合理规划城市布局、优化城市生态环境发挥重要作用。

2）将体育作为城市营销的手段和途径之一，也是为了吸引和获得更多的推动城市和谐发展的资源，既要推进城市经济发展，又要努力协调和促进社会进步和发展，同时也要满足城市市民物质文化生活需求，打造一个以人为本的和谐城市。

3）作为城市营销手段和途径的体育，也能在城市营销过程中，积极谋求自身的发展，即借助城市吸引力与辐射力，集聚城市体育发展所需的各种资源，将城市体育影响扩散至城市所在整个区域，从而带动整个区域体育的发展，建立和完善城市公共体育和商业体育服务设施与功能，完善城市体育产业发展所需的要素市场，引导政府重视和发展城市体育。

5.4 基于城市营销的城市体育参与模式的基本特征

1）地域性特征。处于不同区域的城市，其所具有的自然环境条件和资源禀赋等不同，因而通过体育进行城市营销必须考虑到这些地域性特征。例如上海作为我国最大的城市，现代化程度很高，同时又处于长三角这一我国经济最为发达、对外开放程度最高的区域，因而上海通过体育进行城市营销，必然选择的是向国际体育中心城市靠拢，采取举办大型体育赛事、发展体育产业、创建知名体育俱乐部等复合型全面发展的路径。海南三亚作为我国知名的热带海滨度假胜地，通过体育进行城市营销必然选择是突出体育旅游、休闲体育、度假体育特色的路径。

2）整体性特征。城市营销的主要特征就是它是一项综合性的社会管理活动或过程，城市营销的主体——政府通过培养城市竞争力等一系列管理活动来实现城市营销的目的，对于这些管理活动必须要进行协调和整合，从而发挥营销功能的整体性。通过体育进行城市营销也涉及发展体育产业等多种管理活动，为此也需要考虑到整体性，对这些管理活动进行协调和整合。

3）多样性特征。通过体育进行城市营销，可以利用不同的体育资源，采取不同的方式和方法，获得不同的结果。

5.5 基于城市营销的城市体育参与模式的构建障碍

1）缺乏意识与观念。虽然在国际上通过体育进行城市营销已经成为许多城市发展的有益经验，"体育能把你的城市放在全球化的地图上"成为全球化背景下城市竞争的有效策略和手段，但是对我国许多城市而言，尚未认识到借助体育进行城市营销的巨大作用和效能。同时尽管有部分城市已经开始通过体育进行城市营销，但限于意识与观念束缚，步子迈的不大，仅是零零碎碎的敲打，而不是整体性的规划与实施。

2）通过体育进行城市营销缺乏系统思考。我国部分已经通过体育进行城市营销的城市对于借助体育营销什么内容，怎样进行有效营销，仍缺乏准确和全面的认识，从而导致实践活动中的混乱、盲动。一方面，通过体育进行城市营销首要的就是要做好定位工作，即对城市的资源要素和体育要素进行全面系统的分析，然后找出最适合城市自身情况的特色进行定位。然而在现实中有些城市定位模糊且善变，从而致使城市营销功能未能得到充分发挥。另一方面，许多城市政府通过体育进行城市营销时，喜欢以项目运营的方式展开，因为这样可以快速取得成效，满足政绩需要，但是运营了几个大型项目并不代表就是城市营销。此外，由于通过体育进行城市营销容易在城市品牌塑造上取得成效，同时国内外有关城市的成功经验又主要由城市品牌来凸显，因此我国许多城市对于塑造体育品牌具有重要作用的大型体育赛事、体育节庆活动特别热衷，忽视运用其它体育资源进行城市营销。

3）经验缺乏导致模仿成风。由于未更好地通过体育进行城市营销，我国一些城市纷纷考查、参观、学习国内外先进经验，但是由于对内容把握不当，照搬照抄，并没有和自身特殊情况进行有机结合，因此往往导致特色不明，只是雷同相似，对于城市发展造成了一定的负面影响。

5.6 基于城市营销的城市体育参与模式的构建

5.6.1 积极促进城市功能性整合

1. 以发展体育产业为核心，培养城市竞争力

通过体育进行城市营销首先要关注的是如何提高城市竞争力。由于体育可以在经济实力、基础设施、科技创新能力、开放程度、政府效率等城市竞争力的构成要素中发挥积极作用，所以本书认为在促进城市功能性整合进程中，应注意下述5个方面。

1）以发展体育产业为核心，培养城市竞争力。① 发展体育产业必须要与城市发展进程相耦合。城市发展是一个由低级向高级不断演进的过程，体育产业作为城市发展的产物，必须要与城市发展进程相耦合；我国以及世界许多城市体育产业发展实践告诉人们，当城市发展处于低级阶段时，有较高替代性的体育用品产业，如鞋服等日用品，发展较为迅速；当城市发展逐步进入较高阶段时，体育产业的发展必须关注于市民的发展需要，也就是说体育产业必须满足市民健康、娱乐、休闲等方面的需求，需要在体育健身、体育竞赛表演、体育旅游等产业领域进行突破。当前我国许多城市人均 GDP 达到或超过 3 000 美元，北京、上海、广州等一线发达城市的人均 GDP 达到或超过 10 000 美元，达到中等发达国家水平。因而我国城市发展的总体水平已经进入到一个较高的阶段，发展体育必须围绕体育健身、体育竞赛表演、体育旅游等产业进行扩展和提升。② 作为大文化产业和大生活产业的体育产业，在当前国家积极发展文化产业、生活产业的时代背景下，也需要与时俱进，向时代需求相靠拢，积极发展具有文化、生活概念的产业领域，如体育竞赛表演产业。③ 体育产业发展需要政府政策引导。考虑到我国城市发展水平进入到一个较高阶段，国家又在积极发展大文化产业和大生活产业，我国政府扶持体育产业发展的政策应主要围绕利用体育产业，推进城市化进程，以及为体育产业发展塑造更好的监管环境，培育各种类型体育人力资本，特别是高级研发、经营、管理人力资源，推动企业进行产权转化，推行现代企业制度，促进国际化等方面。

2）借助大型体育赛事推进城市基础设施建设要注意量力而为。虽然我国的北京、广州借助举办奥运会、亚运会投入数以千亿计的资金进行城市基础建设，从而使城市发展至少提前了 5～10 年，但是必须要看到北京、广州作为我国一线发达城市具有雄厚的经济实力，因而才能推动这样的大规模城市基础设施建设。我国许多城市尚不具备这样的经济实力，因此在进行城市基础设施建设时需要量力而为。

3）体育产业发展带动城市科技发展，需要借助国家体育产业基地、体育科技园、体育高新园区等平台，进行科技创新。

4）精心策划实施，借助体育赛事进行对外交流。

5）为推进体育产业的发展，政府应以服务性政府为执政理念，积极提升政务效率。

2．融入城市品牌创建之中

将体育融入城市品牌创建之中，从而使城市品牌形象更加具有特色，将有利于推动城市的发展。

1）积极创建体育赛事型城市品牌。① 将城市文化融入到体育赛事之中。城市文化包含理念文化、行为文化、商业文化、人文景观文化。每个城市都有反映自身发展主题、价值取向与城市精神的理念文化，理念文化是城市品牌内蕴的理念识别（Mind Identity）符号，创建体育赛事型城市品牌必须将城市理念文化融入其中。例如北京奥运会的三大理念是绿色奥运、科技奥运、人文奥运与北京所特有的绿色、低碳、创新、宜居的城市发展理念相契合。城市行为文化体现城市市民的素质、品味、生活方式，当素质较高市民作为东道主迎接前来参赛和观赛的运动员、游客时，他们的行为与表现就表现了城市的特色和形象。城市商业文化融入到体育赛事之中，可以从体育赛事的运作推广方面着手，高效的赛事运作推广可以体现城市商业文化的发达。在体育赛事举办期间举行大型体育节庆活动或宣传展示活动，也可以借助赛事推广城市形象。② 合理选择体育赛事。每个城市具有不同的情况，因此需要根据自身的资源条件，城市实力与规模，城市发展定位、城市文化传统与风格等合理选择体育赛事，从而使得体育赛事与城市发展相契合。③ 多部门协调合作，秉持整合营销的理念，运用现代营销手段和方法将城市品牌与形象融入体育赛事宣传推广之中。

2）积极创建体育产业型城市品牌。① 树立品牌意识，我国许多城市体育产业发展迅猛，对于发展体育产业品牌具有浓厚的兴趣，但对于发展体育产业型城市品牌则意识和观念淡漠，因此这些城市政府应从城市发展的整体出发，积极树立品牌意识，引导体育产业品牌转化为体育产业型城市品牌。② 体育产业型城市品牌的创建需要依托国家体育产业基地、体育科技园、体育高新园区等平台，借助平台的科技优势、资源整合优势、知识共享优势优化产业、推进产业升级从而快速、高效的推进体育产业型城市品牌的创建工作。

3）打造特色体育资源型城市品牌。具有特色体育资源优势的城市应结合休闲时代的背景，抓住城市市民日益重视精神、娱乐、休闲需求的满足的商机，积极发展体育旅游、休闲体育、度假体育等特色体育资源产业，并逐步形成特色体育资源型城市品牌。

4）创建复合型体育城市品牌。① 分层实施，逐步推进。创建复合型体育城市品牌，根据国内外有关城市的经验，首先选择某一突破点进行重点突破，然后在此基础上逐步延展至其他方面。例如对于北京、上海、广州等一线发达城市而言，要把举办大型体育赛事或培育知名体育赛事作为基础性工作，在此基础上逐步推进体育旅游等特色体育资源型城市品牌构建工作；对于晋江、富阳等中小城市而言，可以将体育用品产业、体育旅游产业、运动休闲产业作为基础，积极创建体育产业型城市品牌或特色体育资源型城市品牌，然后发展其他体育城市品牌。② 由于创建复合型体育城市品牌，工作头绪繁多，工作内容繁杂，牵涉部门众多，时间延续很长，因而需要在一个统一的战略规划下组织实施。

3. 推进城市建设，扩展城市功能

1）需要城市政府具有通过体育发展城市的意识和观念。随着我国城市化人口的不断增多，我国城市都面临着推进城市建设，扩展城市空间范围的问题，国内外许多城市的经验表明，通过体育来推进城市建设，扩展城市功能是一条便捷的路径，因此城市政府需要具有通过体育发展城市的意识和观念。通过体育推进城市建设，扩展城市功能，既可以通过建设体育场馆设施带动周边地区发展，也可以通过建立中央体育商务区来实现城市功能的提升。

2）通过体育推进城市建设，扩展城市功能需要以人为本，满足人的需要，"宜居、宜业"应该成为通过体育推进城市建设，扩展城市功能的目标追求。因此体育场馆设施需要生态化、绿色化，以优化人居环境作为价值取向，同时中央体育商务区、体育产业基地、体育科技园、体育高新园区等也应以适应生态环境要求，低碳绿色为价值取向。

3）通过体育推进城市建设，扩展城市功能可以以体育主题单独实施，也可以融入到整个城市发展规划之中，成为城市发展规划的特色主题之一，结合其他特色主题，相互交融，互为补充，这样可能更符合我国城市发展的现实情况。

4）可以通过各种改造措施，使得老城区各种公共体育设施满足居民体育生活化的要求。同时对老城区局部地段的公共体育设施进行改造，增加各类体育场所的公共开放空间，提升城市体育健身环境的活力。

5.6.2 促进城市制度性整合

和谐社会也是民主和法治社会，为推进城市和谐发展，必须坚定不移的推行城市制度性整合。就体育而言，由于其关系到社会民生福祉，加之以往体育法规、制度建设滞后，因此更需要进行制度性整合。首先，城市有关部门必须树立起服务性政府的意识，积极推进体育制度性整合工作，针对目前《全民健身条例》等全国性体育法规、条例业已颁布的情况，城市政府需要进行细致的执行实施工作。同时也需要针对地方情况，参照《全民健身条例》的有关要求，制定有关的地方法规、条例，推进制度性整合工作。其次，体育制度性整合工作也牵涉到许多其他社会部门，因此需要政府建立联席工作会议以及协调工作机制，协调和整合体育与其他社会部门之间的工作。最后，体育制度性整合工作，也需要在体育事业发展规划方面有所体现。城市体育事业发展规划，必须重视体育制度性整合工作所具有的促进体育自身发展、促进城市发展的重要作用与意义，积极考量体育制度性整合工作的社会影响力与影响面，融入进整个城市的社会发展规划之中。

5.6.3 促进城市认同性整合

一是对城市沉淀的体育精神等文化遗产进行整理和发掘，结合时代特征、城市特征以及城市市民的社会心理情况，进行合理的筛选、补充、丰富和完善，然后借助大众媒体，采用现代传播方式和策略积极进行宣传，从而形成城市市民认同的体育精神，并进而形成推进城市和谐发展的精神动力。二是对于城市体育名人、城市优秀体育俱乐部，需要积极发掘其内蕴的体育精神与体育价值观。借助城市体育名人、体育俱乐部根植于城市的特性，将市民对城市体育名人、体育俱乐部的自豪感，转化为市民的体育价值观，进而形成推进城市和谐发展的共同价值观与理念。三是对于大型体育赛事等需要精心设计体育口号，融合城市的独特文化个性、发展目标追求以及价值理念，通过简单而意蕴丰富的口号形式，广泛进行传播，促成城市市民的广泛认同和理解，并积极转化为实际的行动，既推动赛事开展，又能形成精神遗产，推进城市和谐发展。

5.6.4 促进城市规划

1) 城市体育设施的建设须按照生活圈来加以规划布局。日常生活圈体育设施以社区体育中心为主，包括健身苑、健身点等3个基本层次的多功能、多项目服务的生活体育设施。社区体育中心是集健身、休闲娱乐、社交等多功能为一体的综合性体育设施；健身苑以健身、休闲为主，主要设施是全民健身路径和专项健身器械；健身点以健身为主，主要设施为全民健身路径。周末生活圈体育设施主要包括体育休闲娱乐设施和绿色体育设施。体育休闲娱乐设施包括单项体育场（馆）和综合性体育场（馆）；绿色体育设施是依托"园林体育化、体育园林化"的指导思想有步骤地在城市公园、绿化地带以及江滩、海滩、湖岸内建设多种多样体育设施。节假日生活圈体育设施主要分布在城市近郊，主要建设包括度假村（江湖浴场、高尔夫球场、网球场、健身房、骑马场、射箭场、垂钓场等各种休闲体育活动设施），极限运动（野营、探险、蹦极、攀岩）设施；亲自然（冲浪、划船、水上摩托车、游泳、登山、森林浴、滑草）等体育设施。对于城市远郊则以度假村为主，以体育度假村、自然体育等设施为主。[①] 介于城市近郊和远郊之间的地带可以依托地理和交通环境选择适宜的体育设施。需要注意的是，日常生活圈体育设施主要与广大市民的利益相关，属于公共体育服务的范畴，因此日常生活圈体育设施需要在设施"空间"公平上实现突破，从而实现公共体育服务的均等化。

2) 城市规划必须考虑到体育场馆设施后续利用问题。① 科学规划。在体育场馆设施建设之前，就应对其后续利用问题进行有效规划。② 多业并举。北京的鸟巢、水立方等奥运场馆赛后经营采取多业并举的经营模式取得了良好效果。③ 场馆设施融入社区、学校，可以有效缓解我国城市社区与学校体育场馆设施不足的问题。

---

① 卢耿华. 上海城市生活体育设施功能形态布局研究 [J]. 体育科学，2004，24（6）：10-14.

5.6.5 优化城市生态环境

1）城市举办大型体育赛事必须考虑到绿色环保。举办大型体育赛事是一件规模宏大的社会活动，容易对城市生态环境形成较大影响。例如都灵冬奥运普遍使用人工造雪，含有有害物质的人造雪溶化后渗入土壤对生态环境造成了不良影响，并且由于人造雪比自然雪平均重5倍，也形成了对地表的损坏。因此城市举办大型体育赛事必须考虑到绿色环保，力求使举办大型体育赛事对城市生态环境形成积极影响。例如在1994年国际奥委会正式将环保、体育、文化列为奥运会三大支柱；1999年国际奥委会制定颁布了《奥林匹克21世纪议程》，从而使得环境保护成为筹办奥运会的重要工作之一。因而其后的悉尼奥运会、北京奥运会都旗帜鲜明的提出"绿色奥运"的筹办主张，并确实加以实施。又如俄罗斯索契市所制定的2014年冬奥会生态计划涵盖四个关键领域：与自然和谐的运动会，保护和扩大冬奥会举办地区的生态多样性；气候中和运动会，采取系列措施，中和奥运会筹备和举办期间增加的二氧化碳排放；零废弃物运动会，包括减少废弃物量，循环和再生资源；启迪人心的运动会，利用奥运会作为提高俄罗斯公众生态意识、自觉性和责任感的平台和催化剂。[①] 此外，近年来我国举办的一些大型体育赛事，如广州亚运会等也都积极提倡绿色环境，打造"绿色赛事"。由此可见，城市举办大型体育赛事必须考虑到绿色环保，通过有效的规划和组织实施，促进体育赛事与自然环境和谐，并进而追求将体育赛事作为向广大市民宣传绿色环保的平台和催化剂。

2）休闲体育产业项目需以是否能够促进城市生态环境优化作为准入条件和运营要求。由于体育旅游等休闲体育产业项目建设及运行过程中可能对自然环境形成破坏，如建设滑雪场需要砍伐树木开辟雪道，需要运用化学方法进行人工造雪，同时当休闲体育消费者环保意识不足时，也会产生乱丢垃圾等破坏生态环境的行为，此外许多休闲体育产业项目对于生态环境的破坏呈现出累积效应，短期内无法察觉，因此在审批休闲体育产业项目必须对其是否可能对城市生态环境形成破坏进行有效的评估，同时在休闲体育产业项目运营过程中也需要时时进行监管。

3）从维护民生健康出发，积极建设人与自然和谐发展的城市公共体育设施。政府需要正确利用和发展有关政策的导向作用，积极谋求公共体育设施融入城市生态环境、融入城市园林绿化，构建亲近自然、回归自然、体味自然的全民健身场所，使得城市市民与自然环境得到和谐发展。

---

① sochi2014.索契冬奥会生态战略：环境保护与改善取得成果 [EB/OL]. [2011 - 08 - 14] http://www.olympic.cn/e - magzine/10122010 - 12 - 28/2114242.html.

6 结 论

在和谐社会构建的历史进程中，城市体育的发展主要表现为三种关系和谐：城市体育系统自身保持和谐，城市体育系统与城市社会相关系统保持和谐，以及城市体育促进城市社会和谐发展。

本书提出的构建城市社会体育和谐发展模式，城市竞技体育和谐发展模式以及城市学校体育和谐发展模式，为城市体育自身保持和谐提供了坚实的保证；但还不够，只有三者之间彼此建立和谐协调关系才能真正促进城市体育自身和谐。为此，城市竞技体育与城市社会体育需要实现体育自身价值与体育社会价值的和谐统一，注入"全民健身与奥运同行"的理念，树立竞技体育与社会体育互相取予的意识；要理顺条块，构建和谐制度环境，抓好共生界面建设，推进城市社会体育与城市学校体育和谐发展；对竞技体育进行教材化处理，发挥体育竞赛的杠杆作用，促进城市竞技体育与城市学校体育和谐发展。

相对来说，城市体育与城市社会中的城市教育、城市卫生以及城市文化关系较密切，服务与竞争并存是它们永恒的关系，为此，在它们之间建立共享模式，可以较好建立彼此和谐共存关系。

城市体育与城市教育之间实施"体教结合"共享模式，推动城市体育系统与城市教育系统和谐互动、资源共享培养高素质竞技体育人才，推进学校体育发展，最终实现以学校体育作为社会体育和竞技体育发展的基础和结合部；城市体育与城市教育之间建立城市学校社区体育一体化共享模式，打破城市学校体育与城市社区体育隔离的状态，依据一定的制度环境以及组织、保障措施，实现互相渗透、有机结合，进而共享资源。

城市体育与城市卫生之间实施健康管理与社区体育共享模式，依靠城市社区体育组织和城市社区卫生组织，依托社区体育在线健康管理系统，注重发挥社区体育指导员的主导作用，宣传体育健康知识、进行体育健康行为干预，建立社区居民健康档案，提高居民健康素质和生活质量。社会体育指导员转变为社区健康管理师是该模式建立成功的关键。

城市体育的本源是城市文化，这是城市体育与城市文化之间建立"多元结合"共享模式的基础。该模式倡导体育与城市商业文化、城市人文景观以及城市自然景观相结合，以培养文明市民、促使市民形成良好生活方式为目标。

为了促进城市和谐发展，城市体育参与模式的实施，重在参与路径建设：体育参与城市管理，从体育促进城市社会功能性整合、城市社会制度性整合以及城市社会认同性整合3个路径入手；体育参与城市规划路径包括体育参与城市生活圈规划，参与城市扩展规划，参与城市更新规划；城市大型体育赛事举办、体育旅游等体育休闲产业项目建立以及城市多种公共体育设施建设参与城市生态环境优化。

7　本书的不足

正如许多同仁在看到本书的题目时，都一致认为本书的题目具有挑战性，要写的内容繁多。而笔者在撰写本书时，也确实感觉到涉及领域众多：既有城市社会体育内容、城市竞技体育内容，还有城市学校体育内容；既要论述城市体育系统与城市教育系统之间和谐协调关系，还要论述城市体育与城市卫生系统、与城市文化系统之间的和谐协调关系；既要阐述体育参与城市管理路径，促进城市和谐发展，还要研究体育参与城市规划以及城市生态维护的路径。

工作量很大，但笔者最终还是完成了全书的撰写工作。掩卷而思，笔者认为本书存在以下不足：

一是由于笔者的研究经费、精力以及身体条件的限制，本书在做实证性研究时，选择对象较少，代表性显得有些不足。

二是在研究城市体育自身和谐模式过程中，本书主要以解决城市体育自身存在的不和谐因素作为构建城市体育自身模式的基础。本书没有过多跳出这个视角，聚焦城市体育自身已存在的和谐因素，对城市体育和谐发展进行论述。

上述两个不足，将是笔者在后续研究中需要加强和继续努力的地方。

主要参考文献

[1] 第五次全国体育场地普查办公室.第五次全国体育场地普查数据公报［N］.中国体育报，2005-02-03（2）.

[2] 中共中央国务院.中共中央关于构建社会主义和谐社会若干重大问题的决定［M］.北京：人民出版社，2006.

[3] 常修泽.公共服务均等化亟须体制支撑［J］.瞭望，2007（7）：48-49.

[4] 刘德吉.公共服务均等化的理念、制度因素及实现路径［J］.上海经济研究，2008（4）：12-20.

[5] 钱再见.中国社会弱势群体及其社会支持政策［J］.江海学刊，2002（3）：98.

[6] 陈成文.社会弱者论——体制转换时期社会弱者的生活状况与社会支持［M］.北京：时事出版社，2000.

[7] 袁金辉.关注帮助社会弱势群体［J］.党政论坛，2002（5）：30.

[8] 唐钧，等.中国城市贫困与反贫困报告［M］.北京：华夏出版社，2003.

[9] 孔繁敏，等.奥林匹克文化研究［M］.北京：人民体育出版社，2005.

[10] 罗时铭，谭华.奥林匹克学［M］.北京：高等教育出版社，2007.

[11] 刘丽.竞技体育犯罪研究［D］.长沙：中南大学，2010.

[12] 王建新.晋江打造城市体育名片［N］.福建日报，2004-11-30（4）.

[13] 肖金成，袁朱.中国将形成十大城市群［N］.中国经济时报，2007-03-29（3）.

[14] Meyer John, Rowen Brian. Institutionalized Organizations：Formal Structure as Myth and Ceremony［J］. American Journal of Sociology，1977（83）：340-363.

[15] Ajzen I. The theory of planned behavior［J］. Organizational Behavior Decision Processes，1991，50（2）：189-201.

[16] DeVault Marjorie L. Producing family time & colon，practices of leisure activity beyond the home［J］. Qualitative Sociology，2000，23（4）：485-503.

[17] Weed Mike. Chris Bull Sports Tourism：Participants，Policy and Providers［M］.天津：南开大学出版社，2006.

[18] ［美］戴维·波普.社会学［M］.李强，等，译.10版.北京：中国人民大学出版社，1999.

[19] 王家骥.健康管理的内涵及实施步骤［J］.中国社区医师，2007，23（23）：1-2.

[20] 曾友燕，王志红，沈燕.社区化健康管理服务模式的探讨［J］.护理研究，2009，23（4）：1014-1016.

[21] Evelyne de Leeuw. 健康城市——发展历程、建设方法和评估机制［J］.医学与哲学，2006，27（1）：8-11.

[22] WHO.全科医学小词典——健康城市［J］.中国全科医学，2007，10（24）：2070.

[23] Wilfried Kreisel. 21世纪健康城市展望——上海的挑战［J］.医学与哲学，2006，

27 (1)：1 - 3.

[24]　黄成，等 . 国内外健康城市项目传播环境研究 [J] . 医学信息学杂志，2011，32 (5)：5 - 6.

[25]　郭红雨，张力 . 体育建筑文化谈 [J] . 新建筑，2002 (2)：62 - 64.

[26]　李怀建，刘鸿钧 . 城市竞争力的结构与内涵 [J] . 城市问题，2003 (2)：14 - 21.